U0068468

編織式
創意記敘文
寫作教學

瞿吟禎 著

目次

圖次

表次

第一章　緒論

第一節　研究動機

　　語文可說是一切學科學習的基礎。而在語文教學領域中，作文是最複雜的心理運思過程，它結合了情感的表達、思想的傳遞，是較高層次的語文能力表現。（吳錦釵，1990）

　　在現階段的教育改革中，自 2001 學年度開始逐步實施九年一貫課程，國語課程的綱要分為六大部分：一是注音符號的學習與應用能力；二是聆聽國語文的能力；三是說國語文的能力；四是認識國字、寫國字的能力；五是閱讀國語文的能力；六是用國語文寫作的能力。也就是從聽、說、讀、寫四方面著手，加強國語文能力的培養。與舊有的國語文課程相比，九年一貫的語文領域包含了本國語文、母語和英語三個部分，課堂數也大為減少。教育學者專家早已指出，教育部沒有經過研究評估，九年一貫課程實施後，國小的國語文節數由一週十節課遽減為五節，與中國大陸的十二節及香港的十三節比較，時數明顯不足，嚴重影響學習品質，而這個問題是出在國小課程綱要；國語、英語及鄉土語言三科都是語文領域，由於課程互相排擠，根本無法有效的進行教學，當然也就無法落實聽、說、讀、寫的教學目標，結果導致國小學童不但英語沒學好，國語文能力也不如大陸，未來甚至將不及香港。《國語日報》在 2006 年 10 月 22 日頭版焦點新聞報導千代文教基金會主辦的「教育總體檢——語文領域」會議中，更用明顯標題打出：如果我們再不重視及謀求補救之道，「臺灣恐從華文世界退場」，更不用提國際競爭力了。照理說，任何失誤一旦造成，解決之道

應當是釜底抽薪，從根本治療；可是我們的教育政策卻用國中基本學力測驗「考作文」作為藥方，因為考試最有效果，考試代表了分數，分數代表了成績，成績高下又代表了學生未來的前途。考試是人見人怕的緊箍咒，現在這個由上往下壓的指令一下，又立刻突顯了課程、教學和師資配套措施的嚴重不足。（桂文亞，2007：4）2006年，國中基本學力測驗恢復寫作測驗，2007學年度起加考寫作測驗並納入基測成績計算後，作文又慢慢被重視，但是學生的作文程度的進步卻不是一蹴可幾，程度也有很大的差異。

　　2007年3月中，媒體曾經報導：根據民間團體舉辦的民間基測，在應考的9,200多位考生的成績分析中顯示，國文科成績最弱，反映國中生的國語文能力需要加強。國文老師表示，在基測加考作文後，學生語文能力有提升，幾乎看不到火星文，但文章中仍會出現令老師傻眼的字眼。作文題目〈愛就在身邊〉，應該是很好發揮的題目，結果有人整篇作文寫了575個「愛」字，還有人乾脆直接畫愛心圖案，讓閱卷老師啞然失笑，當場批了大鴨蛋！九年級學業成就測驗作文考題〈愛就在身邊〉，考生卻寫出這樣的內容，讓老師不得不給零分；讓人驚訝的是文章文不對題已經夠慘，考生還畫了愛心圖案當作在考術科，甚至有人爆粗口；而最誇張的應該是，有考生在文章最後竟然寫上「以上言論不代表本人立場，純屬虛構」。（楊淑芃、陳一松，2009）雖然這只是民間舉辦的基測，但也算是全國的小型模擬考。這樣的結論與發現，實在令人憂心，也不得不正視作文能力培養的重要性。

　　3年後的2010年，第一次基測寫作題目是〈可貴的合作經驗〉，測驗閱卷結果，淡江大學中文系教授曾昭旭分析，題目容易發揮但不容易寫得好。整體來看，拿到6級分的考生跟去年差不多，有7千多人，4級分比去年減少，但今年5級分比去年增加6千多人，顯示考生的寫作能力有提升。但滿分及零分考生比例都增加不少，6級分滿分考生有7,172人，零級分人數則有4545人，創下寫作測驗成績計分4年來零分人數最多的紀錄。（薛荷玉，2010）

　　以國中基測的作文作比較，雖然考生的寫作能力有提升的趨勢，但並不代表一般的作文也是這樣。那麼如何才能寫出好文章？曾昭旭表示，只要平鋪直敘寫出合作經驗及感想，4 級分沒問題；如果學生文章想寫得好，在課本以外應該有更多閱讀及經驗，並且要有生動精采的敘事手法。（薛荷玉，2010）

　　現代學子的國語文程度低落是一個不爭的事實，網路科技顛覆了年輕世代的閱讀、寫作和談話的溝通方式，教育方式的淺薄化、活動化，強勢語言的全球化，使語文教育面對更多的衝擊和挑戰。一個人國語文能力的高低，不在於測驗題得幾分，而決定於閱讀及作文能力的優劣。以我自身在教學現場的觀察，國小學童對於作文的態度常常懷著畏懼感，不是面對題目久久無法下筆，就是記流水賬似的不知所云。而作文題目變化多端，沒有固定的公式可代入，也不能死記死背，只能憑實力各自發揮，於是我們可以發現，在學童作文中充斥了漫畫式的對話，有時還會出現 MSN 裡的表情符號，現今國小學童的作文能力實在令人擔憂。

　　Albert Einstein 曾說：「想像力比知識更重要。」（引自李錫津，1987：15）作文寫不好的原因雖然很多，不外文字表達的能力不足，缺乏生活經驗的累積，還有就是缺乏創意。E. Smith 認為，練習寫作是發展兒童思考技巧的最好策略。（引自林建平，1989：29）以國語課本內容來說，所佔篇幅最多的是記敘文。在所有文體中，記敘文是應用最廣的一種文體，記敘文可以寫人、寫事、寫景、寫物，一個人想把所聞所見寫下來都要用到記敘文，而且記敘文還可以跟其他文體互相搭配，可說是一切文章的基礎。而學生的生活經驗中，像是身邊事物的描寫、各種節慶活動的舉行、或是事件的紀錄，無一不用到記敘文。因此，想要提升學生的寫作能力，就要從學習記敘文開始。

　　J. L. Finn 認為寫作是一種藝術創造，既需熱情，又需訓練。（引自林建平，1989：29）譚達士（1975）認為，作文是用文字將思想表達出來的過程，每人的思想不盡相同，所以文字表達內容也不一致。

作文本身就是一種創造，但是兒童缺乏生活經驗的累積，如果只是把事件平鋪直敘的寫下來，容易陷入陳腔濫調的窠臼。因此，正確的作文教學，應該從引導兒童的思路著手，儘量輔導他們發揮潛存的想像力。（林亨泰、彭震球，1978：12）而這在我個人的想望中，無妨透過一種從句到段到篇到書的編織式創意記敘文寫作的教學理論的建構，來作為教師指導學童寫作的參考資源。

第二節　研究目的與研究方法

　　T. N. Turner 認為：只要一提到創造力，大家都立刻想到創造力寫作（creative writing），我們常常把創造力和一些故事寫作經驗連在一起，很自然的把寫作當成自我表達的一種創造的形式。（引自林建平，1989：29）根據《天下雜誌》針對全國中小學校長的調查顯示，七成以上的校長認為，九年一貫以後的學生整體語文能力「越來越差」。除了教學時數不足，更多的問題在於老師的專業並沒有隨著九年一貫而更新。臺灣師大人類發展與家庭學系教授黃迺毓指出：我們只研究「語文」，而沒有好好研究「教學」。（何琦瑜、吳毓珍主編，2007：59）教改之後，缺乏針對「新的理念、教材和教法」有系統的研究，這種情形在寫作教學現場更為明顯。

　　獲得許多文學獎項的新銳作家許榮哲認為：想像力是寫作最可貴的要件，結構可以慢慢體悟，但隨著年紀增長，想像力會變得愈來愈難培養。（何琦瑜、吳毓珍主編，2007：145）在寫作教學上，引發學生寫出有創意的作品成為一種趨勢，也有很多專家學者提出許多進行創意寫作教學的方法及課程。但是運用了這些方法及策略所寫出來的作品就是所謂的創意嗎？創意的本質究竟為何？如何才能寫出有創意的作品？身為教師，在教學場域中如何進行有創意的寫作教學？

　　文學的體系非常龐大，基於訴求的對象和自身能力的限制，要進行有意義的創意寫作教學勢必有所選擇。實際參與國中作文基測研發工作的清大中文系教授蔡英俊認為，從寫作的立意取材來說，寫作有四個關鍵能力：第一是「敘述」的能力；第二是「描寫」；第三是「說明」；第四是「議論」。一般而言，這四種能力，從敘述、描寫、說明到議論，牽涉到學生組織生活和知識材料的關鍵能力。其中，敘述自己親身經歷或是講述別人經歷的敘述能力是最基礎的，也是孩子最早需要訓練與培養的能力。從「敘述」到「描寫」的能力，大概在九年級以前就要努力養成。（何琦瑜、吳毓珍主編，2007：72）在中小學生的國語文課本中，記敘文所佔的比例最高、篇幅最多，是寫作時常用的表達方式，可說是用途最廣的文體。熟悉記敘文的寫作，不但可以提高學童的寫作能力，也能奠定其他文體的寫作基礎。因此，本研究以記敘文寫作教學為研究對象，為了解決改善記敘文寫作教學的成效問題，而建構一套編織式創意記敘文寫作教學的理論，這是研究本身的目的。

　　至於我作為研究者的目的，則是要藉上述研究本身目的的達成，來發揮下列的三項作用：

（一）可以自我回饋，提升記敘文寫作教學的成效。

（二）可以提供其他教學者改善記敘文寫作教學的方法。

（三）可以作為寫作教學政策擬訂的參考。

　　為了達到上述的目的，本研究以理論建構的方式先架構出理論基礎，然後再輔以相關的成果說明，使本研究的脈絡更清楚而可以被依循。在此所提及的理論建構，周慶華（2004a：329）《語文研究法》一書中有簡要論述：理論建構，講究創新；大致上從概念的設定開始，經由命題的建立到命題的演繹及其相關條件的配置等程序而完成一套具體系且有創意的論說。

　　在進行論述之前，就本研究的「概念設定」、「命題建立」及「命題演繹」的發展進程，圖示如下：

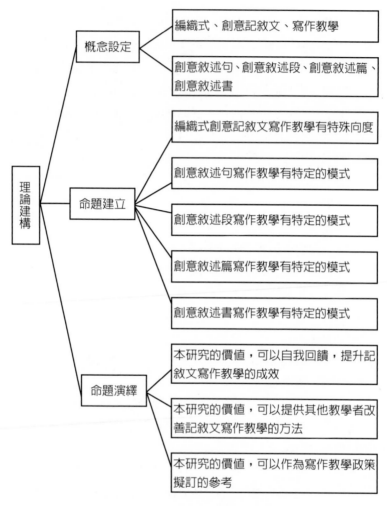

圖 1-2-1　本研究理論建構圖示

為了達到編織式創意記敘文寫作教學的研究目的，所採用的研究方法如下：

（一）現象主義方法

　　現象主義方法，是指研究意識所及的對象的方法（周慶華，2004a：95），包括相關的人、事和作品，及彼此之間互動的複雜關係。（李瑞騰，1991：43）在本論述中是要用它來處理第二章文獻探討的文獻取樣的問題，也就是所謂能力上的限制。寫作教學領域的研究成果眾多，本研究僅以關係記敘文寫作教學的部分為對象，將顯現於自我意識或意識所及的予以整理、分析和批判。

（二）敘事學方法

　　敘事學方法，是指處理時間序列裡的一系列事件組構的方法；也就是處理故事的寫作技巧理論的總稱。（周慶華，2002：99-104）它無論採取的是什麼媒介，也無論使用的是文字、圖畫、聲音，所著重研究的是敘事的普遍特性，尤其是故事的語法及故事的普遍結構。敘事就是對一個或一個以上真實或虛構事件的敘述，透過某種關係連接起來，就構成了故事。而敘事學方法是研究敘事的本質、形式、功能，研究的對象包括故事、敘事話語、敘事行為等，它的基本範圍是敘事性文學作品。像是敘事文本的隱喻、轉喻、象徵，敘事時間的順序、時距、頻率，敘事情境的敘事角度、敘事人稱、敘事聚焦、敘事方式，都在敘事學方法運用探討的範圍之內。（羅鋼，1994；楊義：1998）因此，本研究所涉及跟記敘文寫作有關的各種問題，就採用這種方法。

（三）文化學方法

　　文化學方法，是指評估語文現象或以語文形式存在的事物所具有的文化特徵（價值）的方法。文化是一個歷史性的生活團體（也就是

它的成員在時間中共同成長發展的團體）表現它的創造力的歷程和結果的整體，當中包含了終極信仰、觀念系統、規範系統、表現系統和行動系統等。(沈清松，1986：24)文化在此被視為一個大系統，底下再分為五個次系統：終極信仰是指一個歷史性的生活團體的成員，由於對人生和世界的究竟意義的終極關懷，而將自己的生命所投向的最後根基，像是希伯來民族和基督宗教的終極信仰是投向一個有位格的創造主，而漢民族所認定的天、天帝、道、理等等，也表現了漢民族的終極信仰；觀念系統是指一個歷史性的生活團體的成員認識自己和世界的方式，並由此而產生一套認知體系和一套延續並發展他的認知體系的方法；規範系統是指一個歷史性的生活團體的成員依據他的終極信仰和自己對自身及對世界的了解（就是觀念系統）而制定的一套行為規範；表現系統是只用一套感性的方式來表現該團體的終極信仰、觀念系統和規範系統，因而產生各種文學和藝術作品；行動系統是指一個歷史性的生活團體的成員對於自然和人群所採取的開發或管理的全套辦法。(同上，24-29)像是中國古代神話有關大禹治水、夸父追日或女媧補天都是以人力勝自然、補天所不足的神話，就和西方以上帝為至高無上的唯一有文化上的差異。西方的童話故事裡通常都在處理一項獨特的個性缺陷或不良特質，像是虛榮、貪吃、嫉妒、色慾、欺騙、貪婪和懶惰，且由巫婆「擔綱」演出，或者歐洲中古世紀把將近九百萬的女人指為女巫在火刑臺上被活活燒死，這跟西方人負罪觀念有關：《聖經》記載人的墮落是從夏娃受蛇引誘偷吃禁果開始，「罪」由夏娃一人開啟，而她一人無法「全部」承擔，就有可能被轉到其他女性身上，這都可以從文化學的角度來解釋。(周慶華，2004a：同上，127-129)因此，本研究所涉及跟文學的趨時展演和推進有關的各種問題，就採用這種方法。

（四）基進教學理論

　　基進（radical），其字根 root 含有根本的意思，所以多數的文化研究者普遍把 radical 一字譯成基進而非激進，也就是說基進取向意味著先回到問題的根本。（林綺雲、張盈堃、徐明瀚，2004：95）基進是一種空間和時間中的特殊的相對關係，主要是在突破一切既有的規範（傅大為，1994）；而以它作為改善教學的策略所形成的理論，就是基進教學理論。（周慶華，2007a：335-336）在本研究中要用它來處理編織式記敘文寫作的教學策略問題。以上敘事學方法、文化學方法和基進教學理論，合而作用於第三、四、五、六、七章，這就不再細為分述。

第三節　研究範圍及其限制

　　根據研究動機與目的，本研究探討的範圍大致可分為三部分：

（一）編織式

　　寫作在語言學習的過程中，是語文綜合能力的鍛鍊，以及多種心理素質的訓練，有其不可取代的意義與價值。由字造詞、用詞造句、將幾個句子組合成段、最後才能組段成篇，完成一篇文章決非一蹴可及。學生具有寫作「句」、「段」的能力，才可能寫好成「篇」的作文。（仇小屏等，2003：47）所謂編織式，就是一種從創意敘述句到創意敘述段到創意敘述篇到創意敘述書的有如編織方式的創意記敘文寫作。

　　在創意敘述句方面，得過美國紐柏瑞兒童文學銀牌獎的《我那特異的奶奶》中，寫到奶奶在搖椅上打瞌睡，用了一個有創意的說法，讓人感到特別有趣：

> 她說她從來沒真的睡著過，卻得自己把自己喊醒，才能上床去睡覺。（Richard Peck，2003：36）

在形容奶奶走路小心翼翼的時候，是這樣說的：

> 你一定不相信噸位那麼重的奶奶，走路竟然能夠那麼輕，像浮在水面一樣。（Richard Peck，2003：53）

這是一種反差的對比，是「製造差異」的創意趣味。

　　在創意敘述段方面，夏元瑜曾以蟑螂為題寫出一篇文章，裡面有幾段文字對於蟑螂的形容非常有創意：

> 老鼠就比蟑螂可惡多了，不但偷吃雜物，更會咬死活的雞雛、鴨雛，和偷狗賊一般，毫無仁心。蟑螂就不然，絕不殺生。就算撿點人所剩餘的零碎食物，也不無減少垃圾之功。從沒聽說誰家的蟑螂咬傷了嬰兒的事情……故我──夏子──稱之為「仁」，誰曰不宜！
>
> 　　現在臺北交通問題並未解決，摩托車照樣橫衝直撞，當局竟然拿不出個辦法來。蟑螂可就不如此，白天人忙，在家裡走進走出，牠絕不出來妨礙交通。你不要以為牠怕被人踩死，牠身體頗有彈性，平常被人誤踩一腳並不要緊，不但死不了，連傷都不受。所以咱推想他許是為了免礙交通的成因比較大。稱之為「義」，誰曰不宜！
>
> 　　牠寄居人家中，既不繳押租，更不繳房錢，只拿點清除垃圾的小小服務來報答房主人，心中慚愧難當，那是理所當然的。比那些做盡骯髒事而毫不知羞的人強多了。因此，咱想那

蟑螂之不敢在午夜之前拜謁主人，正是牠自知理虧……此正為蟑螂之知「禮」之處！

　　剛才說過牠的仁、義、禮，尚未言及其「智」，關於這點大概不必老夫細述，你不論放在哪的食物（冰箱中的除外），牠全憑著那兩條細直的觸角一探立知……雖不用眼可確知食物在哪，連你一舉手想打牠都立即感覺出來。這份敏感，也就賽過武俠小說中的人物了……這也是某一類人應該先考察自己有沒有這本事的道理。

　　仁、義、禮、智四項美德兼備，信守而不渝。子子孫孫全恪守祖訓，這就是「信」。蟑螂的先人發生在三億四千五百萬年前的古生代石灰紀初期，牠的老祖宗就專幹偷偷摸摸的生活……牠這份墨守成規，以永不進化來適應三億多年的地球變遷，這「信」字的永恆性任何生物也望塵莫及。（夏元瑜，2005：51-54）

　蟑螂是一種無所不在的生物，一般而言，寫到蟑螂的文章通常沒有好話，不是極盡能事的描寫蟑螂的可怕、噁心，就是描寫對蟑螂的恐懼、厭惡，如果要說到蟑螂的優點，大概就是生命力特強吧！夏元瑜這段文字不但沒有說蟑螂半點不是，反而誇讚蟑螂是仁、義、禮、智、信五德兼備，有些人還比不上。這段文字在五德的部分可說是運用了豐富的想像力，為「無中生有」；而蟑螂撿拾零碎食物，減少垃圾，不敢在午夜之前拜謁主人，為蟑螂之知「禮」之處，以不同的角度看待事物，提出和別人不同的論點，製造出新的想法，則是「製造差異」。

（二）創意記敘文

　本研究將「創意」定義為「無中生有」或「製造差異」。所謂「無中生有」，指的是一種原創性，也包括靈光一閃、突發奇想的新奇想法。但因文學作品中有許多字義的堆疊和演變，個人所接觸的作品也有限，很

難去斷定此作品是「前所未有」，所以僅能以現象主義方法所意識到的個人本身所接觸過的作品且無前例可循的，判定為「無中生有」的作品。

　　耶魯大學心理系的教授 Robert J. Sternberg 是美國研究智慧方面的大師，他認為創造力是可以培養與訓練的，有創造力的人在碰到問題時往往不從大家所看的觀點去想，而是重新界定問題，當界定成可以被解決的方法時，就可以動手去做了。對於創造力的培養，要有敢「反其道而行」、「標新立異」的勇氣。（Robert J. Sternberg，1999：6）

　　便利貼（post-it）是我們日常生活中常用的文具用品，但它的發明可說是一個「意外」。3M 公司的工程師當初想製造一種強力黏著劑，但做出來卻是弱性黏著劑；但是工程師換個觀點、突發奇想，將這弱性黏著劑與紙張結合，成為一個方便留言的工具，為公司帶來很大的利潤。（Robert J. Sternberg，1999：8）本來是一個失敗的產品，但重新界定要解決的問題，找出一個全新的、前所未有的用途，就是一種「無中生有」的創意。

　　「製造差異」是指並非完全的創新，寫作只要能顯現「製造差異」的創新，就算是有創意的作品。（周慶華，2004b：1-4；林璧玉，2009：81-83））在這裡舉出《大師級的幽默》一書中的一篇短文作為例子。

　　　　有一次蕭伯納在街上行走，被一個冒失鬼騎車撞倒在地，幸好沒有受傷，只是虛驚一場。騎車的人急忙扶起他，連聲道歉，可是蕭伯納卻做出惋惜的樣子說：「你的運氣不好，先生，你如果把我撞死了，你就可以名揚四海了！」（天舒、張濱，2007：75）

　　通常被車撞倒在地應該會很生氣，騎車的人闖了禍，會以忐忑不安的心情等待被責罵，沒想到蕭伯納不但沒有生氣，卻以另一個角度去看待。由於觀念的改變，蕭伯納製造出一種與平常不同的狀況，化解了尷尬，是一種「製造差異」的創意表現。

　　記敘文是以敘述方式來表情達意的文章，一般分為記事、寫人、狀物、寫景四類。記事著重於事情的發生、發展、經過和結果；寫人

是有關人物的外貌、動作、語言和心理活動的描寫；狀物文章是準確鮮明的呈現所寫物體的具體形象；寫景是寄情於所見景物。寫作時，不論是寫人、寫物、記錄事件或描寫風景，能夠換一個角度想，提出一個和別人不同的論點，或是運用想像力，想到一個全新的、與眾不同的觀點，以記敘文的方式記錄下來，只要能表現出「無中生有」或「製造差異」的敘述文就是創意記敘文。

（三）創意記敘文寫作教學

寫作是從現實生活中汲取材料，透過頭腦的加工思維，並運用文字符號表達出來。過去，一般的寫作教學大多是教師命題，老師先講解題意大綱，然後學生自行書寫完畢，交由教師批改。這樣的教學方式，學生無法發現作文的真正意義及樂趣，容易造成學生學習的心理障礙。而記敘文是使用最廣泛的一種文體，在寫作任何一種文體時，都會運用到記敘文的寫作手法。由此可見，想要建立學童的寫作基礎，提升學童的寫作能力，體現寫作教學的趣味，增進寫作教學的效能，如何以有創意的方式進行記敘文寫作教學非常重要。因此，本研究以記敘文寫作教學為研究對象，為了解決改善記敘文寫作教學的成效問題，而建構一套編織式創意記敘文寫作教學的理論。

雖然如此，這套理論並非能面面俱到，還是有些課題無法廣涵來討論，因此本研究就有所限制：

（一）根據九年一貫課程第一、二學習階段能力指標 F-2-3-4-2，並從文章寫作方法以一篇文章中運用最多的手法作為文體分類的依據，可將散文分成記敘文、說明文、議論文三類。（教育部，2002）而文體的系統龐大（詳見圖 1-3-1），如果所有的文體都要顧及，有感於時間及能力有限，所以本研究選擇記敘文為研究範圍。又因為有關記敘文寫作教學所涉及的面向很多，本研究目前著重在創意記敘文的寫作教學理論建構，所以無法去處理其他的問題。

（二）本研究著重在創意記敘文的寫作教學理論的建構，有關實務印證的部分暫時無法顧及。雖然本研究所建構的理論可以相信它高度有效，但尚未經過檢證，就不敢確定它可以絕對有效；同時有些變數也可能影響檢證的成效，以致必須留待日後再去評量得失。

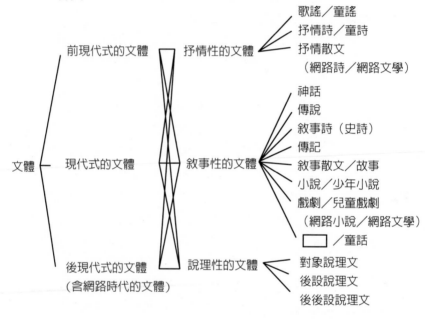

圖 1-3-1　文體系統圖

（資料來源：周慶華，2007：4）

第二章　文獻探討

第一節　寫作教學

（一）寫作歷程

　　在語文教學領域的讀書、說話、寫字、作文四項目標裡，作文是最為複雜的心理運作過程。寫作不僅需要敏銳的觀察力，更是一種思考歷程，必須發揮創意，將自己心中的思想和情感以文字表達出來。

　　有關寫作過程的理論，早期的學者認為寫作是一個階段性、直線性的心理活動；爾後的認知心理學家則認為：實際的作文過程並不是依順序直線進行，而是三種活動隨時穿梭交替進行。

1.階段歷程模式

　　在階段模式，寫作被分析為生產作品的線性階段產物，是依據作品完成的先後順序，把寫作分成一系列直線進行的階段：

　　Elbow 分二階段：勾繪心中意念、將意念轉換成文字。

　　Rohman 分三階段：寫作前、寫作、改寫。

　　Applebee 分三階段：寫作前、寫作、修訂。

　　Britton 分三階段：預備、醞釀、下筆為文。

　　King 分三階段：寫作前、下筆為文、寫作後。

　　Legum &Krashen 分四階段：形成概念、作計畫、寫作、修訂。

Draper 分五階段：寫作前、構思、起草為文、再構思、修訂。
（引自張新仁，1992；林郁展，2003）

Rohman 的模式曾廣泛應用於寫作教學，他提出三階段模式：

（1）寫作前：將文字書寫於紙張前的階段，包括想法的醞釀和大綱的撰寫。

（2）寫作：指文稿被書寫出來的階段，也就是把想法轉譯成文稿。

（3）改寫：指文稿的最後修改階段，也就是對文稿進行修改或重寫。

（引自涂亞鳳，2005）

國內對於寫作歷程的相關研究，大部分都是把寫作分為幾個階段：
蔡清波（1985）將寫作歷程分為八階段：
（1）認清題目；（2）確立中心思想；（3）決定文體；（4）蒐集資料；（5）擬定大綱；（6）依大綱寫作；（7）修飾文句；（8）詳加詳查。
陳弘昌（1990）將寫作歷程為七階段：
（1）審題；（2）立意；（3）運思；（4）取材；（5）擬定大綱；（6）各自寫作；（7）審閱。
羅秋昭（1996）將寫作歷程分為七階段：
（1）審題；（2）選擇體裁；（3）立意；（4）蒐集材料；（5）整理材料；（6）語言表達；（7）修改文章。
何三本（2002）將寫作歷程分為五階段：
（1）辨識階段；（2）聯想階段；（3）分析階段；（4）結構階段；（5）語言階段。

兩相比較之下，可以發現國內學者較注重寫作前的工作，像是審題、運思、立意、取材、擬定大綱，而且最重視的就是審題；國外學者的階段歷程分類較為簡單，僅分為前、中、後三階段。

　　階段模式主要特色是注重寫作活動的先後順序，把寫作視為一系列直線進行的階段，但事實上寫作歷程並非線性發展，也無法明確的區分成不同階段，階段模式並未顧及寫作者在寫作時的內在心理歷程。

2. 認知歷程模式

　　1970 年後，不少認知心理學家開始從認知的觀點探討寫作的過程，其中又以 Flower 和 Hayes 在 1981 年所提的寫作歷程模式最常為人引用。

　　Flower 和 Hayes 根據人類思考的原則，要求受試者在寫作時以「放聲思考」方式，說出寫作活動進行時的思考過程，而後依據放聲思考原案進行原案分析，發展出「寫作歷程模式」，包含下列三個層面：

　　（1）寫作者的長期記憶

　　包含主題的知識，也就是指後設認知經驗；讀者的知識就是人的知識；寫作計畫的知識就是策略的知識。

　　（2）工作環境

　　凡是所有在寫作者寫作時，會影響其寫作表現的任何外在環境因素都包含在內。包括寫作題目對象、讀者、刺激線索，與作者到目前為止所寫出的文章。

　　（3）寫作過程

　　包含「計畫」、「轉譯」、「回顧」三個階段，及其監控的歷程：

　　①計畫

　　包括三個次歷程：「產出」，指從長期記憶中把與寫作作業有關的訊息檢索出來；「組織」，選取你所檢索到的最有用訊息，並把訊息加以組織，成為一個寫作計畫；「目標設定」，就是建立一般標準來引導寫作計畫的執行。

　　②轉譯

　　是指寫出與寫作計畫相一致的正文。

③回顧

包括兩個次歷程：在「閱讀」中，寫作者找出正文有問題的地方；在「編輯」中，寫作者嘗試去改正這些問題。

監控則是對正在進行的三個寫作階段行使監督、指揮的功能。（王萬清，1997；Richard E.Mayer，1990；張新仁，1992）

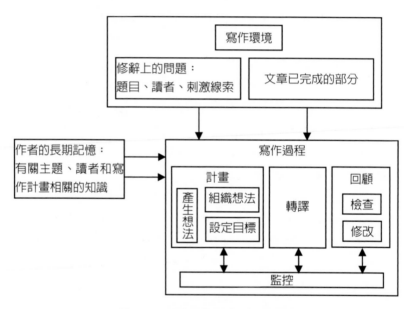

圖 2-1-1　認知導向寫作過程模式

（Flower & Hayes，1981，引自張新仁，1992：7）

Flower 與 Hayes 的寫作歷程模式雖然最常被大家引用，但被認為此模式涵蓋的範圍太廣，僅由成人放聲思考原案所獲得的寫作歷程並不足以描述寫作生手實際寫作時的情形；此模式過於強調寫作者本身的認知歷程，卻忽略了寫作者寫作時的社會情境、生態環境、教室情境與人際互動等因素，過度簡化寫作情境。而 Flower 與 Hayes 的寫

作歷程模式中，計畫階段包括了三個次歷程，回顧階段包括了兩個次歷程，只有轉譯階段僅僅描述此過程複雜，過於簡化寫作歷程中的轉譯階段，無法了解其中的複雜狀況。（陳鳳如，1998）

3. Scardamalia 和 Bereiter 專家與生手的寫作歷程模式

Scardamalia 和 Bereiter 在 1986 年認為 Flower 與 Hayes 的認知寫作歷程模式只分析有技巧的成人放聲思考原案，所獲得的寫作歷程並不足以描述寫作生手實際寫作時的情形，因此以放聲思考方式探討不同年齡、不同程度的人的寫作過程。研究中發現：人類的寫作歷程因為個人認知能力與寫作策略的不同而有差異，於是歸納出「知識陳述模式」與「知識轉化模式」。初學寫作的學生常常只受到「對寫作任務產生的心理表徵」、「內容知識」與「文章結構知識」的影響，寫作前並未經思考及文章安排，所以展現出「知識陳述模式」的寫作歷程（向天屏，2005）；而寫作專家的寫作歷程則呈現「知識轉化模式」，在寫作過程中不斷修正或改寫，是較高層次的寫作模式：

表 2-1-1　寫作技巧熟練與不熟練的寫作者的寫作歷程

寫作階段	技巧不熟練的寫作者	技巧熟練的寫作者
探索	● 不考慮探索的重要及其效益 ● 花少許時間在探索	● 考慮探索活動的效益和幫助 ● 花較多時間在深思熟慮
計畫	● 在寫作前不作計畫 ● 比較喜歡不作大綱；在完成草稿後寫綱要 ● 發展出來的計畫就像寫作內容一樣有所不足	● 使用筆記、草稿、圖解來作計畫
草稿	● 模仿說話的方法來寫 ● 不關心閱讀者 ● 心思被字、詞的書寫和標點所佔據	● 比較少模仿說話的方法來寫作 ● 對閱讀者的感覺更敏感 ● 花較多時間在寫草稿

	沒有太多停頓的時間	經常停下來再檢查、再閱讀、反省
	不做再檢查或反省	
	集中在單一的主題上，而不在乎整體的修辭問題	對所有修辭問題（讀者、媒介、聲音等）的觀點作反應
修改	不是很少修改就是僅止於表面和文字修改的層次，視修改為「錯誤的狩獵」活動	不是很少修改就是廣泛的修改到句子和段落的層次
	當他們自覺沒有違反任何規則就停止修改	更關心內容和讀者的興趣
	由於草稿的階段花太多時間在字詞的書寫和標點問題，因而遺漏重大問題的發現	不至於過分關心形式的事情
	總認為修改是「用墨汁製造一份整潔的拷貝」	視修改為遞迴和繼續發生的活動
分享	總是不願意與人分享作品，從分享中領受自信心	總是渴望與人分享作品
		從分享中獲得再建構的回饋
		重視作品的發表和傳播

資料來源：王萬清，1997

4. 社會互動模式

在傳統的教師教學歷程中，教學是基於客觀主義者認知和學習的觀點，主張在自然世界中知識或真理是絕對的、永恆的，是先天存在與個體經驗分離，所以傳統教法使用不互動的教學方式，著重在直接的傳輸這些真理，很少注意到學生獨立思考及創造力的培養。建構主義是一種教學與學習理念的更新，強調：1、知識是學習者主動建構，不是被動的接受或吸收；2、知識是學習者經驗的合理化或實用化，不是記憶事實或真理；3、知識是學習者與別人互動與磋商而形成共識。（引自張世忠，1990：5）依據社會互動模式，強調學生與學生、學生

與老師及學生與情境的互動關係，是以學生為主的教學活動，從主學習與參與的學習歷程中得到新事物的經驗，而獲得新知識的建構。

　　Piaget 的理論是建構主義的根本，關注的是他所說的「客觀性」描述，認為我們獲得知識的過程和知識成長的整個目的是建立在不以自己為中心的觀點，而能更加客觀的認識實體。Piaget 提出：

> 建構主義認為學習者必須有假設、預測、操作、提出問題、追尋答案、想像、發現和發明等經驗，以便產生新知識的建構。從這觀點來看，教師就不能只用灌輸方式，讓學習者獲得知識；相對的，一種以學習者為中心，主動學習的模型必須產生，學習者必須主動建構知識，教師只是在過程中擔任協調者角色。（引自張世忠，1990：7）

Fosnot 指出建構主義四個基本原則：

（1）知識由過去的建構所組成。
（2）建構經由「同化」和「調適」得來。
（3）學習是一種發明的有機過程而非累積的機械過程。
（4）產生認知的成長。
（引自張世忠，1990：7）

　　Kelly 將我們暗喻為科學家，每個人為自己建立一個科學家的模型，此模型會隨著時間改變，因為實體的建構必須經常的被測試和被修正，才能建立更好的工作模型。知識可被視為是由人和環境互動交流而產生的，並強調是積極主動的人去建構和解釋自己的經驗；Osborne 和 Wittrock 認為個人和環境互動時會產生積極的意義建構；Feyerabend 認為學生有極大的想像力，老師應該設計出好的教學策略，以鼓勵學生發展自己的理論，使個人的建構精緻化。（引自張世忠，1990：9-10）

（二）寫作教學取向

　　教學是教育活動的核心，教學往往被視為意圖引發學生的種種活動，且必須具有導致學生學習成就的實用價值。（簡紅珠，1992）從認知哲學的觀點來分析，教學是一種複合的概念，而非單純的概念，它指涉著一組繁複的概念或活動歷程，我們通常稱此種歷程為「多樣態的歷程」。教學是施教者以適當的方法，增進受教者學到有認知意義或有價值的目的活動。因此，教育方法或歷程不管是如何的多樣性，必須要符合教育的規準，而其傳授的內容，也必須是有認知意義或有價值的目的活動，這樣才是教學或教育性的教學。可見單一的認知方式或活動，顯然無法代表教學的全部歷程，也難以達到預期的教學效果。（國立臺灣師範大學學術研究委員會編，1994：12）從社會學的角度來說，教學是師生共同的活動，也就是為了實現教育目的，教師指導學生學習的活動。在這種活動中，師生之間彼此影響，形成了社會互動的作用。（同上，33）從認知心理學的觀點來看，教與學的過程實際上就是一個訊息處理的歷程，要把訊息正確傳達給學生，教師要能掌握學生的注意力與語言知覺。（同上，49）

　　彭震球（1991）認為現代教學有以下四種趨勢：

1. 教學心理化的趨勢

　　自從自然主義的教育思想家如 Johann Amos Comenius、Locke、Rousseau、Pestalozzi 等教育家發表他們對教育的基本理念以來，近代教學的發展便有走向心理化的趨勢。他們認為自然界一切事物的演進，都是有秩序、有定期、而且都是從個體內部發展出來的。所以教學活動應符合人生的各個階段，選定適當的材料，順應兒童的自然本性去求發展。凡是合理的教學方法，都能幫助兒童發展的任務，以體現其內在本性。像是教學的動機原則、教學的類化原則、個性適應原則都是屬於此範圍。

2.教學社會化的趨勢

社會生活實際規範了教育的本質、理想、內容與價值，教育又是一種推進社會的工具，在開放的民主社會中認為，教育的目的一方面要發展學生的個別能力，達到人盡其才的理想；另一方面要發展群性，使個人願意為社會服務，達到人盡其用的境地。現代教學法很注重民主社會應該培養的生活習慣，因此在教學中多利用團體活動和討論方式來從事學習。

3.教學科學化的趨勢

科學教育已成為現代教育的核心問題，人們重視科學教育，並不完全為了功利價值，而是在於科學能給予人類正確而精密的思考方法和繼續不斷的創新精神。凡是對某一事物原理能夠作有系統、有條理、有步驟的探究的，都是屬於科學的研究範疇。現代教學為了解學生的能力及學習效果，常編造各種測驗量表，來衡量學生的智力、性向、興趣、個性，都是依據客觀的方法作準確而有效的評估；至於學生學業成績的考核與評鑑，更已逐漸走上科學化的途徑。

4.教學藝術化的趨勢

科學化的教育偏重理智，而教學的對象是人，需要感情的陶冶，因此教師的教學法需運用靈活的技巧，留意學生的情緒反應。Dewey說過：教學法乃是一種藝術的動作，聰明地受目的的指導。而一般學生所受的最大拘束，莫過於創造力受到壓制。只有用運用適當的藝術教學法，才能使學生的心靈獲得解脫，使自我實現。

（三）寫作教學方式

一般寫作教學方式，是指小學教師在寫作教學時所慣用的寫作教學方式，也就是命題作文的方式，教學程序為（姜淑玲，1996）：

1. 教師提出寫作主題。
2. 講解題意。

3. 提供範文。

4. 師生共同擬定大綱或安排段落。

5. 學生利用想像，獨立寫作。

6. 完成作品，交給老師評閱。

　　學生寫作能力低落與教師作文教學不當不無關聯。一般的寫作教學大多是「成果導向」，教師先揭示題目，講解段落大綱後，便任由學生自行發揮，重心放在作文成品的批改，並沒有情境的引導，使得作文課只能評量學生原有的寫作能力，而沒有提供學生學習寫作的情境與方法，無法提升學生寫作的能力。

　　許多研究者發現了這個問題，開始關注寫作教學的課題，希望透過理論和實證研究，以有效的教學方法解決寫作教學的困境。下表以寫作教學為關鍵字，就國內最近五年針對小學一般學生的寫作教學相關研究整理分析，提供給未來的研究者作參考：

表 2-1-2 國內最近五年針對小學一般學生的寫作教學相關研究整理

研究者（年代）研究題目	對象	研究說明	研究結果
周琇媚 2010 《PBL 在國小五年級寫作教學之應用》	國小五年級	本研究主要探討 PBL 應用於國小五年級寫作教學的成效與實際教學情況，並對未來欲採用 PBL 的研究者提出建言與經驗分享。	（一）教師是 PBL 教學能否成功關鍵。 （二）學生的資料搜集、閱讀、摘要與參與討論能力是 PBL 能否順利進行之要件。 （三）書面 MSN 有助寫作構思與修改。
吳招美 2010 《調整國小六年級學生寫作觀點之寫作教學的行動研究》	六年甲班11位學生、家長、導師與研究者	教學歷程以「過程導向寫作教學」模式進行，藉助「圖像組織」為寫作構思的鷹架，結合師生互動、同儕討論、小組共作、觀摩分享等策略，探討學生寫作觀點的轉變及觀點轉變對寫作成效的影響。	本研究歷經 22 節課，在教學歷程中視教學情境的問題不斷地反思、修正教學方案，解決教學現場問題，並實踐調整學生寫作觀點、提升寫作成效。
賴蕙謙 2009 《電子化寫作教學對於學生在寫作態度與寫作表現之影響研究》	國小兩班學生。	探討電子化寫作教學對於學生在寫作態度與寫作表現的影響，並進一步了解學生對電子化寫作教學的意見。	寫作態度方面，接受電子化寫作教學的實驗組學生在寫作態度上有提升的現象，寫作興趣、表現覺察、自我反省無顯著影響。寫作表現方面，對於學生整體的寫作表現、內容措辭、結構方面有顯著影響，對於學生在記敘文、應用文的寫作表現有顯著影響。
李琬蓉 2009 《結合思	國小兩班六年級學生	本研究以議論文寫作教學為主要重點，以二元邏輯思考結合辯論的思	（一）思辯練習能提升國小六年級學生議論文寫作的能力。實驗組在論點、論據、論證議

辯練習的寫作教學研究──以六年級議論文體為例》		辯練習為方法，進行實驗教學，期能透過此方式增進國小六年級學生在議論文寫作上的能力。	論文要素寫作能力的考驗上明顯優於控制組，在字詞、句子、段落、修辭等基本寫作能力上則無明顯差異。 （二）結合思辯練習的教學方式是提升國小六年級議論文寫作的有效方法。
邱國禎 2009 《苗栗縣國小六年級語文科「意象、技法、實踐」模組化寫作教學設計對學生寫作能力提升之研究》	六年級兩個班級	本研究的目的是發展一套教師寫作教學專業成長模組系統，因應教師在寫作教學專業知能的需求外，提升學生的寫作能力。	實驗組學生在「立意取材」「遣詞造句」「結構組織」「總分」項目的寫作能力表現有顯著提升，「意象觀察」成績表現與「立意取材」、「遣詞造句」、「組織結構」與「總分」的寫作能力表現有顯著正相關。
楊雅方 2009 《敘說我和小五學童探索寫作的故事》	國小五年級	（一）探究「探索性課程」對於學生寫作動機及寫作內容之幫助。 （二）記錄「過程導向寫作教學模式」的回顧修改策略運用與調整經驗。 （三）基於師生互為主體的精神，形塑出自己的寫作教學模式。	「過程導向寫作教學模式」的回顧修改策略有助於孩子自評、同儕互評。在連續的探索性寫作活動中，藉由共同探究解答的過程，發展出寫作知識與知能，使得老師與學生「教學」各有增長。

黃怡綺 2009《綜合寫作教學法影響國小二年級學童寫作能力與態度之研究》	國小二年級	透過行動研究，依據現有的國語文教材，設計並發展出適合低年級學童的「綜合寫作教學」課程，以期能提升學童的寫作能力與態度，並增進教師的專業知能。	以學童為中心設計課程較能深受學童喜愛；綜合寫作教學法確實能提升多數學童寫作能力；命題作文教學法有助學童學習段落安排；看圖作文教學法為引導低年級學童寫作的好方法。
呂秀瑛 2009《心智繪圖應用於文章構思的研究——以國小六年級學童為例》	國小六年級一班學童	本研究旨在發展一套適用於國小六年級學童的「心智繪圖應用於文章構思的寫作教學」方案，並探討此方案對受試學童寫作記敘文與說明文時，在立意取材、文章結構、段落內容方面表現的影響，以及此方案對受試學生寫作態度的改變情形。	學生接受「心智繪圖應用於文章構思的寫作教學」後，在「立意取材適當」、「篇章結構條理化」顯著提升，但在「內容精緻化」則進步不明顯。心智繪圖可訓練思維，是教師跟學生溝通的良好工具，結合「結構性過成寫作教學法」，學生能掌握寫作的技巧，尤其在選材與篇章結構成效最顯著。
王翊蘋 2009《自我調整策略發展寫作教學與概念圖寫作教學對提升國小六年級學生之寫作自我調整、寫作表現與	高雄市某國小六年級三個班級為對象	比較自我調整策略發展寫作教學與概念圖寫作教學對國小六年級學生在寫作自我調整策略、寫作表現與寫作動機上表現的差異。採不等組前後測的準實驗設計，實施 SRSD 寫作教學、概念圖寫作教學、及一般作文教學（控制組）。	（一）SRSD 組和概念圖組在寫作自我調整以及組織結構、文字修辭、價值效能、和情感與行動四個分量上皆無差異，但在內容思想概念圖組顯著優於 SRSD 組。 （二）在寫作表現上，SRSD 組與概念圖組在寫作表現以及組織結構、文字修辭沒有顯著差異，但 SRSD 組在內容思想上顯著優於概念圖組。 （三）在寫作表現的追蹤後測上，SRSD 組在寫作表現及內容

寫作動機之比較》			思想與文字修辭層面優於概念圖組，但在組織結構沒有顯著差異。
林彥佑 2009《圖像與修辭技巧結合之寫作教學——以國小四年級為例》	國小四年級學生	探討修辭技巧對國小四年級學生寫作的影響。藉由圖像與電腦的輔助，經過十週的實施，期盼可以喚回學生喜愛寫作的興致，結合生活化繪本的情境，引發寫作的靈感。	修辭方面，在後測句型寫作與成篇文章能使用較高難度修辭，看到圖像，能聯想到適宜的修辭方式。字句方面，學生字數增加，出現新字句；看到圖像，能以更深刻手法描述。內容方面，學生作品質量增加；能從圖像中看出情節。寫作不再侷限於圖像，有更深層思考。創意方面，透過圖像的聯想，想像力、觀察力都展現出更多創意空間，寫作表現也更加生動。
林麗芳 2009《科學寫作在國小五年級自然與生活科技課程之應用研究——將語文寫作技巧應用於科學寫作教學》	國小五年級兩班學生35人	探討自然科課程中適用的各種寫作形式的寫作教材教法與內容。將自然課程中適用的各種寫作形式的寫作教材教法，歸納詞的寫作教材教法、句的寫作教材教法、篇的寫作教材教法三種寫作形式，以質性研究為主與簡單量化為輔進行資料分析。	（一）自然科寫作形式包括造詞、寫短語、造句、回答問題、寫段落與篇章，教學者可依單元內容設計不同寫作形式進行教學。 （二）可行的科學寫作教材教法有字詞句型方面的概念詞、關鍵詞、因果句、對比句、擴寫句、觀察法、摹寫法等教學法；運思方面有「審題」、「立意」、「構思」、「選材」、「佈局」幾個重要步驟；組織結構方面有地點法及種類法二種。 （三）學生透過文字寫下概念，進行連結，增加學生高層次思考；教師可從學生的寫作內容評量學生對概念的了解。學生從詞、句、段、篇的寫

			作過程，可增進學生的科學推理能力。
葉家妤 2009 《國小三年級記敘文寫作之教學實踐》	國小三年級學童	探討記敘文寫作教學實踐教材運用於國小三年級學童的可行性，及其對學生寫作興趣、態度、寫作表現的影響。以教學行動研究進行，研究對象以三年級學生為樣本，進行十個單元為期五個月的寫作教學實踐。	（一）記敘文寫作教學提高學生寫作自信，改善寫作學習態度。 （二）實施記敘文寫作教材教學後，學生寫作表現明顯提高。 （三）記敘文寫作教材設計與教學活動實施，使學習更完整。 （四）有計畫的寫作教學，教師扮演著重要的引導角色，要關心結果，且留意其學習的歷程。
陳雅菁 2009 《笑話在寫作教學應用之研究——以國小四年級為例》	國小四年級	採用行動研究法，以笑話在寫作教學應用的研究。運用十二則笑話為教學材料，主要使用多元智慧和創造思考教學策略、原則，透過六個單元的教學，培養學生取材立意、組織結構、遣詞造句、避免錯別字及運用標點符號等寫作能力，藉由多元視角，相互驗證。	笑話應用於寫作教學能激發學生學習興趣，提升寫作意願。應用於寫作教學對寫作能力的培養能全面性的提升寫作能力，以組織結構、取材立意等能力進步較多；低表現學生進步幅度最大。笑話應用於寫作教學對創思教學能提供情境，提升想像力、觀察力與思維力。
吳貞慧 2009 《創造思考運用在國小中年級寫作教學之研究》	三年級之32位學生	以行動研究法探討創造思考運用於國小中年級寫作教學之研究，並了解學生對於在教室中進行寫作教學的看法，以分析創造思考運用在國小中年級寫作教學時的成效。	課程與學生生活經驗結合，引起學生興趣及寫作動機。創造思考策略方面，教師營需造自由開放寫作環境，允許學生任何想法及發言。教學者若具備創造思考能力，較能引導學生產出創造思考；教學者必須具備寫作教學能力；以學生為主體，教師為聆聽及歸納者，在討論合作中創造出作品。

劉承翰 2009《情境式遊戲教學策略輔助國小作文課程效益之探究》	六年級學生	探究情境式遊戲教學策略輔助國小作文之效益為何。採取準實驗的研究方法，研究對象為六年級學生，實驗組與控制組二班各有 31 人。排除無效樣本後，實驗組有 25 人，控制組有 27 人。	「情境式遊戲教學策略輔助作文教學」對於學生「組織結構」能力、寫作能力、抽象寫作主體的表現、寫作動機上有實質幫助，對國小男性學童的寫作能力有較顯著的提升效果，對學習風格為調適型與收斂型的學習者的寫作能力有較顯著的提升效果。
余秋雪 2008《松林國小三年七班遊戲作文之寫作教學行動研究》	32 位三年級學生	依據遊戲理論、多元智能理論規劃了八個寫作教學單元。分別是「兒歌仿作」、「押韻記趣」、「故事寫作」、「盲人體驗」、「趣味競賽」、「水生植物」、「跳蚤市場」及「特別的我」。寫作主題配合八大智能，依序是音樂、語言、空間、人際、肢體動覺、自然觀察、邏輯數學、內省等智能。經過「遊戲活動」、「寫作引導」、「師生討論」、「寫作活動」和「作品發表與賞析」五個主要教學流程，採行動研究法進行。	（一）課程設計普遍引起學生興趣。 （二）課程設計普遍提升寫作能力。 （三）課程設計與教學策略宜密切配合 1. 寫作前多元動態的遊戲活動提供學生實際體驗的機會。 2. 分組共作有助學生互相學習，可激發寫作樂趣。 3. 寫作後讓學生上臺發表，有助同儕觀摩學習。 4. 寫作思考地圖與學習單設計，有助學生對寫作材料的組織與安排。
沈秀珍 2008《體驗活動融入寫作教學之行動研究》	三年級	本研究採體驗活動融入寫作教學，教學者引導學童從體驗歷程運用身體感官的敏銳度，蒐集寫作材料，藉由實際活動過程中，陳述自己的具體經驗，透過教師程	（一）學生基本語文能力，教學時間壓力，學童反思與檢視習慣，閱讀和創意的養成，影響本教學方案的實施。 （二）體驗活動融入寫作教學歷程後，對寫作態度與寫作技巧抱持正面的看法。

		式性的協助及同儕的討論互動，增進對寫作主題的認識與寫作技巧和寫作過程的理解，最後應用文字的組織歸納能力，將體驗後的感受或心得，用文字表達在文章內容。	（三）就學童的個人作品而言，體驗活動與寫作間存在內容概要與組織結構上的一致性。就寫作能力與技巧而言，體驗活動明顯有助於增進內容概念的豐富性與創意的表述。
李曉琪 2008《繪本運用在國小作文教學之研究》	二年級學童，男生20人，女生14人，全班共計34人	了解以繪本運用在國小二年級作文教學課程之成效，並根據研究結果，提供未來發展國小二年級作文教學課程之參考。本研究採行動研究法，研究者自行設計為期十六週的課程，以 50 本繪本進行導讀、團體討論、繪本學習單習寫、作文教學活動來進行作文教學。	運用繪本進行國小二年級學生作文教學具有顯著教學效果，在大量閱讀後，其閱讀能力和作文力有顯著改變，且呈正面提升。大量書寫對國小二年級學生的寫作能力及品質皆有助益。運用繪本對國小二年級學生進行作文教學時，適當的獎勵方式可增加其寫作意願。
彭玉丹 2008《想像作文之教學行動研究——以光明國小四年孝班為例》	四年級學生29人	是將「想像作文」帶入四年級寫作教學課程內，期能激發學生寫作興趣，提升寫作能力。採行動研究法，除前後測作文外，共分五單元，二個單元為創造式想像作文，三個單元為再造式想像作文。	「想像作文之寫作教學」對光明國小四年級學生在寫作題目方面能引發其興趣，在發揮創意與想像力方面的寫作能力，有顯著的效果。

張金葉 2008 《擴寫教學對國小二年級學童記敘文寫作之影響》	國小二年級學童三個班級	探討擴寫教學對國小二年級學童記敘文寫作能力及寫作態度的影響。	（一）擴寫教學能顯著提升國小二年級學童的寫作能力，但男、女學童的寫作能力並無顯著差異。 （二）擴寫教學能幫助國小二年級學童對寫作產生正向的態度，拉近低、中、高能力學童寫作能力的差距。
胡文素 2008 《兒童繪本主題融入提早寫作教學之研究──以苗栗縣建國國小二年二班為例》	學生共三15人為研究對象	（一）以繪本為引導教材，提升建國國小二年二班學童寫作動機、興趣與能力。 （二）根據研究結果，歸納出具體的結論與建議，並提出適合低年級運用的繪本寫作教學，做為國小教師從事低年級寫作教學的參考。	「繪本多元主題融入低年級提早寫作教學」在國小二年級實施，具可行性，繪本可成為寫作教材的新嘗試，繪本主題可成為寫作方向的新突破；對寫作興趣，有明顯的提升；對寫作能力，有顯著效益。
張益芳 2008 《國小教師寫作教學方法與國小六年級學生寫作態度關係之研究──以澎湖縣、臺	六年級學童	本論文研製之主要目的在了解國小教師實施的寫作教學法與國小六年級學生寫作態度的關係。自編「國小六年級國語文教師寫作教學方法調查問卷」及「國小六年級學童寫作態度量表」，以澎湖縣及臺南市的師生為研究對象，進行問卷調查。所得資	（一）教師方面，沒有教師使用限制式寫作教學，最多人使用的是傳統作文教學。 （二）學生方面，此二縣市之學生在寫作認知部分態度最好，女生整體寫作態度顯著優於男生，有補習作文者的整體寫作態度顯著優於沒有補習者，此二縣市學生寫作態度無顯著差異。 （三）接受不同寫作教學法之學生

南市為例》		料以 SPSS 軟體執行百分比、平均數、標準差、卡方檢定、單因數及多因數變異數分析,以獲得研究結果。	的整體寫作態度有顯著差異,社會互動模式之教學優於認知歷程模式及直線模式,接受「合作討論教學」的學生的寫作態度最佳,最差者為「命題作文教學」。
李娟娟 2008 《國小實施限制式寫作教學之行動研究》	國小五年級	本研究旨在探討限制式寫作教學對於國小學童寫作興趣與能力的影響。以國小五年級寫作教學的師生互動與學生作品為研究樣本,目的在釐清學生寫作過程所產生的困境與解決策略,利用限制式寫作教學的題型,包括「看圖作文」、「改寫作文」、「續寫作文」、「縮寫作文」等為教學內容。	(一)「看圖作文」、「改寫作文」、「續寫作文」、「縮寫作文」此四種寫作題型在國民小學寫作教學中具有正面意義。 (二) 實施限制式寫作教學的困難:缺少專業教師訓練,無法落實限制式寫作教學之推動。 (三) 限制式寫作教學的引導能提升學童傳統命題作文的寫作能力。
程嬪玲 2008 《思考地圖運用於生活故事寫作之研究》	14位五年級學童	本研究主要目的在探討如何運用思考地圖,發展有效的寫作教學策略,以提升學童生活故事寫作的能力。另外也進一步探討研究研究者在教學研究進程中,有關生活故事寫作教學知能的發展。	(一) 經由「生活故事寫作」能提升學童敘事寫作能力。 (二) 整合寫作教學策略於寫作歷程,有助提昇學童「生活故事寫作」能力。 (三) 經由教學實踐與反思,研究者可發展「生活故事寫作」教學專業知能。
曾淑珍 2008 《遊戲策略應用於	六年級 18位學生	本研究旨在了解遊戲策略應用於創造思考寫作教學之實施歷程中,學生對寫作的興趣與態度	(一) 將遊戲策略應用於創思寫作教學,可增加學生寫作興趣,改善學生的寫作態度。 (二) 學習成效上,學生能發揮想

創造思考 寫作教學 之研究》		等反應，以及探討創思 寫作教學的實施成 效。。	像力，充實寫作內容。八成 以上學生認同遊戲式寫作教 學可提升寫作能力。 （三）對創意教學內涵產生學習 　　遷移。
許瑞娥 2008 《國小體 驗式作文 教學研究 ——以花 蓮縣北林 國小四年 級為例》	國小 四年級 學童	本研究以國小四年級學 童為教學對象，利用真 實體驗、影像體驗、閱 讀等活動，協助學童了 解學習內容，統整於寫 作，旨在探討體驗式作 文教學實施一年的情形 與教學效果。	體驗活動啓發學童多感官的學習， 使其寫作內容更為豐富，能提高學 習效率，是促進閱讀的學習活動， 能提升學童寫作態度，強化其寫作 表現。
孫秀鵑 2008 《國小學 童日記寫 作教學研 究》	國小 四年級 學童	本研究旨在探討國小學 童日記寫作教學是否能 有效提升學生的日記寫 作能力。課程設計融入 寫作教學、限制式寫 作、多元智慧、生活觀 察、品格教育等精神， 透過體驗活動及主題式 寫作教學，讓學童學習 日記寫作技巧。	日記寫作教學所傳授的寫作要求、 基本技巧、思考引導、觀察方式， 的確有助於學童日記寫作能力的提 升，且能延伸至平日的非主題教學 寫作。
藍怡君 2008 《心智繪 圖策略結 合線上寫 作教學方 案對國小 五年級學 童寫作能	國小 五年級	本研究旨在探討心智繪 圖策略結合線上寫作的 教學方案對國小五年級 學童寫作表現、寫作創 造力及寫作態度的影響 效果。以臺北市永春國 小五年級兩班學生為研 究對象，分為實驗組 27 人，對照組 28 人，實	心智繪圖策略結合線上寫作的教學 歷程對國小五年級學童寫作表現、 寫作創造力、寫作態度的提升有顯 著影響。

		驗為期十三週。	
謝英玲 2008 《繪本引導式寫作教學之行動研究》	二年級學童	本研究旨設計發展教師自編的繪本引導式寫作教學課程，藉由寫作教學的實施，探討二年級學童的寫作表現，以及教學歷程中研究者的成長與轉變。	（一）根據兒童經驗及興趣，提供適當繪本作為引導材料，能提升兒童寫作能力，學童在寫作文意層次有顯著提升，繪本可提供寫作材料，增進寫作題材，建構寫作內容。 （二）教學者使用的引導方法，會影響學童寫作表現，教學者與觀察者之互動，能促進專業成長，提升教學效能。
蔡易璇 2008 《無字圖畫書融入國小二年級限制式寫作教學之研究》	二年級學童19名。	本研究透過無字圖畫書的閱讀討論融入限制式寫作教學，觀察及分析二年級寫作能力的改變。研究者採行動研究法，以限制式寫作類型中的擴寫、補寫、改寫、組合，進行十二次四階段的教學。	無字圖畫書融入限制式寫作教學，有助於提升二年級學童的口語表達能力及信心的建立，能有效提升二年級學童的寫作能力和興趣，可順勢引導二年級學童的寫作思路，讓寫作材料唾手可得，可以增加二年級學童親近書本的意願和誘因。
張繼安 2008 《限制式寫作運用於提昇國小二年級寫作能力之研究》	國小二年級學生	本研究旨在探討和呈現限制式寫作教學於國小二年級學生實施的成效及歷程。以國小二年級學童為實施對象，包含培養觀察力、聯想力、想像力、構詞與組句能力以及修辭能力等的教學內容。進行現場教學，並加上前後兩週的前測及後測，以確實了解學生的學習成效。	「限制式寫作」教學對於從未接觸過寫作領域的二年級學生來說，可用活潑有趣的課程設計吸引其注意力，避開傳統作文教學模式，使學習持續在歡愉氣氛中進行；且可針對單項寫作能力進行加強，強化學生不足處，使學生不必於學習初始就面對須完成整篇作文的壓力，從單項能力訓練中，建立學生對於寫作的自信。

洪詩韻 2008《限制式寫作教學對國小六年級學童寫作成效之研究》	國小六年級學童	本研究以國小六年級學童為研究對象，進行限制式寫作教學課程十二週共二十四堂課的教學實驗，探討限制式寫作教學對寫作成效的影響。	實施「限制式寫作」教學，能培養學童良好的寫作態度，提昇學童的寫作表現。設計「限制式寫作」教材時，可鎖定單項寫作能力，選擇「限制式寫作」教學，有助提高學童寫作興趣。五、六年級學童適合實施「限制式寫作」課程教學。
孫宜旺 2008《部落格融入寫作教學對國小高年級學童寫作學習成效與寫作態度影響之研究》	高年級40名學童	本研究旨在探討部落格融入寫作教學對國小高年級學童寫作學習成效與寫作態度的影響。	（一）在寫作態度方面兩組沒有顯著差異；（二）在寫作能力的指標中，「總字數」、「平均每句字數」、「造句商數」與「文意」兩組皆無顯著差異；（三）在作文品質的分項中，「基本機能」、「組織結構」、「內容思想」與「可讀性」兩組皆無顯著差異；（四）在寫作句型上，兩組在句型變化上差異不大。
呂宜幸 2008《限制式寫作教學方案增進國小學童寫作能力之行動研究》	六年級27人	本研究旨在探究限制式寫作教學方案對增進國小學童寫作能力的成效，並進而形成有效的限制式寫作教學方案。以基隆市國民小學六年級一個班級學童 27 人為對象，實施限制式寫作方案，該方案分為三個教學階段，共進行 12 次的教學活動，每次 80 分鐘。	（一）限制式寫作教學方案在「組合」、「文章評論」、「引導式作文」具成效（二）本研究發現有效的限制式寫作教學方案，包括「組合」、「文章評論」、「引導式作文」三階段題型的教學活動，共計 12 次的教學活動。（三）限制式寫作教學方案實施時遭遇的困難，包括班級秩序不易控制、上課時間不足、學生學習意願態度低落、研究夥伴的研究協助。

李淑芬 2008 《創意畫圖引導提早寫作教學成效之研究》	國小二年級學生	本研究主要目的是探討接受創意畫圖引導提早寫作教學的學生，在寫作成就及寫作態度的學習成效。採內容分析和行動研究的方式進行研究，研究教學對像是國小二年級學生。	（一）接受創意畫圖引導提早寫作教學的學生，在寫作學習成就和寫作學習態度表現上具有正向提升，且優於接受一般提早寫作教學學生。 （二）創意畫圖可幫助學生進行思考整合，有助於表達及溝通的能力。 （三）創意畫圖寫作教學方式受學生喜愛，且能加強學生寫作學習的專注力。
曾琦雅 2008 《國小四年級應用文寫作教學研究——以台中市某國小為例》	四年級一班 34位學生	本研究旨在以 Garnder 多元智慧理論融入的方式，設計應用文寫作教學，由研究者根據 Garnder 多元智慧理論設計六個單元的教學方案，以國小四年級一班 34 位學生為研究對象，實施一學期（二十週）的應用文寫作教學。	（一）學生喜愛接納，學習興致高昂。 （二）學生在人際智能的成長良多。 （三）活絡學生學習思考，不再苦無題材可寫。 （四）表達形式自由有助於創意發揮。 （五）學生能善用優勢智能，寫出具個人特色的文字。 （六）開發學生的潛能，啟發能力。 （七）觀點有助寫作教學，技巧待磨練。
林冠宏 2008 《以創造思考寫作教學提升國小五年級學生創造力成效之研究》	國小五年級生 34人	本研究旨在探討創造思考寫作教學方案對國小五年級學生創造力的影響效果。	（一）創造思考寫作教學對國小五年級學生的創造力、「流暢性」、「獨創性」、「變通性」有顯著教學成效，學生於教學活動中持正向、主動學習態度。 （三）教學活動設計時應以激發學生學習動機為主軸，提供支援、開放學習環境，鼓勵學

			生發言。課程後應讓學生的創造思考寫作成果有展示空間。
蔡慧美 2008《整合大量閱讀與寫作教學之行動研究》	國小五年級	採用行動研究法，以了解如何藉由整合大量閱讀與寫作教學來提高學生的寫作表現。	（一）文章架構分析有助於閱讀理解，閱讀學習單的習寫能增進對文章的了解，並增加寫作的機會。 （二）讀本的選擇應符合學生興趣，才能產生共鳴，故事類的讀本較受學生的青睞。 （三）學生的閱讀興趣、閱讀能力向上提升，閱讀活動對寫作有助益。 （四）學生的寫作表現，以記敘文最佳，應用文次之，議論文較差，在寫作評定量表上以「組織架構」方面進步最多。
鄭雅玲 2008《閱讀心得寫作教學對國小低年級學童寫作成效提升之研究》	國小二年級十三個班級中抽選出兩個班級進行教學	本研究旨在探討閱讀心得寫作教學對國小低年級學童寫作成效提升的情形。本研究採用行動研究法及內容分析法進行研究。教學實驗為期三個月，共計六次寫作教學活動。	（一）閱讀心得寫作教學明顯有助學生寫作能力提昇，對低分組學生成效尤為顯著；對學生的寫作興趣與寫作態度具有正面影響。 （二）實驗組學生對閱讀心得寫作教學的反應正面肯定；控制組學生寫作能力雖因缺乏引導而不高，但閱讀興趣濃厚。
楊雅婷 2008《國小一年級提早寫作教學行動研究》	國小一年級學童	本研究旨在探討提早寫作教學對國小學童寫作能力的影響。採用行動研究法，以國小一年級學童為研究對象，學童的寫作歷程及作品作為研究樣本，利用提早寫	（一）提早寫作教學之教學設計由詞而句、由句而段、由段而篇，建構完整的寫作概念；教學方式由共作而助作，由口述而筆述，培養學生獨立寫作能力；教學活動重視趣味性、個別性及具象化，提

		作教學的寫作類型，包括「填充作文」、「聽寫作文」、「看圖作文」、「仿作」等四種類型進行二階段提早寫作教學；由研究者擔任教學者，協同教師擔任教室觀察者，歷經八次教學活動，三次寫作能力檢測，了解學生寫作教學的學習效能。	高學生寫作的興趣。 (二) 提早寫作能有效提升學童的寫作能力。 (三) 困境：校內研究風氣不興，缺乏協同合作，加上提早寫作教學式微，教師多無專業訓練，而學生的個別能力差異大，家長對寫作教學活動的疑慮，影響教學。
吳宜錚 2007 《電子繪本融入記敘文寫作教學歷程之研究》	三年級學童	本研究旨在探討以電子繪本為媒介的記敘文寫作教學策略，及使用電子繪本為媒介的記敘文寫作教學對提升兒童寫作動機與寫作能力的影響。採用行動研究，以三年級學童作為觀察對象，總共進行五次寫人、敘事、狀物、描景、記遊的記敘文寫作教學。	(一) 以電子繪本為媒介的記敘文寫作教學可以提升兒童寫作動機。 (二) 以電子繪本為媒介的記敘文寫作教學，短時間對於提升兒童寫作能力的成效並不顯著。 (三) 以電子繪本為媒介的記敘文寫作教學策略，聲光內容吸引兒童，強化兒童學習動機；以電子繪本的圖文當成範例，協助兒童思考及想像。
陳詠濬 2007 《多媒體限制式寫作對學童寫作成效之分析》		(一) 視覺思考教學法融入「M.L.W.I.T」網站，對提升成語認知的成效。 (二) 視覺思考教學法融入「M.L.W.I.T」網站，以改善學生成語應用能力。 (三) 結合「M.L.W.I.T」網站及限制式	(一) 「M.L.W.I.T」網站對成語教學在成語理解、成語應用、成語分析、成語總分的進步都達顯著差異。 (二) 運用「M.L.W.I.T」網站學習成語造句是有教學成效的。 (三) 短文寫作方面，實驗組學生在文字修辭、組織結構、作文總分的進步都達到顯著差異，只有在內容思想並未達顯著差異。

		寫作教學策略，提升學童短文寫作能力。 （四）了解學生對多媒體限制式寫作教學的態度，作為日後限制式寫作教學的參考。	（四）學生對多媒體限制式寫作教學的態度，在「教學回饋問卷調查表」中呈現正向且滿意的回饋。
葉素吟 2007 《國小五年級成語寫作教學研究》	國小五年級	本研究主要採用個案研究法。以成語為寫作教材，結合多元智能理論設計教學，期能運用語文學科特色，設計練習題型，培養學生的語文表達能力，激發創造能力。	掌握多元智慧核心能力可提升教學效能；融入統整課程與主題式教學，強化語文表達能力；創設生動安全環境，活絡學生學習氛圍；運用多元策略，廣開思路，活化學生認知、技能與情義；改變評量體系，幫助學習，使每個學生都能樹立起自信心；改變評量批改模式，尊重學生的人格，增強對作文的信心。
謝錫文 2007 《類比兒童詩寫作教學對不同類比能力六年級學生寫作的影響》	六年級學生	探討類比應用在兒童詩寫作教學上的影響。以類比為教學策略，於六年級學生從事兒童詩教學實驗，藉由電腦螢幕的擷取，紀錄學生創作的歷程，透過訪談與資料的比對，推論出學生在表面相似性與高低結構相似性的表現，以了解學生的創作歷程。	在創作歷程的表現，高分組學生以高結構相似性來創作；而低分組學生在選擇型創作，採表面相似性，但是在新增型卻跳脫表面相似性而創作，且修正在選擇型創作時，高低結構相似性不一致的情形。在創作作品的內容分析上顯示，「分行分段」與「節奏」，「創造想像」與「具體語言」，「聯想」與「比喻法」有顯著的相關。
呂菁馨 2007 《後設認知策略在國小高年	國小高年級	探討後設認知策略融入國小高年級寫作教學上的應用。依據維高斯基鷹架學習理論的概念，引導學生在寫作前、寫	在理論整合與策略融入寫作教學後，透過課程的實施與觀察分析，探究出「後設認知取向寫作教學課程」的實施與引導方式，並且透過學生寫作認知與態度的正向改變，

級寫作教學之研究》		作中、寫作後的階段，分別運用各種策略來協助學生寫作，培養學生寫作時自我監控與自我管理的後設認知能力，以促進學生寫作能力的提升。	及學生作品在質與量方面的進步情形，發現後設認知策略可以增進學生寫作的反思與自我監控能力。
莊景益 2007 《心智繪圖結合摘要教學法與寫作教學法對國小四年級學生閱讀理解與寫作能力之行動研究》	四年級學生	研究者以心智繪圖為學生的學習工具，引導學生摘取課文中的重要資訊並加以整理；希望以學生的生活經驗為起點，將感官所察覺之物，利用心智繪圖來有條理地編排內容，組織完整的架構，透過寫作歷程的指導，提升學生寫作能力。採用行動研究的方式進行。	(一) 心智繪圖可做為學生閱讀與寫作學習工具，也是多元智慧的具體實踐。 (二) 對繪製心智繪圖勤做練習不可少。 (三) 可用心智繪圖區分文章重點與細節。 (四) 可用心智繪圖做寫作計畫並引導出更多想法。 (五) 心智繪圖勾勒出閱讀與寫作之間的無形橋樑。
王春苹 2007 《心智繪圖在國小六年級學生寫作教學之行動研究》	33位六年級學生	本研究採用行動研究，探討心智繪圖寫作教學對國小六年級學生寫作成效的影響、實施教學時可能面臨的困境及解決之道，以及研究者所獲得的專業成長。	(一) 心智繪圖寫作教學對學生對學生構思方式有正向轉變；對學生寫作篇幅有明顯增加趨勢；對學生寫作速度有增進效果。 (二) 心智繪圖寫作教學透過師生與同儕的分享互助，降低寫作焦慮，學生的寫作態度有正向的轉變。

黃秀金 2007 《國小看 圖作文教 學研究》	國小二 年級學 生	對國小看圖作文教學作 一整合評論，並提出教 師實施看圖作文教學時 系統化的想法。	（一）圖片的設計，應以兒童日常 　　　生活中所經驗過的為主。 （二）看圖作文之外，可視兒童的 　　　差異實施不同作文方式。 （三）提供圖片之外，也可先讓學 　　　生畫出自己心中所想的情 　　　境，再用文字表達。 （四）語文教育要均衡發展。古典 　　　文學、小說、漫畫、新詩都 　　　應涉略。
李雅靖 2007 《修辭格 寫作教學 之研究 ——以國 小四年級 學生為 例》	四年級 學生	本研究主要目的是透過 研究者對修辭格的認 知，設計相關課程進行 教學，將修辭格融入寫 作教學中，提升學生寫 作能力，激發其寫作興 趣。採質性研究。	修辭格寫作教學可以提升學生寫作 能力；能增加學生創作動力與自 信；透過小組討論，可改善學生寫 作能力及增進人際關係。藉由自編 教材，教師可以提升其專業素養。
邱於芳 2007 《擴詞活 動及其結 合基礎寫 作之教學 研究—— 以花蓮縣 白兔國小 二年級為 例》	二年級	探討傳統查字典方式， 來進行生字造詞外，尚 有何種協助學生擴充詞 彙的教學策略。擬採由 字擴詞及由詞擴詞兩種 策略，進行擴充學生詞 彙的教學活動。	（一）透過親子合作、小組討論、 查閱線上辭典，和師生共同討論等 策略進行字擴詞活動，可擴充組詞 式和義類式組詞法之詞量量，克服 傳統受字詞典編排方式，且以擴詞 活動對詞彙的記憶保留效果最佳。 （二）同義詞聯想、反義詞聯想、 同根詞聯想及詞法關聯式聯想，可 幫助學生擴詞，有助於詞義的理 解。（三）擴詞活動結合造句、照 樣造句及段落書寫等基礎寫作教 學，能提昇學生的詞彙長期記憶及 用詞能力。（四）多角度的擴詞活 動，可以提供多種取得新詞彙的方

			法，也可避免因單一策略所引起的學習疲勞。
黃文枝 2007 《繪本閱讀結合寫作教學之研究——以潮州國小一年級學童為例》	一年級	探討繪本閱讀結合寫作教學策略，觀察與分析學童寫作歷程及其成效。採用行動研究方法，以「繪本的語文結構練習遣詞造句」、「繪本主題延伸的生活經驗與感受練習」、及「以繪本的圖像進行看圖寫作」等三階段教學策略進行讀寫結合教學。	繪本閱讀結合寫作教學提升學童閱讀理解能力及閱讀興趣、口語表達能力、寫作能力，豐富寫作內容引導寫作思路，提升學童學習興趣，在低年級寫作教學上是可行並深具價值。
曾佩綺 2007 《量表診斷寫作教學法對國小四年級學生寫作態度與能力之研究》	四年級兩個班	以實驗前後測設計法進行行動研究，以了解量表診斷寫作教學法對國小四年級學生寫作態度與能力的教學成效。本研究的工具為「寫作態度與能力評定量表」，主要分成寫作態度與寫作能力二個面向。	（一）在寫作態度方面，「量表診斷寫作教學法」對國小四年級學生的「寫作認知」、「寫作情意」、「寫作行為」，及其「整體的寫作態度」，實驗組顯著高於接受普通寫作教學的學生。（二）在寫作能力方面，「量表診斷寫作教學法」對國小四年級學生的「內容思想」的寫作能力，實驗組顯著高於接受普通寫作教學的學生，其「組織結構」、「文字修辭」，及其「整體的寫作能力」的寫作能力並無顯著成效。
董郁芬 2007 《協作的概念構圖應用於國	國小四年級	本研究以 Novak 與 Gowin 於 1984 年所提出的概念構圖策略做為主體，再輔以 Vygotsky 的內化學習觀點與	實施協作的概念構圖寫作教學能夠提升學生在「階層」、「交叉聯結」、「舉例」與「總分」的概念構圖能力；但對於「命題」的表現則沒有顯著提升的效果。在寫作表現的「文

小學童寫作歷程之研究》		Wood、Bruner 和 Ross 的鷹架支持理論，將其應用於寫作歷程之中，旨在探討協作的概念構圖寫作教學對國小四年級學童的概念構圖能力與寫作表現的影響。	句表達」、「內容思考」、「組織結構」、「基本技巧」與「總分」表現上雖略高於實施一般概念構圖寫作教學的控制組學生，但效果不彰。
葉慧美 2007《國小低年級寫作教學策略之研究》	國小低年級	採用文獻探討法，以達下列之研究目的：（一）擬定國小低年級國語文寫作教學策略。（二）依據理論與實務，配合課程設計與教學，使兒童快樂學習。（三）探討歷程，修正寫作教學策略。低年級寫作的基本能力教學策略，採取由「詞、句→段落→篇章」模式，並運用聯想力練習和感官寫作，培養兒童的思維能力與觀察能力。	（一）在低年級寫作之基本能力教學策略方面，以層層遞進的方式，輔以簡易的修辭技巧，一步一步建構起穩健的寫作根基，充實兒童的表達能力。（二）在低年級寫作的教學策略方面，從學習者的角度出發，配合其學習心理，運用文體、教學工具及活動式的教學策略，營造良好的寫作環境，提升兒童寫作方面的觀察力、想像力、創造力。
莊惠秀 2007《提升國小五年級學生寫作能力之行動研究》	五年級	本研究是研究者在國小語文領域寫作教學實務上的教學研究，研究目的有四：（一）探討學生寫作的困境。（二）擬定提升學生寫作能力的有效教學策略。（三）檢視寫作教學策略實施後，對提升學生寫作能力是否有成效。（四）提出寫作教學的改進策	（一）學生寫作的困境為基本寫作能力不足，寫作題材構思與組織能力欠缺，修辭與創意表現能力待提升，修改文句與文章段落能力須加強。（二）寫作教學策略實施的成效，活動式寫作教學法提供學生藉由五官的感覺，對於加強學生「文句修辭」能力最具成效，情境寫作教學法能引起學生學習興趣，對話討論

		略，作為下一循環教學的參考。	教學法可增進學生與寫作主題相關的知識與技巧，範文引導教學法提供範文讓學生進行寫作模仿，在各種文體中均見其成效，主題網寫作教學法對於提升文章「組織結構」能力具成效。
何婉寧 2007 《讀者劇場融入國小高年級國語文寫作教學之行動研究》	27位六年級學生	探討讀者劇場融入國小高年級國語文寫作教學的可行性，希望能引起學生的學習興趣並提升寫作能力。採用行動研究法。	(一) 教學歷程，讀者劇場融入寫作教學的選材應以學生為主體，教學歷程須取得平衡點。 (二) 小組完成寫作作品時間不一致，教師應彈性調整教學進度；教學時間有限，教師應靈活運用讀者劇場步驟；寫作能力指標項目多，教師應針對學生寫作程度適度調整。
陳鴻基 2007 《「合作式電腦心智繪圖寫作教學」對國小四年級學生寫作成效與寫作態度之影響》	國小四年級學生61名	本研究旨在比較合作式電腦心智繪圖寫作教學與傳統式寫作教學對國小四年級學生的寫作成效與寫作態度的影響，並探討合作式電腦心智繪圖寫作教學對學生在寫作成效與寫作態度的改變情形。	(一) 合作式電腦心智繪圖寫作教學在寫作總成效、內容思想與文句表達上有顯著差異，其前後測的寫作總成效以及寫作分項成效的基本技巧與文句表達方面上有顯著差異，且後測優於前測，但在寫作分項成效的組織結構與內容思想方面無顯著差異。 (二) 實驗組學生的寫作態度顯著優於傳統式寫作教學的對照組學生。 (三) 實驗組學生在實驗後寫作態度顯著優於實驗前寫作態度。

黃郁文 2007 《運用行動學習載具於國小學童網路互評寫作教學之研究》	國小學童	本研究主要探討融合適切的資訊科技於寫作課程，以改善傳統寫作課程教學環境的不足，探討利用有效的行動學習載具的功能，改善傳統寫作教學的缺點。 在研究問題方面，探討不同教學環境的學生，在學習說明文、記敘文、抒情文三種不同的文體寫作練習，觀察使用固定的桌上型電腦的學生，與使用具有照相、錄音、錄影功能的行動學習載具的學生，在學習成效上的差異。	實驗結果顯示：行動學習載具的介入，對不同文體的寫作練習學習成效，與使用桌上型電腦參與寫作練習，並沒有顯著的影響，但經過寫作練習課程後，在後測成績上，卻因使用行動學習載具多功能的紀錄方法，而對寫作內容的蒐集，有較靈活的想法，在內容豐富度上，與僅使用桌上型電腦的學生寫作作品有顯著差異。 適度的使用資訊科技介入傳統的寫作學習，能改善學習態度，提高寫作興趣。
賴靜美 2007 《國小六年級看圖寫作教學歷程之行動研究》	國小六年級22位學生	透過有效的教學策略、運用多元媒材，以促成提升學生寫作意願、增進學童寫作能力以及教師能在寫作教學上獲得專業成長。採行動研究，，透過看圖作文教材設計，實施八次的寫作教學。	（一）看圖寫作文章的內容有圖為據，較不會文不對題。 （二）寫作時間過長會影響學童寫作品質。 （三）寫作環境會影響學童寫作。
陳瑤成 2007 《線上過程導向寫作環境對國小高年	高年級學生32名	探討線上過程導向寫作環境對國小高年級學童寫作修改類型與層次的影響，並分析其寫作品質、寫作歷程與寫作態度的差異。	使用線上過程導向寫作環境的學生最常使用的修改類型與傳統線上過程導向寫作環境中的學生沒有差異，但有較多的詞語修改類型出現。在文章內容上有較佳的用字用詞表現，但在寫作成品的整體品質

			上二者無顯著的差異。
級學童寫作修改影響之研究》			
林美慧 2007 《一位國小專家教師的國語文寫作教學研究》	35 位 四年級 學生	提供多元的寫作鷹架，支援學生寫作需求： （一）「合作與討論」促進觀摩學習，鷹架學生共構寫作知識。 （二）「想法組織圖」統整寫作主題概念，鷹架學生重組寫作素材。 （三）「精緻課程」補強寫作重點知識，鷹架學生獨立修改能力。 （四）「引用閱讀媒材」，鷹架學生充實寫作的技巧與內容。	（一）進行統整的寫作教學。 （二）營造師生、同儕討論對話的環境。 （三）結合生活體驗的寫作題材。 （四）培養學生真實的寫作能力。 （五）設計量身打造寫作教學課程。 （六）建立客觀的評量標準。 （七）提供開放的寫作與發表空間
林秀娥 2007 《心智繪圖在國小五年級記敘文寫作教學之研究》	國小 五年級	探討「心智繪圖在國小五年級記敘文寫作教學」的運用與實施歷程。教師編選八篇的單元教學，引導學生練習事、人、物、景的四種題材，先繪製心智圖，再寫記敘文的內容。	（一）心智繪圖運用在引導學生記敘文寫作上具有效性。（二）心智繪圖可使學生展現出「敏覺力、流暢力、變通力、精進力、獨創力」不同向度的創思書寫。（三）心智繪圖在記敘文寫作教學策略可行性高，學生寫作能力改善。（四）心智繪圖與命題和半命題記敘文寫作結合，能提升寫作能力，使整體學習表現提高。
廖素凰 2007 《部落格小組互評在五年級	五年級 三班 91 人	探討國民小學實施部落格小組互評對國小學童寫作成效及寫作態度的影響。	（一）部落格小組互評組在寫作「總分」、「基本技巧」、「內容思考」、「組織結構」、「創意表現」「高學習成就學童的寫作成就」上顯著優

			於合作學習組及一般傳統寫作組。 （二）學童寫作態度表現：部落格小組互評組表現顯著優於合作學習組與傳統教學組。
蔡佳陵 2007 《國小三年級形象思維寫作教學之行動研究》		本研究的目的，在於改進學童寫作中形象模糊的問題。形象思維運作過程即為學生形象思維學習模式，並配合此模式，發展形象思維教學模式。藉由研究者形象思維寫作的教學設計、實施，研究者觀察教師與學生在行動研究與教學活動中的成長及轉變情形。	形象思維寫作教學所達成的目標非全面性。形象思維寫作學模式以螺旋性為最佳寫作教學模式。形象思維可以幫助學生在運用修辭法上兼具形式與內容。形象思維寫作教學設計應具連接性、條理性。形象思維寫作學習可能使學生寫作字數增加超過三成以上。透過形象思維寫作學習，學生形象思維可從無象到意象層級。
徐麗玲 2007 《國小二年級感官作文教學研究》	二年級一個班級共35位學生	先針對國小第一階段學生所具備的寫作基本能力，以及適當的寫作教學方法與原則，進行文獻蒐集與探討；並分別探討感官作文重要的觀察力、想像力與思維力寫作元素。運用編序式感官作文教學方案，期能啟發國小二年級學生感官知覺能力，增進作文表達力，提高學生寫作能力。	（一）低、中、高表現組學生，寫作作品質提升，低表現組進步情形較為顯著，高表現組次之，中表現組較少。 （二）低、中、高表現組學生，寫作作品字數增加，低表現組平均增加字數幅度最大，高表現組次之。 （三）感官作文教學提升學生寫作能力的自我認同、提高學生個人抱負水準，增益學生學習興趣，並提供學生有效寫作策略，能提升中表現與低表現組學生寫作時計畫與回顧能力。

廖慧娟 2007 《兒童戲劇活動導入國小低年級寫作教學之研究》	國小一年級學生	本研究旨在探討以兒童戲劇活動導入國小低年級的寫作教學，對低年級學生的寫作能力有何影響。研究者採用行動研究法，以所任教之國小一年級學生為對象，針對低年級國語課程中出現的童詩、記敘文、應用文及童話故事等四種文體共進行十二次的寫作教學。	（一）兒童戲劇活動的規劃須以配合寫作教學為前提。（二）兒童戲劇活動的導入，能讓低年級學生對寫作有積極正面的態度。（三）兒童戲劇活動在導入各文體寫作時，雖切入面向各有不同，但對於啟發低年級學生寫作的功能同樣顯著。（四）兒童戲劇活動能豐富學生寫作內容，提昇學生寫作能力與作文總字數。（五）寫作教學只要透過適當的引導，在國小低年級階段就可實施。
吳惠花 2007 《資訊科技融入作文教學模式之探究——以某國小五年級為例》	國小五年級	探討：資訊科技融入作文教學模式、資訊科技融入作文教學的效益、國小學生對資訊科技融入作文教學的接受度。	（一）資訊科技融入作文教學的模式，以網路教學、課堂電腦簡報教學等二種資訊科技應用方式，實驗組學生的表現優於對照組，但在光碟軟體融入作文教學無顯著差異。（二）運用資訊科技融入作文教學的班級，在作文學習成效上比傳統組的高，其效益存在。（三）學生對資訊科技融入作文教學的接受度，顯示出認同的態度，他們認同，資訊科技融入作文教學對學習作文有幫助。
陳秋妤 2007 《概念構圖寫作教學對國小四年級寫	國小四年級	本研究旨在探討「概念構圖教學法」對國小四年級寫作困難學生，在記敘文寫作表現的影響。	接受概念構圖寫作教學的實驗組學生，在寫作表現「總分」、「文句表達」「內容思想」、「組織結構」上，顯著優於控制組學生；在寫作表現「基本技巧」上，與控制組學生無差異。

			接受概念構圖寫作教學的實驗組學生，在教學結束後的保留成效顯著。
陳智康 2007 《故事情境融入數學寫作教學之研究》	四年級	探討故事情境融入數學寫作教學的實踐歷程，期望經由故事的引導連結語文和數學的統整學習。透過文字的表達以數學題材為內容進行寫作。	透過故事情境引入數學寫作，學童的寫作內容除了能將解題歷程和數學概念作清楚的描述外，反思的軌跡也不時的出現在字裡行間。學童的作品充滿了人文關懷的描寫。此外，學童以數學題材作為寫作的內容，用字遣詞更為精準，文章結構也較為嚴謹。
陳美娟 2007 《應用繪本於國小學童寫作教學之研究》	國小五年級學童	本研究旨在發展一套適用於國小五年級學童的「應用繪本於寫作教學方案」，並探討此方案的發展歷程、對受試學生寫作表現的影響，以及受試學生對此方案的回饋與反應。	（一）受試學生接受「應用繪本於寫作教學方案」後，在「內容思想」、「組織結構」的寫作表現有進步。但在「通則規範」方面進步情形不彰顯。 （二）受試學生對「應用繪本於寫作教學方案」都持正向反應，並且認為此方案能增進自己的寫作技巧。
林清輝 2006 《國小記敘文擴寫寫作教學行動研究》	國小五年級學生	本研究旨在以實際的教學情境，將「記敘文擴寫寫作教學」帶進國小五年級的語文課堂，以「記敘文擴寫寫作教學」引導及延伸，啟發學生的聯想力、想像力，並改善寫作貧乏的缺點，增進寫作能力。	記敘文擴寫寫作教學可促進學生寫作及上課學習興趣，改善學生寫作貧乏的缺點。 記敘文擴寫寫作教學有助於學生寫作能力的提升。小組合作討論有助提昇記敘文擴寫寫作教學效果。

林鳳儀 2006 《全語理念在國小一年級寫作教學應用之行動研究》	一年級	本研究嘗試以行動研究的方式，探討在一年級實施全語理念寫作教學的歷程、教師在教學時，如何兼顧學生語文的表達功能與語文的形式；以及教師的語文教學信念與學生的互動有何轉變。	（一）以學生經驗統整生活課程與寫作課程實施全語理念的寫作活動是可行的。 （二）教師在實施全語理念寫作教學時，可兼顧學生寫作時語文的溝通表達功能與語文形式的學習。 （三）教師在實施全語理念寫作教學時，教師的語文教學信念與師生互動在課程設計、教學、情境布置以及評量方面均有正向的轉變。
陳月珍 2006 《國小限制式讀後感寫作教學研究——以寓言材料為例》	五年級學童	探討寓言材料運用於限制式讀後感寫作教學的實施與成效，提供教師從事讀後感寫作教學的建議及未來研究的參考。讀後感的難度。	學生在讀後感寫作的語句通順、內容豐富、結構完整、文辭合宜、文字正確、標點正確等評分項目都有進步。
劉素梅 2006 《國小三年級學童實施故事結構寫作教學之研究》	三年級兩個班級的學童	本研究旨在探討故事結構寫作教學對國小三年級學童寫作表現及寫作態度的影響，以準實驗不等組前後測設計實驗方法進行研究。	（一）在寫作表現、故事結構上故事結構寫作教學組顯著優於一般寫作教學組學童的表現。 （二）在寫作態度方面，兩組間並無顯著差異。
粘佩雯 2006 《創造性童詩寫作	國小五年級學	研究者以自編的創造性童詩寫作教學課程進行教學，藉由課程的設計與實施，使童詩教學更	（一）課程設計結合小組競賽、遊戲、舞蹈、歌唱和角色扮演等，可引發學生學習的興趣和動機。

教學融入國小五年級國語教學之研究》		為生動且多元化，以引導學生對童詩產生興趣，進而提升學生童詩寫作的能力和技巧。	（二）課程設計結合創造思考策略，能激發學生的創造力；結合修辭技巧的應用，可增加詩作精密性。
林欣慧2006《學習風格融入心智圖在國小社會領域報告寫作教學之行動研究》	國小四年級	本研究為一國小四年級級任教師的行動研究，旨在探討學習風格融入心智圖在國小社會領域報告寫作教學的實施歷程度，及其對學習風格心智圖的評價。	（一）依據系統取向模式發展教學活動，使教學活動設計有具體的架構。（二）有97%的學生報告寫作得到顯著擴展。（三）約八成學生對「學習風格融入心智圖」教學活動及「學習風格心智圖」呈正向評價。
王雨錚2006《一位國小教師實施創造思考寫作教學之行動研究——以國小五級學生為例》	32位五年級學生	本研究旨在藉由創造思考寫作教學來增進學生的寫作能力，研究適合國小五年級學生的寫作教學方案為何、研究者如何進行創造思考寫作教學以及學生接受「創造思考寫作教學」後的成效如何。	實施創造思考寫作教學後學生的學習成效為：（一）寫作篇幅有明顯增加的趨勢。（二）寫作內容有明顯進步。（三）創思能力充份展現。（四）寫作興趣逐漸提高。
蔡詩韻2006《Blog應用於國小寫作教學對六年級學生寫	21名國小六年級學生	本研究以前實驗設計中的單組前後測方式進行研究，主要研究目的為透過Blog進行寫作，探討學生的寫作成效及寫作態度差異情形；並藉由教學省思箚記、批閱	（一）學生經由Blog寫作教學之後，寫作成效沒有明顯的差異。（二）學生在Blog之間有意義回應，確實有助於寫作成效提升。（三）學生整體寫作態度有顯著提

		教師訪談及學生訪談，進一步了解 Blog 寫作方式所面臨到的問題及解決方式，冀望作為未來教學及研究的參考及依據。	升。 （四）對 Blog 寫作教學態度是肯定的。 （五）批閱教師表示 Blog 寫作課程能增進學生間及時回饋的互動性、結合網路資源有助於寫作，但也有可能導致文章口語化、抄襲他人文章。
劉佳玟 2006《創造思考作文教學法對國小五年級學童在寫作動機及寫作表現上的影響》	國小五年級學童	本研究旨在探討創造思考作文教學法對增進國小五年級學童寫作動機與寫作表現的效果。	（一）接受創造思考作文教學法的學生在寫作整體表現、「內容思想」、「組織架構」、「通則規範」都顯著優於未接受創造思考作文教學法的學生。 （二）創造思考作文教學方案受到八成以上學生的喜愛，且學生們認為自己的作文比以往更進步。
林燕 2006《繪本閱讀融入低年級寫作教學之研究——以概念構圖、低成就學生為研究核心及對象》	低年級學童	本研究旨在進行繪本閱讀教學，以概念構圖為教學策略，觀察及分析其提升低年級學童寫作能力的成效。	繪本教學能提升低年級學童閱讀興趣，有助於學童口語表達及信心的提升，除了能增進學童之閱讀理解，甚至對他們的數學理解能力也有助益，對提升學童寫作能力，具顯著成效。

作能力與寫作態度影響之研究》

張月美 2006 《繪本融入限制式寫作教學之行動研究》	四年級學童	本研究旨在探討教師運用繪本融入限制式寫作進行寫作教學及寫作教學歷程的省思。本研究採行動研究歷程。以四年級學童為教學對象，探討以「繪本」為素材分別融入「限制式寫作」教學中的「擴寫」、「仿寫」、「續寫」、「改寫」題型。	繪本融入限制式寫作的優點：本閱讀的樂趣可帶動學生寫作興趣，繪本是提升語文程度的理想素材，繪本的文本是限制式寫作模式的理想典範，繪本的圖像是生寫作依據的有效鷹架，繪本閱讀與寫作教學的銜接是落實「讀寫結合」的有效途徑。
邱景玲 2006 《鷹架式寫作教學對國小學童寫作成效影響之研究》	兩個四年級班級	本研究旨在探討「鷹架式寫作教學」對國小學童寫作成效的影響。實驗教學時間共計十週，五個單元，包含記敘文及論說文兩種文體。	（一）實驗組學生在記敘文與論說文的內容思想、組織結構（進步分數）、文字修辭、創意表達，以及總分的寫作表現，均顯著優於對照組。 （二）女生的寫作表現並未優於男生。 （三）學生性別與組別僅對記敘文組織結構層面的進步分數產生交互作用。 （四）學生性別與教學方法對整體寫作態度不具交互作用，實驗組在寫作態度上並未優於對照組，女生寫作態度未優於男生。 （五）實驗組學生體會到閱讀、習寫、程式性協助對寫作的幫助。
許宏銘 2006 《引導式寫作童詩		本研究旨在設計發展教師自編的童詩寫作教學課程，藉由引導式寫作童詩寫作教學的實施，	（一）童詩教學課程設計貼近兒童生活經驗，提高學習興趣。 （二）利用引導式寫作教學策略，可增進教學成效。

教學歷程之行動研究》		期能從童詩寫作教學課程實施的歷程中,提升兒童童詩寫作的能力和技巧。	(三) 引導式寫作童詩教學寫作題型影響學生寫作表現。 (四) 作品發表分享與回饋影響學生學習態度與寫作動機。
毛綺芬2006《創思寫作教學對國小四年級學童創造力及寫作態度影響之研究》	國小四年級學童兩班學生	本研究旨在探討創思寫作教學對國小四年級學童創造性認知能力、創造性情意特質及寫作態度的影響。	(一) 創思寫作教學可提升實驗組學生的創造性認知能力及寫作態度。 (二) 創思寫作教學無顯著提升實驗組學生的創造性情意特質。
方俊欽2006《組合表徵教學策略應用於寫作教學之研究》	117位國小四年級學生	本研究旨在發展「組合表徵教學策略」,並使用該策略進行國語寫作教學。	(一) 接受組合表徵教學策略的學生,呈現顯著的學習成效;(二) 學習者對運用合作學習與連續圖卡的活動表示支持態度;(三) 學習者的先備知識對於國語作文寫作的表現有顯著的影響;(四) 學習者對「可攜式互動遊戲系統」融入寫作活動表示正面的態度。
高碧智2006《寫作情境教學對國小二年級學生寫作能力之影響研究》	二年級32名學童	本研究旨在探討寫作情境教學在國小二年級實施的歷程與結果。藉由情境引導讓學生沉浸於真實情境或與實境相似的虛擬情境中,以其提升學生對寫作的興趣,使兒童樂於寫作。進而提升兒童寫作能力。	寫作情境教學可以提升學生寫作興趣、態度,豐富學生寫作內容,能產生有效學習遷移。課程行動研究可促使教師專業成長,可提供教師一套科學性的系統訓練,教師可善用實物、圖畫、音樂、表演及語言啟發等途徑,啟發兒童的想像力。

劉錫珍 2006 《科學文章閱讀與寫作教學對國小高年級學童批判思考與科技創造力之影響》	國小五年級兩班的學生	本研究的目的在探討科學文章閱讀與寫作的教學對學生批判思考及科技創造力的影響，及探究實施科學文章閱讀與寫作的教學過程中，可能遭受到的困境與解決之道。	（一）實驗組及控制組在批判思考測驗總分的前後測分數沒有顯著差異。 （二）實驗組及控制組在科技創造力測驗總分的前後測分數、「字詞聯想」及「書包設計」分測驗中有顯著差異。 （三）在批判思考測驗總分中實驗組與控制組之間沒有顯著差異，但實驗組在分測驗「歸納」顯著優於控制組。 （四）在科技創造力測驗總分中實驗組與控制組之間沒有顯著差異，但實驗組在「書包設計」分測驗顯著優於控制組。
徐靜儀 2006 《童話電子書創作教學研究──以某國小五年某班為例》	五年級	研究者結合童話創作與資訊融入教學的概念，編製一套教學課程，並進入現場實施教學，旨在透過教學活動，激發兒童創意，進而提升兒童童話寫作的能力與興趣；透過資訊科技呈現作品，促使兒童靈活運用資訊科技。最後藉由研究的歷程、教學省思來檢討改進教學，增進教師教學的專業成長。	（一）指導兒童創作童話電子書可透過「認識童話」、「創作童話」、「製作電子書」三階段來進行。 （二）學生學習童話電子書課程後，對於童話創作更有信心，也提高了習寫童話的興趣。 （三）學生經過學習，所寫出的童話作品在語句、修辭、題材、人物、情節、創意各方面都有明顯的進步，顯示學生創作童話能力提升。 （四）運用資訊科技呈現童話作品，除增進學生創作興趣，滿足成就感之外，更促使學生靈活運用資訊科技相關知識與技術。

陳淑霞 2006 《數位化繪本融入國小寫作教學之研究》	國小三年級 29 名學生	本研究旨在探討國小教師利用數位化繪本融入寫作教學的實施歷程及其對學童寫作態度與寫作表現的影響。	本方案不僅受到學生肯定，同時對學生的描寫表現也有協助效果。對不同先前語文能力學生的描寫表現，都具協助的效果，可適用於一般常態編班學生。不過，本方案對學生的寫作並不具遷移效果。
詹秋雲 2006 《自然觀察融入童話寫作教學之研究：以中和國小五年級學童為例》	五年級學童	本研究旨在探討自然觀察融入童話寫作教學的實施成效。採取「行動研究法」。	（一）實地觀察可啓發學童學習興趣與主動意願，寫作資料也充實完整。 （二）觀察自然的教學設計能促進主動學習與增長寫作質量。 （三）學童從實地情境觀察自然能聯結知識於生活。 （四）觀察寫作內容與學童生活愈密切，寫作愈能發揮材料特性，寫出充實的童話故事內容。
陳秉章 2006 《兒童看圖寫作能力診斷測驗之編製及其相關研究》	國小四年級普通班學生與四、五、六年級資源班學生	發展「兒童看圖寫作能力診斷測驗」，以透過主觀及客觀評量進行學生寫作能力診斷，並探討普通班語文科段考成績為高分組及低分組學生和資源班學生於各評量向度寫作表現的差異。	（一）普通班語文科成績為「高分組」與「低分組」學生和「資源班」學生的寫作表現在「詞彙表達」與「寫作品質」評量向度均達顯著差異。 （二）普通班語文科成績為「高分組」與「低分組」學生和「資源班」學生的寫作表現在「詞彙表達」與「寫作品質」各評量向度中的寫作表現，僅「故事元素」有達顯著差異。 （三）本測驗能有效區別普通班與資源班學生。 （四）普通班與資源班學生在寫作

			表現的詮釋性分析上均有類似的寫作特質及常犯錯誤。
曹宇君 2006 《「WebQuest主題探索」寫作教學活動對國小四年級學童寫作學習成效與學習動機之影響》	國小四年級 30名學童	本研究旨在探討「WebQuest主題探索」寫作教學活動對國小四年級學童寫作學習成效與學習動機的影響。	「WebQuest主題探索」寫作教學活動能提升學童記敘文的寫作成效，在寫作的內容思想、組織結構與基本技巧上，學生後測成績高於前測，且統計上均達顯著差異。而學習成就高的學童也可能因幫助別人的緣故，而獲得學習上的滿足感。

　　根據以上國內寫作教學的相關研究論文，發現國內在寫作教學的研究大多是實證研究及行動研究，探討不同的教學法在班級實施後對學童的寫作態度、寫作表現的影響。

　　從上述研究結果顯示，以多元的學習形式搭配活潑有趣的教學法，各種不同於傳統寫作教學的教學策略和教學取向都有一定的成效。由研究成果大致可歸納出下列有效的教學模式和寫作教學方法：

1.以資訊科技融入寫作教學

　　資訊科技日新月異，電腦已是現代人不可或缺的科技產品，與學生的關係也非常密切。研究顯示，將資訊科技融入寫作教學，有助於達到提升寫作教學成效的目的。（賴蕙謙，2009；孫宜旺，2008；吳宜錚，2007；陳詠濬，2007；吳惠花，2007；陳鴻基，2007；黃郁文，2007；徐靜儀，2006；陳淑霞，2006）在2006年前，也有相關研究：

顏丹鳳（2005），《資訊科技融入寫作教學——以全語文的觀點為架構》；許家菱（2005），《電子郵件運用在國小三年級寫作教學之行動研究》；黃玉萱（2004），《「整合電腦與心智繪圖之寫作教學方案」對國小中年級學生寫作成效之影響》；鍾政洋（2004），《以資訊科技融入概念構圖作文教學之行動研究》；黃郁婷（2003），《國小六年級學生運用網路寫作系統之個案分析》。

2.以圖像融入寫作教學

以圖像融入寫作教學是一個很好的寫作教學策略，對於識字不多的低年級來說，有助於進行提早寫作，對於中高年級則可培養創造力及情意的發展。例如：看圖作文、畫圖作文、圖畫書、繪本，都很適合用於寫作教學。（林彥佑，2009；胡文素，2008；謝英玲，2008；蔡易璿，2008；李淑芬，2008；吳宜錚，2007；黃秀金，2007；黃文枝，2007；賴靜美，2007；廖素凰，2007；陳美娟，2007；林燕，2006；張月美，2006；陳淑霞，2006；陳秉章，2006）在 2006 年前，也有相關研究：

張妙君（2004），《以圖畫故事書進行國小一年級提早寫作教學歷程之研究》；林宜利（2003），《「整合繪本與概念構圖之寫作教學方案」對國小三年級學童記敘文寫作表現之影響》；連淑鈴（2003），《電腦看圖故事寫作對國小二年級學童寫作成效及寫作態度影響之研究》；曾瑞雲（2003），《國小三年級實施看圖作文教學之行動研究》；許文章（2001），《故事圖教學對國小六年級學生記敘文寫作表現與組織能力之研究》。

3.以戲劇、故事融入寫作教學

透過戲劇活動、故事劇場或讀者劇場融入寫作教學，學生可在活動中發揮想像力，並可增進學習興趣。（何婉寧，2007；廖慧娟，2007；陳智康，2007；劉素梅，2006）在 2006 年前，也有相關研究：

蔡淑菁（2005），《戲劇策略融入國小六年級寫作教學之行動研究》。

4. 以創造思考策略運用於寫作教學

陳龍安認為創造力教學有以下特徵（陳龍安，1998）：

（1）以增進創造力為目標

教學時，教師應鼓勵學生運用想像力，以增進創造思考能力。

（2）以學生為主體，互相激盪

教學設計與學習活動要以學生為主體，運用合作學習方式，使學生有互相激盪想法的機會。

（3）在支持性的環境中思考

在活動中應提供自由、和諧、安全的支援性環境，並且鼓勵發言、體驗與思考。

（4）以創造思考策略，啟發創造思考

運用創造思考策略激發學生學習興趣，允許並鼓勵任何的想法及發言。

也有人認為：教師透過課程設計，能夠激發學童的好奇心、想像力和創造力的寫作方式，就是創思作文。而透過創造思考教學，能提升學童的寫作興趣和寫作動機，可增進學生的寫作能力。（吳貞慧，2009；林冠宏，2008；王雨婷，2006；劉佳玟，2006；毛綺芬，2006）在 2006 年前，也有相關研究：楊素花（2004），《國小六年級寫作教學運用創造思考教學策略之行動研究》；蔡佩欣（2003），《創思寫作教學對國小低年級學童寫作能力影響之研究》；鍾玄惠（2002），《國小教師實施創造性教學之研究》。

5. 以限制式寫作教學

「限制式寫作」的名稱是在 2002 年《國家考試國文科專案研究報告》中提出的，這類題型通常有比較長的說明文字，也有比較多的條件限制，是針對要訓練的能力而把「遊戲規則」定得很清楚。換一個說法，「限制」就是「引導」，把想要訓練的能力清楚的規範出來。這

種命題方式可以設計成新奇有趣的樣態，能夠有效的吸引學生進行寫作。（仇小屏，2003）這種題目也是國中基測常出現的題目類型，不論是段落或句子，都很適用。（李娟娟，2008；張繼安，2008；洪詩韻，2008；呂宜幸，2008；陳詠濬，2007；陳月珍，2006；張月美，2006）在 2006 年前，也有相關研究：黃秀莉（2004），《國民小學限制式寫作之行動研究》。

由以上的研究得知，以適當的策略引導寫作教學，容易引起學生對寫作的動機與興趣，提升學童的寫作能力；除此之外，學習的歷程也是很重要的，認知歷程重視學習的過程，社會互動模式注重師生互動、同儕互動及與環境的互動所造成的影響，藉由歷程的探討及修正以提升學生的寫作能力，可作為教學者實施寫作教學努力的方向。只是這裡還有「文體／文類不同寫作規範不能一概而論」的問題，尚未受到重視。換句話說，寫作教學的體系龐大，以文體來分類，（以前面所引的）可分為抒情式文體、敘事式文體和說理式文體，文體之下還有各種不同的文類：抒情之下可分歌謠／童謠、抒情詩／童詩、抒情散文；敘事之下有神話、傳說、敘事詩、傳記、敘事散文／故事、小說／少年小說、戲劇／兒童戲劇、□／童話；說理式之下可分為對象說理文、後設說理文、後後設說理文（見圖 1-3-1）。涉及到不同文體或不同文類的寫作教學應該有所不同，就好像寫作記敘文和寫作論說文的重點會有所不同。探討寫作教學時會有一些共通的原則，但沒有落實到特定的文體或文類，只有寫作的步驟，就容易流於泛談；一定得針對文體的特性來調整寫作的步驟，才能真正的落實寫作教學。好比本研究所要處理的記敘文寫作教學就事涉多端，不是「輕提一下」就可以開展無礙的。

第二節　記敘文寫作教學

　　現代文章學認為，目前社會上普遍運用的文章大致可分為三類：記敘類文章、議論類文章和說明類文章。（楊桂榮，1999：2）記敘文在各種文體中，是應用最廣泛、最實用的一種，一個人把所見所聞記錄下來——如新聞，古代的情形留存到今日——如歷史，書籍的介紹，知識的報導，都要用到記敘文。杜淑真（2001）認為：記敘文是以描述「具體情境」為主要筆法，而抒情文必須借事抒情，才能真感人；議論文必須藉事說理，才能論例確鑿，讓人心服口服；而這些「事」，就是具體事實。因此，在寫作任何一種文體時，都會運用到記敘文的寫作技巧，記敘文可說是一切文章、一切文學的基礎，這也突顯了記敘文寫作的重要性。

　　楊桂榮（1999）認為記敘文有廣義和狹義之分，狹義的記敘文是指記敘與描繪真人、真事、真景、真物的文章，例如消息、通訊、遊記、傳記、報導文學；廣義的記敘文是除此之外，用虛構和文學筆法寫成的記敘性文學作品，如童話、寓言、小說等作品。

　　以事物的狀態來分，記敘文可分為兩類：記述靜態的是「記事文」，記述動態的是「敘事文」，記事文主要是寫出人、事、物的狀態、性質和效用，比較偏重於靜態的描繪；敘事文是敘述人、事、物的變化和發展，是敘述事物經過時間進行所產生的動態變化；但是在日常生活中，我們遇到的狀態很少是純靜態或是純動態，所以在作文時也很少是純粹記事或是純粹敘事，因此寫文章時必須把靜態和動態一起以記敘方式表達出來，才能顯現事物的全貌。

　　以寫作對象來分，一般可分為寫人、敘事、狀物和寫景四類。

　　描寫人物的記敘文要把握人物的外型、個性、言行、心理特徵為重點，才能使人物生動而凸出。如朱自清的〈背影〉：

> 　　他往車外看了看，說：「我買幾個桔子去。你就在此地，不要走動。」我看那邊月臺的柵欄外有幾個賣東西的等著顧客。走到那邊月臺，須穿過鐵道，須跳下去又爬上去。父親是一個胖子，走過去自然要費事些。我本來要去的，他不肯，只好讓他去。我看見他戴著黑布小帽，穿著黑布大馬褂，深青布棉袍，蹣跚地走到鐵道邊，慢慢探身下去，尚不大難。可是他穿過鐵道，要爬上那邊月臺，就不容易了。他用兩手攀著上面，兩腳再向上縮；他肥胖的身子向左微傾，顯出努力的樣子……我再向外看時，他已抱了朱紅的桔子往回走了。過鐵道時，他先將桔子散放在地上，自己慢慢爬下，再抱起桔子走。到這邊時，我趕緊去攙他。他和我走到車上，將桔子一股腦兒放在我的皮大衣上。於是撲撲衣上的泥土，心裡很輕鬆似的，過一會說：「我走了，到那邊來信！」我望著他走出去。他走了幾步，回過頭看見我，說：「進去吧，裡邊沒人。」等他的背影混入來來往往的人裡，再找不著了，我便進來坐下，我的眼淚又來了。（朱自清，1977：44）

　　敘事的記敘文是以敘述事件為主，透過事件的起因、過程與結果，表達出事件蘊含的意義及作者的感受。由於紀錄的是事件，隨著事件的發展會有不同的人物出現，所以刻畫的是群像，而非單一的個人。如陶淵明的〈桃花源記〉：

> 　　晉太元中，武陵人，捕魚為業，緣溪行，忘路之遠近；忽逢桃花林，夾岸數百步，中無雜樹，芳草鮮美，落英繽紛；漁人甚異之。復前行，欲窮其林。林盡水源，便得一山。山有小口，彷彿若有光，便舍船，從口入。初極狹，纔通人；復行數

十步，豁然開朗。土地平曠，屋舍儼然。有良田、美池、桑、竹之屬，阡陌交通，雞犬相聞。其中往來種作，男女衣著，悉如外人；黃髮垂髫，並怡然自樂。見漁人，乃大驚，問所從來；具答之。便要還家，設酒、殺雞、作食。村中聞有此人，咸來問訊。自云：「先世避秦時亂，率妻子邑人來此絕境，不復出焉；遂與外人間隔。」問「今是何世？」乃不知有漢，無論魏、晉！此人一一為具言所聞，皆歎惋。餘人各復延至其家，皆出酒食。停數日，辭去。此中人語云：「不足為外人道也。」（方祖燊，2002：201）

狀物記敘文是對一件事物進行有順序、有重點的描寫來表達作者的某種情感與胸懷，物的範圍很廣泛，自然界的動物、植物，日月星辰，山川原野，房舍建築，一般物品，都在此範圍之內。如琦君的〈毛衣〉：

天冷了，我從箱子裡又翻出那件藏青舊毛衣，看來扣子已經掉了兩粒，扣眼也豁裂了好幾個。我把手指頭套在破窟窿裡，轉來轉去，想穿根線縫一下卻打不起興致，這件毛衣實在太舊，式樣也太老了——又長又大地掛在身上，看去年紀都要老上十歲。想拆了卻又萬分捨不得，因為這是廿六年前，我給母親織的，母親只穿過一年就去世了。廿多年來，我一直珍惜地保藏著這件毛衣，每年都穿著它過冬。為了它，我不知多少次背了老古董的名字。看看百貨商店裡掛著那麼多的新式毛衣，也曾幾次想買，而且還在店裡試穿過，對著鏡子前後左右地照，可是一想起還有這件藏青毛衣，就覺得不該再買新的了。（琦君，1980：71）

寫景的記敘文是透過描寫景物來抒發情感，景物包含自然風光及社會環境。如梁實秋的〈雅舍〉：

　　「雅舍」最宜月夜——地勢較高，得月較先。看山頭吐月，紅盤乍涌，一霎間，清光四射，天空皎潔，四野無聲，微聞犬吠，坐客無不悄然！舍前有兩株梨樹，等到月升中天，清光從樹間篩灑而下，地上陰影斑斕，此時尤為幽絕。直到興闌人散，歸房就寢，月光仍然逼進窗來，助我淒涼。（梁實秋，1986：3）

　　以記述的方式來分，可以分為順敘法、倒敘法、補敘法、插敘法、平敘法、間敘法（蔣祖怡，1989；方家瑜，1994；張春榮，2003；楊裕貿，2008）：

（一）順敘法

　　是依事件發生的時間先後次序來結構文章，好處是讓人一目了然，是初學寫作者最好的方法，但如果沒有預先計畫、蒐集材料，容易陷入記流水賬的狀況。

（二）倒敘法

　　倒敘是把先發生的事放在後面說，也就是先寫結果，再寫原因。這種寫法一般用在描寫人或事的文章，可以引起注意，給讀者鮮明的印象，但是必須注意把倒敘部分交代清楚，而且要銜接自然，否則前後不連貫，就容易引起混亂。朱自清的〈背影〉就是運用倒敘法，透過往事的回憶，表現出深厚的父愛。倒敘法也有製造懸疑的效果，引人好奇，像是《歌劇魅影》就是採取這種寫法。

（三）插敘法

　　就是在已規畫好的正文中插入敘述的內容，是為了說明事件的前因後果，並且能讓讀者更能理解情節的發展，插敘結束後，仍然回到原來中心事件的敘述上去。黃春明的小說〈兒子的大玩偶〉中，主角坤樹穿著小丑的衣服到火車站宣傳，人潮散了之後，他獨自一個人坐在椅子上，想著當初他到電影院毛遂自薦，用化妝成小丑的樣子來吸

引客人，希望電影院老闆能用他的經過。就是在順敘中插入過去的回憶，再回到現在的敘述。

（四）補敘法

在文章中，有某些細節在正文沒有交代，而在文章後面補充敘述。補敘的好處在於有時可以把重要的話放在後面，反而能製造一個美好的結尾，但是用得不好，就會讓人覺得文筆不好，表達技巧差。

（五）平敘法

是指把同一時間發生的兩件或兩件以上的事情，採取了分頭並進的方法分別敘述，是並列式結構。用平敘法寫作，要注意分與合的關係，做到又分又合，使整個事件形成一個整體，而不支離破碎。

（六）間敘法

也是並列式結構，就是在順敘中跳回過去的回憶，再回到現在的敘述，再跳回過去的回憶。

雖然記敘文是一切文章的基礎，在寫作任何一種文體時，都會運用到記敘文的寫作技巧，但這十年來有關記敘文寫作教學的研究並不多。

黃香梅（2009）《國小六年級學生以電腦寫作的修改策略之研究》，研究目的在於了解國小六年級學生在記敘文寫作修改中所使用的策略。以電腦畫面錄製軟體（CamStudio 2.0）將學生寫作修改畫面與放聲思考錄音同步錄製下來，並以寫作修改態度量表來探知學生的寫作修改情感、習慣、態度和策略的使用，了解學生對修改的想法。主要發現是：學生在寫作活動中的修改是不連續的，大部分的修改是刪除，平均修改範圍為 2.84 個字；修改層次仍停留在格式、錯字及標點符號等形式修改。高寫作能力學生修改字數、保留原意修改、微觀結構修改、鉅觀結構修改明顯高於低寫作能力學生。電腦寫作對學生寫作修改的方便性和畫面的整潔有明顯的助益。

黃慧文（2009）《精進國小高年級學生敘寫能力之教學方案設計研究——以次文類為討論基準》，研究主要探討以知識結構為基礎，所設計的記敘文讀寫結合教學方案，並以此研究其對於國小高年級學生敘

寫能力的影響。得到四項結論：專家知識結構可作為編製語文教材的
基礎，並有助於語文教材的編製；讀寫結合的教學方案設計能有效增
進學生敘寫能力；本教學方案的實用性普受實驗教師肯定；本教學方
案的可行性普受受試學生肯定。

　　葉家妤（2009）《國小三年級記敘文寫作之教學實踐》，是在探討
記敘文寫作教學實踐教材運用於國小三年級學童的可行性，及其對學
生寫作興趣、態度、寫作表現的影響。主要結論是：記敘文寫作教學
實踐提高學生對寫作的自信，改善學生對寫作的學習態度；實施運用
記敘文寫作教材的教學後，學生寫作表現提高；記敘文寫作教材的設
計與教學活動的實施，使學習更完整且具意義；有計畫的寫作教學，
教師扮演著重要的引導角色，在指引學童進行寫作時，不但要關心結
果更必須留意其學習的歷程。

　　林哲永（2009）《看圖作文教學對國小五年級書寫語文學習障礙學
生記敘文寫作表現之研究》，在探討看圖作文教學對國小五年級書寫語
文學習障礙學生在記敘文寫作表現上的成效。研究結果發現：看圖作文
教學對作文總字數、作文相異字數和作文評定量表得分有顯著效果。因
此，看圖作文教學對於整體記敘文寫作表現，有立即的提升效果。

　　張金葉（2008）《擴寫教學對國小二年級學童記敘文寫作之影響》，
在探討擴寫教學對國小二年級學童記敘文寫作能力及寫作態度的影
響。採準實驗設計，實驗期間為二十週，共授課十六次。在實驗教學
前、後，三組都完成一篇「看圖作文」，並以「國小兒童書寫語文能力
診斷測驗」作為寫作能力的分析依據。發現擴寫教學能顯著提升國小
二年級學童的寫作能力，國小二年級男、女學童的寫作能力並無顯著
差異，擴寫教學能幫助國小二年級學童，對寫作產生正向的態度，擴
寫實驗教學能拉近低、中、高能力學童寫作能力的差距。

　　李宏哲（2008）《資訊融入語文領域「記敘文」之團班教學與個別
指導教學成效比較》，以國小六年級為對象，將國語科以文體作為分
類，選定記敘文體作為教學內容，自編數位教材，進行資訊融入語文

領域教學，並以結合試題結構理論與貝氏網路為基礎的適性測驗選題策略進行測驗，應用於診斷學生學習的錯誤類型，並比較個別指導模式與團班教學模式的成效差異。研究結果發現：透過個別指導模式進行教學，其教學成效明顯優於傳統的團班教學；結合知識結構與貝氏網路的電腦化適性診斷測驗，比紙筆測驗平均節省33%的試題，可以提高施測的效率。

林亭君（2007）《國小學童記敘文中的連接成分使用情況分析──以臺東大學附小為例》，在探討國小學童在書寫記敘文時，如何使用連接成分。研究結果如下：

（一）順承關係中的同時時間、類同、總分及換言關係幾乎不曾使用。

（二）在時間順序型中偏好稍後時間關係型的連接成分。

（三）轉折關係僅逆轉及讓步關係較常使用。

（四）因果關係型中，具有隱性情感的連接成分使用率都偏低。

（五）條件及假設關係的使用者隨年段而增加。

（六）目的及推論關係幾乎不使用。

（七）某些語料庫中詞頻高的連接成分並不是學童的慣用詞彙。

（八）高年級詞彙的選擇開向成人靠攏及傾向書面語。

（九）錯誤類型大多為語意邏輯的錯誤。

林秀娥（2007）《心智繪圖在國小五年級記敘文寫作教學之研究》，是在探討「心智繪圖在國小五年級記敘文寫作教學」的運用與實施歷程。教師編選八篇的單元教學，引導學生練習事、人、物、景的四種題材，先繪製心智圖，再寫記敘文的內容。主要目的是期望透過此種寫作教學策略，激發學生的創思能力，改善其寫作歷程，提高學生對寫作的興趣，並增進學生的寫作能力。結論是：心智繪圖運用在引導學生記敘文寫作上具有效性，對學生的創思有所助益，記敘文寫作上的教學策略可行性高，心智繪圖與命題和半命題記敘文寫作結合，能提升寫作能力，豐富寫作內容。藉著圖像和關鍵字，使學生不偏離題目各自發揮內容，使整體學習表現提高。

　　吳宜錚（2007）《電子繪本融入記敘文寫作教學歷程之研究》，在探討以電子繪本為媒介的記敘文寫作教學策略，及使用電子繪本為媒介的記敘文寫作教學對提升兒童寫作動機與寫作能力的影響。以三年級學童作為觀察對象，總共進行五次寫人、敘事、狀物、描景、記遊的記敘文寫作教學，並根據學生寫作作品、學習單、學生觀察紀錄、學生反應問卷等資料進行分析與檢核。結論是以電子繪本為媒介的記敘文寫作教學可以提升兒童寫作動機，但短時間對於提升兒童寫作能力的成效並不顯著。

　　戴昌龍（2007）《國小高年級記敘文「仿寫」教學研究》，在探討仿寫理論及策略融入國小高年級記敘文寫作教學的成效。運用仿寫題型並參酌學校高年級所採用的國語課本版本內的句型、段落、篇章，設計學習活動，引導學生在仿作練習中，能發揮各種創思力，結論是「記敘文仿寫」教學，讀寫互動，用閱讀促進理解，帶動寫作。題型宜由段至篇，形成序列，培養寫作能力。

　　高敬堯（2006）《國小學童記敘文的擴寫研究》，在分析學生文章擴寫的現象與技巧，並探討擴寫在寫作教學中實施的成效。研究發現：擴寫寫作組與命題寫作組經寫作訓練後，在寫作字數與表現上沒有顯著差異，但擴寫寫作組在「基本能力」、「擴寫技巧」兩方面，表現較命題寫作組為佳；學童進行文章擴寫多從文章正文入手，於文章開頭擴寫的情形也高於於結尾進行擴展，且以「增添生活經驗與例證」以及「增加修飾」的方法最常見。

　　邱怡瑛（2006）《國小學童記敘文寫作過程之研究》，以 32 名國小五年級學童為對象，以記敘文為作文體裁，探討不同寫作能力的學生在記敘文寫作過程中的差異。結果顯示：在計畫過程，高、低寫作能力組學生的記敘文寫作前時間很短暫，都不超過 1 分鐘；在轉譯過程，學生常在轉譯成文時斷斷續續，完整表達句意的組織能力不佳，高寫作能力組學生的暫停次數顯著多於低寫作能力組；在回顧過程，極少有高、低寫作能力組學生會在文章寫完後回顧全文或整體修改，大多

數學生都是在寫作中回顧前文，用以思考接續的內容、連貫前後文與偵錯修改。

林清輝（2006）《國小記敘文擴寫寫作教學行動研究》，是在國小五年級以「記敘文擴寫寫作教學」引導及延伸，啟發學生的聯想力、想像力，並改善學生寫作貧乏的缺點，增進學生寫作能力。本項行動研究教學的進行步驟為：「創造情境引發聯想、想像」、「聯想、想像引導與發表」、「擴寫寫作引導」、「小組合作進行擴寫討論」、「擴寫寫作習寫」、「作品分析」。結論是：記敘文擴寫寫作教學可以有效促進學生寫作及上課學習興趣，改善學生寫作貧乏的缺點，小組合作討論有助提升記敘文擴寫寫作教學效果。

陳諭蓁（2005）《曼陀羅創造性寫作教學方案對國小學生寫作表現、寫作態度、創造力的影響》，是運用曼陀羅創造思考技法的原則與步驟，設計適合國小四年級學童的「曼陀羅創造性寫作教學方案」共有十二單元，以曼陀羅創造性寫作教學模式進行教學，探討其對國小四年級學生記敘文的寫作表現、寫作態度與創造力的影響。研究發現：在寫作表現上，實驗組在寫作表現的「總分」、分項量表「文句使用」與「組織架構」優於控制組，但「基本技巧」與「創造思考」的分數未達到顯著差異。在寫作態度上，實驗組在寫作態度的「總分」、分項量表「文句使用」與「組織架構」優於控制組，但在「寫作準備與動機」的未達到顯著差異。在創造力方面，實驗組在語文創造力的「流暢力」、圖形創造力的「變通力」與「精進力」優於控制組，但「新編圖形創造思考測驗」的「流暢力」與「獨創力」未達到顯著差異。

林俊銘（2004）《國小高年級觀察活動教學與記敘文寫作之研究》，在透過觀察、寫作心理歷程及寫作教學理論，探討觀察活動教學與記敘文寫作的關聯，以及學童對本實驗性指導的反應與表現。以班級內三十四名學童為研究對象，在寫作情境中，以限制式、封閉性命題的方式實施，並與記敘文的寫作教學相結合。結論是：學童的作文態度有正面的轉變，作文在字數和分數上有進步，對課程內「學習輔助設

計」、「寫作步驟教學」、「寫作理論與技巧教學」、「課程整體設計」等的認同與理解有大量提升。

　　林宜利（2003）《「整合繪本與概念構圖之寫作教學方案」對國小三年級學童記敘文寫作表現之影響》，在探討「整合繪本與概念構圖之寫作教學方案」應用在國小三年級記敘文寫作教學的效果。每次兩節課，80 分鐘，共八週的「整合繪本與概念構圖的寫作教學方案」，以「記敘文評定量表」進行八次命題作文的寫作表現測量，並計算前後測文章的寫作長度，另以「寫作興趣問卷」進行三階段的寫作興趣測量。研究結果顯示：國小三年級學童接受「整合繪本與概念構圖的寫作教學方案」後，其記敘文寫作表現優於一般寫作教學，具有增進效果，在整體、內容思想、組織結構、修辭美化、機械式技能的表現和寫作長度，實驗組都優於控制組。寫作興趣和一般寫作教學則沒有差異，不具增進效果。

　　許文章（2001）《故事圖教學對國小六年級學生記敘文寫作表現與組織能力之研究》，探討故事圖教學對國小六年級學童記敘文寫作表現與組織能力的影響。研究工具包括：故事圖寫作單、作文評定量表、故事圖組織歷程檢核表。研究結果發現：在作文評定量表的「總分」、「內容思考」、「組織結構」表現上，實驗組優於控制組，「文句表達」、「基本技巧」表現上，實驗組與控制組並無顯著差異。可見故事圖教學與一般寫作教學對國小六年級學童的寫作表確實有顯著影響，但對國小六年級學童的組織能力並不會造成顯著影響。

　　在這些研究中，主要是以電腦資訊融入與圖像結合的教學和擴寫、仿寫的技巧為研究方式，除了態度量表或前測、後測問卷以外，常以作文字數的增加為判斷進步與否的依據，並以「敏覺力、流暢力、變通力、精進力、獨創力」不同向度作為是否有創造力的認定，但對於創意的界定並不是很明確。此外，有關記敘文寫作如何有效教學，也未見成套的論說，使得記敘文寫作教學所被重視的只是記敘文一般

性的觀念，對於它要被教到什麼地步以及所該有的進階要求等就還無
能為力。

第三節　創意記敘文寫作教學

　　全球最有名的水平思考者 Edward de Bono 說：「創意是個混亂且
令人困惑的主題，從發明新的牙膏蓋到貝多芬的第五號交響曲都是創
意。」從最簡單的層次來說，創意就是「創造前所未有的事物」，而且
他主張，就算創造出來的是一團混亂也算創意，只是一團混亂的創意
並不一定會創造價值。創意應該是創造新的想法，而且是可以增加價
值的；不是簡單且明顯，而是會令人驚訝和出乎意料的。（Wayne
Lotherington，2008：21）Wayne Lotherington 認為：創意思考是我們
創造新點子的行為，而創意本身就是將從前沒有被連結或合併的想法
結合在一起，產生新點子。（同上，23）Robert J.Sternberg 認為創意思
考的型態不是能力，人們不見得在處理不同工作或不同情境中都使用
同樣的思考型態，每一個人的優弱點都不相同，思考型態有很大一部
分是有社會性的，會受到父母、老師和同儕的影響，我們的思考型態
也會自己改變，而非一生都是固定不變的，創意思考型態是可以教的，
在某個地方或時間被認為是很有價值的東西可能換個時空就沒有價值
了，思考型態也沒有好或壞，就算思考型態沒有創意，還是可以生活
得很成功。（Robert J. Sternberg，1999：190）

　　作文是一種以文字來表現內心思想和情感的過程。由於每個人的
想法、情緒不完全相同，寫出來的文章也不一樣，所以作文可以說是
最富有創造魅力的心靈產品。（林建平，1996：9）在中小學，我們很
自然的把寫作當成是自我表達的一種創造形式。寫作被描述為思想的
表達與結構，使思想保留下來，這樣的表達過程本身就是一種創造。（林

建平，1989：300）語文科的教學目的主要是在訓練學生的語文能力，也就是讀書的吸收能力和作文的表達能力。吸收能力往往是內在的，無法訂出一個具體的行為目標，真正可作為評量依據的，只限於表達能力。語文的表達是外顯的，能引起對方的情緒反應，導致共鳴。語文表達在本質上是一種符號的藝術。因此，語文能力中真正能顯現出創造性的應該只有說話與作文；由於說話不像作文那樣的字雕句琢，刻意追求美感，獨創性遠遜於作文。因此，作文的藝術性與創造性更被一般人所特別強調，而想要達到藝術境界，教師的啟發是絕對必要的。（林亨泰、彭震球，1978：9）

　　林進材（2004：312）認為，所謂創意教學，是指教師在實施教學的過程中，依據創造和思考發展的原理原則，在教學中採取各種方法或策略，作為啟發學生創造力及思考能力目標的一種歷程。而創意教學法的採用，並不限定於某一種特定的教學方法，而是教師依據學科性質和學習者的需要，融合各種創造思考原理原則，所設計的教學活動歷程。吳清山（2002）認為，創意教學是指教師在教學過程中，能夠採用多元活潑的教學方式和多樣豐富的教學內容，以激發學生內在的學習興趣，培養學生樂於學習的態度和提升學生學習能力。可見創意教學所採用的不是某種特定的方法，而是各種融合創造思考原理，能夠激發學生興趣，提升學生學習態度和能力的教學活動歷程。

　　吳清山（2002）認為創意教學的重要理念有以下幾點：

（一）活潑多元

　　創意教學求新求變，教學富彈性，除了教學方法多樣化外，學習內容和空間設計的多樣化也很重要。創意教學的教師必須以知能為基礎，運用巧思，用心去做，才能於教學過程中推陳出新，增強學生學習效果。

（二）主動參與

　　創意教學不是教師被動的傳授知識，而是鼓勵學生積極參與教學活動。教師除了提供豐富學習內容外，過程中容許學生犯錯，多鼓勵、多讚美，少責備、少批評，讓學生有信心學習。

（三）資源運用

有創意的教師會運用圖書館和網路資源收集教材，並有系統、有組織的編排呈現，還可透過電腦科技設計教材，以激起學生求知欲。

（四）班級互動

良好的師生互動有助於營造民主、溫馨和開放的班級氣氛，師生之間和同學之間相互了解、溝通和關懷，在實施創意教學是很重要的作為。

（五）學習動機

學習動機是學生持續學習的原動力，尤其內在學習動機更是影響學生往後學習效果的關鍵。創意教學應顧及學生的學習需求及動機，才能進行有意義的持久性學習。

（六）問題解決

教師在教學過程中，不能利用已有標準答案的素材來傳授知識，應該提供學生問題解決的情境，刺激學生擴散性思考，讓學生具備問題解決的技巧和能力。

對於創意教學，林進材（2004：313）認為有以下的特質：

1. 重視學生思考能力的培養。
2. 自由輕鬆的學習氣氛。
3. 高層次認知能力的培養。
4. 強調個別差異。
5. 自動自發的學習態度。
6. 激發學生的學習潛能。

在創意教學的具體做法方面，教師要做到：（一）了解學生學習需求。（二）營造溫馨和諧的班級學習氣氛。（三）善用現代資訊科技。（四）活用多樣教學方法。（五）善用多元評量方式。（六）活用產生創意的方法。（七）鼓勵學生分組討論。（八）正確使用發問技巧，設計開放性或假設性問題。（九）鼓勵學生勇於嘗試，從嘗試中學習。（吳清山，2002）

關於創造性寫作，國外學者提出了一些建議，列舉如下（引自林建平，1989：32-35）：

T. N. Turner 建議以各種不同形式，如訴諸於感覺或幻想的想像誘因來激發寫作，兒童從參與的工作經驗中選擇適合的表達方式，廣泛的選擇寫作主題，並以自身的經驗自傳式的去寫作，鼓勵兒童發表創作，並以關注和獎賞來激勵兒童寫作。

J. L. Finn 認為：資優學生必須實施創造性寫作的課程。首先，要考慮到資優生的特性和需求，從認知、情感、直覺、身體等方面增進思考能力；接著要多體驗觀察和感覺生活周遭的體驗，表達自己的感受和態度；然後鼓勵資優兒童培養經常寫作的習慣，隨時將感覺具體的表達出來，嘗試新的表達方式，以文字遊戲、假設想像、圖畫書各類有趣的方式，激發想像力，進行創作。

J. M. Carter 建議創造性寫作教學方式是兩班學生互相通信，一班學生想像自己是歷史人物，另一班是現代生活中的人物，以通信方式激發想像力，向對方介紹自己的生活，使學童寫作興致高昂。

E. Smith 建議以小組討論方式，分享經驗和思想，透過彼此間的腦力激盪，提升創意寫作的想法。

國內學者對創意寫作，也提出一些教學方法：

譚達士（1975）設計情境，使學童觸景生情；再啟發思想，利用聯想、想像、推理和思考產生文思；透過看、聽、觸、感、想，蒐集資料；並鼓勵創新，使兒童對事物有獨特的看法，寫新奇有趣的題材，才能寫出創作性的兒童作品。

彭震球（1978）認為語文才能的創造性在於想像力，想像力美化了語文表達，有想像力的表達才具有創意。因此，教師在進行創意教學時要先激起學生興趣，維持適當情境，多給予想像的自由，再求合理的解釋，以說故事方式，提供開頭及結尾一句話，故事的發展和高潮由孩子想像，尊重兒童的幻想，利用視聽多元媒介、畫圖作文來啟發創造力。

　　林建平（1996）以二年級以上學生作為閱讀對象，介紹了十四種引導學童創思寫作的方法，分別是：感官運用、類推比喻、屬性列舉、強力組合、幽默趣譚、假設想像、故事完成、激發探索、奇幻神話、今古通信、巧思奇想、問題解決、創意標題、未來世界，經由這些創意寫作方法，使學童發揮創意，提升寫作興趣，達成創意寫作的目標。

　　林建平（1989）建構了一個三度空間的結構模式，包含寫作方式、創意寫作的教學方式，教學目標；寫作方式有十六種：書信、童詩、兒歌、對句、劇本、句子、段落、散文、故事、讀書報告、語文遊戲、自傳、辯論稿、標題、文字設計、謎語。教學方法有十九種，包含：角色想像法、幽默趣譚法、強力組合法、團體接力法、照樣造句法、類推比喻法、感官並用法、概念具體法、虛構情節法、旁敲側擊法、圖片聯想法、語文遊戲法、創意標題法、文章改寫法、假設想像法、巧思奇想法、問題解決法、問題解決法、激發探索法、超越時空法。教學目標要達成：思考的流暢性、變通性、獨創性、精密性，具有好奇心、想像力、敏感性、分析能力和組織綜合的能力。

　　在國內，有關針對小學的創意教學研究，綜合十年間的分析統計，經由創意寫作教學方式所得到的成效有：

（一）活潑的教學方式可提高寫作興趣與動機。（李淑芬，2008；林冠宏，2008；粘佩雯，2006；王雨錚，2006；劉佳玫，2006；毛綺芬，2006；林宜龍，2003；陳宜貞，2003；蔡佩欣，2003；鍾玄惠，2002；盧金漳，2002）

（二）造句能力進步及寫作篇幅增加。（王雨錚，2006；蔡佩欣，2003；鍾玄惠，2002）

（三）透過有系統的經驗刺激與練習，能引導學生思考，刺激學生產生更多想法，豐富寫作內容。（李淑芬，2008；劉佳玫，2006；陳瑜蓁，2005；楊素花，2004；林宜龍，2003；陳宜貞，2003；蔡佩欣，2003；鍾玄惠，2002）

（四）與生活經驗結合，能引起動機。（吳貞慧，2009；蔡佩欣，2003）

（五）營造自由開放環境的重要性。（吳貞慧，2009；林冠宏，2008）

（六）教學者需具備寫作教學能力。（吳貞慧，2009）

（七）課程後需有學生創思寫作作品展示空間。（林冠宏，2008）

　　這些研究除了林冠宏（2008）、劉佳玟（2006）、毛綺芬（2006）、陳瑜蓁（2005）和蔡佩欣（2003）是準實驗研究外，其餘大多是行動研究（吳貞慧，2009；李淑芬，2008；粘佩雯，2006；王雨崢，2006；楊素花，2004；陳宜貞，2003；鍾玄惠，2002；盧金漳，2002），只在某一班級內進行為期幾週的質性資料的蒐集及分析；且採取的創造思考策略種類繁多，學生是否能融會貫通，作文能力的提升能否維持長久的效果。寫作態度的正向改變，大多是從「活動回饋單」統計而來，「寫作態度量表」常常只考慮到某幾個面向，並不一定能涵蓋所有寫作動機的因素。且文學體系龐大，文體不同或文類不同，應該有不同的寫作教學重點，有關創意記敘文寫作教學的研究更是欠缺。此外，創造思考教學用了很多方法和策略，進行了很多活潑、生動、有趣的活動，卻仍然對創意的觀念界定非常模糊。

　　2006 年，賴聲川在史丹福大學演講談創意，一位商學院的 MBA 學生問他：「創意可以學嗎？」賴聲川反問他：「你們商學院不是有教嗎？」學生說：「有吧。我們有學各種腦力激盪和另類思考的技巧。」談下去之後，賴聲川發現學生要的不是那些技巧，而是創意本身。這對話說明了多數人對創意的誤解。腦力激盪和另類思考本身沒有問題，但是往往未能有效達到目標，因為這些是技巧而已，不是創意本身。我們對創意本身的了解不足，才誤以為技巧就是本體。（賴聲川，2006：28）

　　在本研究中，所界定的創意有兩點：一是無中生有；二是製造差異，也就是運用水平思考或逆向思考模式（詳見第一章第三節、第三章第二節），經由創造思考的方法激發學生的想像力，並且結合日常生活中最常用到的記敘文文體，由句的練習，到段落的練習，到篇章的訓練，最後到書的寫作的理論建構。

第三章　編織式創意記敘文寫作教學的向度

第一節　編織式的界定

　　劉勰在《文心雕龍・章句》說到:「夫人之立言,因字而生句,積句而成章,積章而成篇。篇之彪炳,章無疵也;章之明靡,句無玷也;句之清英,字不妄也;振本而末從,知一而萬畢矣。」(劉勰,1988:3123)文章的結構是字、句、章、篇,語詞組合排列成句,句子組織成段,再由段落組織成整篇文章。因此,在寫文章時,必須以句為基礎,句句接續,才能成段,段段相貫,才能成為一篇完整的文章。

　　在《漢語大詞典》中,有關編織的定義為:

(一)動詞(與對象)

　　1.以交錯線程、紗線、帶、纖維材料等,以形成一個結構或材料。
　　2.形成各種要素結合成一個連接或細節整體:編織一個故事,編織的計畫。

(二)動詞(用於無對象)

　　1. 形成或構建的東西,如布,由隔行掃描線、紗、帶等。

2. 撰寫有關的各種要素相結合，整體或細節。（Dictionary.com，2010）

　　編織是人類最古老的手工藝之一。許多考古資料顯示，人類早在史前時代的數萬年前就會用樹皮、麻、藤和動物毛皮等天然纖維材料編織結網，用以網綁物體及保暖蔽體。編織是以一條為經線，一條為緯線，一直一橫的方式將材料結構起來的方法。

　　本研究對於編織式的界定是：以故事為經線，情節為緯線，經線為主，緯線為輔，像編織一樣的寫作教學方式。

　　從記敘文的思維模式來說，記敘文是一特定文類，有特定文類的特徵 。以「敘事觀點」為出發點，故事是指一些依時間順序排列的事件的敘述，以理論化的語言來說，事件就是故事「從某一狀態向某一狀態的轉化」。也就是說，事件是一個過程，一種變化，在故事裡，事件就是行動。敘述學是研究敘事文的科學，敘事文內容的形式，就是指故事的構成因素和構成形態。敘述學的「故事」是一個抽象概念，已脫離具體故事所承載的歷史或現實的內涵而成為自主的存在。故事被定義為從敘述信息中獨立出來的結構，是一些按時間順序排列的事件的敘述，而這些事件如果彼此有因果關係，就出現了「情節」。（周慶華，2002：11）Edward M.Forster 在《小說面面觀》一書提到：

　　　　我們對故事下的定義是按時間順序安排的事件的敘述。情節也是事件的敘述，但重點在因果關係上。「國王死了，然後王后也死了」是故事。「國王死了，王后也傷心而死」則是情節。在情節中時間順序仍然保有，但已經為因果關係所掩蓋。又「王后死了，原因不明，後來才發現她是死於對國王之死的悲傷過度。」這也是情節，中間加了神秘氣氛，有再作發展的可能。這句話將時間順序懸而不提，在有限度的情形下跟故事分開。對於王后之死這件事，如果我們問：「然後？」這是故事；如果我們問：「為什麼？」就是情節。（Edward M. Forster，1973：114）

　　故事是依時間順序排列的事件的敘述，情節是以事件為基礎，重點在因果關係。比如說「國王死了，然後王后也死了」是一個故事，是一個敘述句，沒有因果關係。要讓故事有因果關係，中間就要加入情節。一個故事最少有一個情節，也可以有很多情節，最多可以有無限個情節。王后可以傷心而死，也可以因為太開心而笑死；或是王后並不感到傷心，因此很多人都不諒解她，她覺得別人都不了解她，只會怪罪她，她就很傷心，一傷心就不可收拾；也有可能是一開始王后並不傷心，覺得國王的死對她並沒有什麼損失，但慢慢想，勾起了很多美好的回憶，轉變為悲傷，最後才悲傷而死；或是國王就是王后毒死的，但國王陰魂不散，每夜出現在王后面前，王后就被嚇死了。因此，故事有限，情節可以作變化，情節可以無限，還可加一些神秘氣氛。故事是依時間順序有一個主故事，情節可以曲折變化，其他才能分次要故事。

　　創意寫作教學的流程就像編織一樣，有經線，有緯線。以經線為優先，緯線是加上去的。主經線就是主故事，主故事還可以分很多次故事。我們在寫記敘文的時候，為什麼可以用編織式來寫作？是因為我們在構思的時候，最優先的只有故事，故事很簡單，可能只有一兩句，這是最基本的。故事可以一開頭就出現，或是到最後由讀者總結出故事來。不管有沒有在內文出現，情節就一直鋪展，都一直有一個核心的思維，一定先有一個故事，這個故事就是一個敘述句。比如說「國王死，王后也死」，在故事中間編很多情節，就可以有很多變化。而為什麼要從敘述句開始？就是基於記敘文寫作的必然模式。

　　經線是優先，主故事還可以分很多次故事，故事沒有因果關係，再加上緯線，也就是情節，故事和故事之間，就有了因果關係。可以舉西方的英雄旅程的模式為例。

　　所有的故事都包含幾項在神話、童話、夢境與電影中都找得到的基本元素，我們將這些基本元素統稱為「英雄旅程」。神話學大師 Joseph Campbell 發現所有的神話講的都是同一個故事，並且以各種不同的面

貌被一再傳頌。而所有故事的敘述方式，無論有意無意，都依循著古代神話的模式。這個看法和瑞士心理學家 Carl G. Jung 不謀而合。Jung 對「原型」的描述是：反覆出現於人類夢境，以及各類文化中的神話角色或精神力。這些原型會反映出人類不同層面的思維，而每個人的性格會自行分成各種角色，演出自己的戲劇人生。因此，以神話模式為架構的神話和大多數的故事中，都有心理事實的特質。（Christopher Vogler，2009：26-28）

英雄旅程分成十二階段：

（一）平凡世界：大部分的故事中，英雄都是從平凡無奇的世界前往陌生的「非常世界」。《綠野仙蹤》的桃樂斯在闖入神奇的奧茲國前，是一個住在堪薩斯州，過著單調而平凡日子的普通女孩。

（二）歷程的召喚：英雄遭遇困難或冒險，一旦接到歷程的召喚，就不能再留在平凡世界了。在《福爾摩斯》的偵探故事中，只要一有刑案發生，私家偵探被要求出馬展開新任務，就是歷程的召喚。

（三）拒絕召喚（不情願當英雄的英雄）：這和恐懼有關，英雄在面對冒險時，不見得是心甘情願的。《星際大戰》中的路克一開始拒絕了歐比王召喚他上路冒險的要求，但後來牽連到叔叔嬸嬸，害他們被帝國風暴兵殺害，路克無法置身事外，才挺身歷險。

（四）師傅（智叟）：神話故事中常出現的英雄與恩師間的關係，象徵著父母與孩子、老師與學生、醫生與病人、神祇與凡人的聯繫。像《睡美人》裡的好女巫在壞女巫下了惡毒咒語之後，將睡美人被預言死亡的咒語減輕為沉睡一百年。

（五）跨越第一道門檻：英雄故事在此正式展開，開始歷險。像是《比佛利山超級警探》的英雄佛里，決定違抗長官命令，離開底特律的平凡世界，踏入險境，到比佛利山的非常世界，調查朋友命案。

（六）試煉、盟友與敵人：英雄跨入險境後，通常會遇到新的試煉，結交盟友，樹立敵人。比如在《綠野仙蹤》，桃樂絲結交了稻草人、錫樵夫、獅子為友，但也和魔法果樹園中性格乖張的大樹為敵。

（七）進逼洞穴最深處：英雄到了最危險的地方，就要節節進逼，包括對抗死亡或到大的險境。在亞瑟王的故事裡，洞穴最深處就是危險的教堂，也就是藏匿聖杯的地方。

（八）苦難折磨：英雄與自己內心最大的恐懼交戰，可能會面對死亡或是和敵方一觸即發的對抗。這是故事中關鍵的時刻，歷經苦難的英雄一定得看起來活不成，才能重生。像《白雪公主》吃了毒蘋果後，昏倒在地，好像死了一樣。

（九）獎賞（取得寶劍）：英雄逃過死亡，尋覓到追尋已久的寶貝，或是掌握了知識和經驗。《星際大戰》中，路克救出莉亞公主，破壞死星的陰謀，這是他擊敗黑武士的關鍵。

（十）回歸之路：在回歸路途中上，寶物被英雄取走，敵對勢力想報復，還在後面窮追猛打。像是《外星人》中，艾略特和外星人在月光下騎著腳踏車升空，逃離糾纏不休的政府官員。

（十一）復甦：在古代，獵人和戰士因為手上沾染了血腥，所以在歸返部族前必須淨身。歷盡千辛萬苦的英雄一定會重生，並遭受最後一次死亡和復活的考驗，然後回到平凡世界。《哈利波特》系列故事都有這個狀況，哈利波特眼看就快沒命，卻奇蹟生還，每經歷一次磨難，還變得更強。

（十二）帶著仙丹妙藥歸返：英雄回到平凡世界，一定要從非常世界帶點寶藏或是寶貴經驗回來，才是有意義的旅程。像《綠野仙蹤》的桃樂斯最後了解到家是最溫暖的地方；外星人 ET 帶著溫暖的友誼回到自己的星球。（Christopher Vogler，2009：33-44）

以上這十二階段，可以圖示如下：

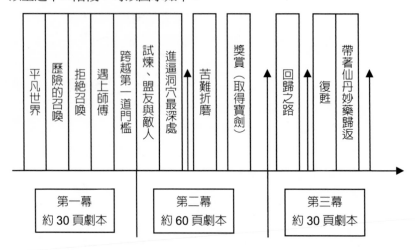

圖 3-1-1 英雄模式旅程

（資料來源：Christopher Vogler，2009：31）

　　英雄旅程只是個骨架，是個故事，必須搭配很多細節和意想不到的情節，故事才會有血有肉，有變化。西方人因為崇拜上帝和想媲美上帝，所以會讓每個人都有一個啟蒙旅程；而這個人在成就英雄美名的過程中必須遇到很多磨難，才能夠成就一個英雄。這是西方人寫作或拍電影時的一個模式。一個人經由挫折，尋求救贖，最後救贖成功，每一段就是一個小故事，前後都有因果關係。而前後的小故事就是所謂的眾經線，各情節間有因果關係，就是眾緯線。為什麼要從句到段？主故事就是主經線，每一段就是一個小故事，就是次經線。如英雄旅程分成十二段就是十二個小故事，段和段之間的因果關係就是情節，所以一定是從句到段，整個完成就是一篇，一篇再擴大就是一本書。因此一個英雄旅程可以單獨寫一本書或是拍一部電影，也可以單獨寫成一篇文章，一樣可以達到這個效果。

　　朱作仁（2001：204）綜合相關學者的有關觀點，大致勾勒出小學生寫作能力的發展階段：

表 3-1-1　小學生寫作能力的發展階段

分期	年段	表現特徵
1. 寫話期	低年級	作文起步階段，在識字、寫字、說話和初步閱讀的基礎上，從口述到筆錄，連詞造句，開始會寫 1-3 個句子，並聯句成段（表達一個完整意思的句群）；寫作內容比較淺顯，表達的意思十分簡單。
2. 過渡期	中年級	會寫一個場景、一個人的肖像或一件簡單的事等，篇幅加長，懂得寫文章的難度；出現個別差異，有了不會寫文章的學生。基本完成從口述向筆述，從句、段向篇的過渡，開始注意文章的構思。轉變的趨勢表現為——從不切題到切題，從不能分清段落到分清段落，從寫簡單句到比較複雜的複句等。
3. 初級寫作期	高年級	範圍擴大，聯想合理，能分別運用記敘、描寫、說明等表達方法；注意圍繞中心選材、組材，思路日趨有條理；從自然的開頭、結尾向多樣化的開頭、結尾發展；從平鋪直敘，不善於表達思想感情向初步借物抒情發展，有一定的文字表現力；初步掌握記敘文寫作的一般要求和寫作方法。

資料來源：朱作仁，2001：204

　　寫作能力的發展階段可泛指一切寫作狀況，低年級的書面表達是書面形式的口頭表達，也就是口頭表達的文字記錄。從發展水平來看，書面表達很明顯是落在口頭表達之後。低年級兒童發展重點在口頭表達教學，由於知識基礎的限制，缺乏必要的寫作知識和技能，大量會說的詞寫不出來，會寫的詞又無法完整表達想說的內容，在寫作表達上是很貧乏而無力的。三年級開始，由於有系統的進行書面表達能力訓練，書面表達能力慢慢趕上口頭表達的發展。五年級後，對書面表

達教學進一步加強，表達客觀事物已不再需要口頭表達此一環節。到六年級，書面表達在表達方式、語言準確性、篇章、內容和整體表現都超過了口頭表達，對於相同的題目，書面表達也較長於口頭表達，已有一定程度的文字表現能力。就兒童的發展來說，有系統的進行寫作教學訓練，也就是配合兒童寫作能力的發展過程，由口說開始，進行句的練習，再組織成段，段落組織成篇，最後進而能夠成書，是非常必要的。仇小屏（2003：47）也認為：由字造詞、將詞造句、將幾個句子組合成段、最後才能組段成篇，所以完成一篇文章決非一蹴可及。學生具有寫作「句」、「段」的能力，才可能寫好成「篇」的作文。因此，本研究採取由句到段到篇到書的記敘文寫作訓練，並以創意為基礎，進行編織式創意記敘文寫作教學的探討。

第二節　創意記敘文寫作的樣態

　　John Adair 認為創意主要來自於心靈。你對事物的認知、想法、感覺，加以融合後，形成了概念或意象。當然，畫家、作家或作曲家，也需要具備實際的技能與技術，才能將心中的感動呈現於畫布或稿紙上。適用於所有藝術創作的原則，同樣也適用於創意思考。我們有創造力的想像也必須以材料為基礎，而非憑空產生新的創意。（John Adair，2008：13）多次獲得「創意獎」的佐藤秀德認為：需要特別創意或動腦筋的活動，稱為「創造」，創意的簡單定義就是將創造予以具體化的手段。達成目標、解決問題的方法和想法就是創意，當需求和問題發生時，我們立刻會想到「怎麼辦」，動腦找出解決方法，而找到的方法，就是創意。（佐藤秀德，1988：22-23）

　　德國詩人 John W. V. Goethe 說過：所有的道理，前人都已想過，問題是，如何重新思考。（John Adair，2008：23）法國雕塑家 Auguste

Rodin 說：我的創作並非從無到有，而是重新發現。（同上，17）心理學家 Abraham H. Maslow 認為煮第一流的湯比畫一幅次級的畫更具創造力。因此，創造力可以是指想像力，也可能是指發明能力或是擴散性、生產性的思考能力。（林寶山，1990：230）Guilford Pubn 則認為創造力屬於擴散性思考，是人類的一種認知能力。（引自葉玉珠，2006：42）

　　耶魯大學心理系的 Robert J. Sternberg 教授是美國研究智慧方面的大師，他認為創造力是可以培養和訓練的，對於創造力的培養，要有敢「反其道而行」，「標新立異」的勇氣。有創造力的人在碰到問題時，往往不從大家所看的觀點去想，而是重新把問題界定一下，當界定成可以被解決的方法時，就可以動手去做了。（Robert J. Sternberg，1999：vii）

　　很多人對創意有不同的說法，也都略嫌空泛，因此本研究把創意定義為「無中生有」和「製造差異」。所謂「無中生有」，是指原創性、獨創性的想法，包括靈光一現、神來一筆的想法或創造力，但因文學作品中有許多字義的堆疊和演變，我們很難確定此作品是不是「前所未有」，所以只能以個人所接觸到的作品為判斷依據；「製造差異」是指並非完全創新，只要能顯現出「局部差異」的創新，就認定是有創意（詳見第一章第三節）。想要產生創意，達到「製造差異」的目的，就要透過不一樣的思考方式，也就是水平思考和逆向思考。（周慶華，2010）

（一）水平思考

　　水平思考是 Edward de Bono 所提出，相對於垂直思考的一種思考方法。他認為：首先要了解創意牽涉的過程，接著要避免那些會在產生創意過程中造成阻礙的態度，並且要使用能夠激勵創意產生的方法，這就是水平思考的目的。水平思考可以當成一種技巧來學習，然後刻意的使用，以便激發創意。（Edward de Bono，1998）

　　垂直思考是傳統的邏輯式思考，講究思考的嚴謹順序、邏輯推理的合理性，思考者是從資訊的某個狀況直接推演到另一個狀況。以挖洞來比喻，垂直思考是試圖把洞挖深，水平思考則是嘗試多挖幾個洞，而不是把洞挖得更深。水平思考主要的特性就是毫無拘束、天馬行空的自由聯想，不需要講求道理或邏輯，只要想到就好，不必問為什麼會想到這個，也不必問想到的點子好不好。是讓內心的想法自由的表達出來，講究的是意念的數量與流暢度，至於意念的品質或價值高低，這類的評估都要儘量減少。因此，水平思考的關鍵在於「聯想力」，而非「判斷力」。過程中即使用到判斷，也是非常簡單而迅速的判斷，不需要作非常嚴密的判斷。在活動中，學生可以盡情的聯想某一個物品的奇特用途，學生可能會發現到原來一個平淡無奇的東西，居然可以有這麼多不同的用途。尤其是在團體練習時，更可以透過自由聯想激發創意。（Edward de Bono，1981；Robert J. Sternberg & Todd I. Lubart，1999；劉燁，2006）

表 3-2-1　水平思考與垂直思考的差異

垂直思考	水平思考
收斂式思考	發散式思考
邏輯思考	非邏輯思考
分析、辨別的思考	綜合、直觀的思考
單向、線性的思考	多向、動態的思考
主要是意識層次的運作	涉及潛意識層次的運作

資料來源：饒見維，2005：22

　　水平思考，就像其他形式的思考一樣，也是一個刻意作成的思考形式，需要訓練與演習，才能發展成為一項無往不利的技巧。（Edward de Bono，1983：353）根據 Edward de Bono 的看法，進行水平思考必須做到三件事：1、發展能引起改變與新想法的態度。2、避免垂直思考的抑制作用。3、開發各種技巧與工具。

從這些觀點，他提出水平思考五招：

1. 認清你是怎麼想的

強調的是如何辨識造成阻礙的一些想法。

2. 擺脫束縛，重新出發

嘗試從不同的角度思考，多問為什麼，轉移注意力，改變切入點，尋找替代方案，改變觀念。

3. 洗心——從扭曲開始

根據現有的觀點加以改變，替僵硬的垂直思考鬆綁，用的是不同於傳統的「不合理」方法，像是逆向思考、扭曲誇大問題的某一部分，做出改變，或是把一個過程帶到極端的結論。

4. 革面——不連貫的方法

利用「偶然」和「引發刺激」的方法，引起不連貫性，以造就一次重新組合或切入點的改變。

5. 故步歧途

刻意引起不連貫，類推法是把問題轉換，然後根據那種類推法的邏輯來思考，或是隨機選字法，創造出一個隨機的刺激來源，而開啟一個新的切入點。（葉玉珠，2006：163-166）

（二）逆向思考

一個人的思想模式，不能只有直線模式，也不能只是單向模式，遇到問題要從前後、左右、上下、正反等多角度去思考；也就是說，當事情陷入膠著狀態時，不妨換個角度來看，事情就會出現轉圜的餘地。將平常事物反過來想看看，也就是逆向思考。逆向思考有以下幾種類型（後藤國彥，2002：146）：

1. 思考相反的「機能」

像抽風機就是把一般電風扇將風送出，轉變成將風抽到外面去的構想商品化的例子。

2. 將「位置」相反

一般眼鏡是以鏡框來固定鏡片，無邊眼鏡是用鏡片來固定鏡架。

3. 將「順序」與「方向」相反

哥倫布將一般向東迴行的航程改成「如果地球是圓的，就是向西迴行也能到印度」的想法，朝著大海前進，因而發現新大陸。

4. 將「動作」相反

慢跑健身器是將一般人走路的動作相反，改成人不動而地面自己在動。

5. 做「平常不做的事」

牛仔褲打破了「新品就是要完完整整」的觀念，而出現特別把褲子做成有破洞或裂縫的商品。

6. 「單純的相反」

黑板用來書寫原本底色是黑色，白板把書寫部分改為黑色，因為容易辨識、容易書寫，獲得了市場。

以記敘文來說，一般性的記敘文可以包含神話、傳說、敘事詩、傳記、敘事散文、小說、戲劇，跟兒童文學有關的還有故事、少年小說、兒童戲劇和童話（圖 1-3-1）。有人說童話與神話很類似，神話傳說通常帶有奇幻色彩，但童話除了帶有奇幻色彩外，最重要的是以擬人化的方式呈現，因此擬人化就變成是童話的特色。（周慶華，2004b：134-136）所以在兒童文學上，一開始是以童話為核心，再擴展到少年小說、兒童戲劇及生活故事。而這些記敘文的表達方式都是從最基本的句子，句子結合成段，段落組合成篇，篇章再擴展為書。把創意的觀念和敘述句、敘述段、敘述篇、敘述書相結合，就是創意記敘文的樣態。在這裡，創意記敘文寫作可以以三種樣態來呈現：無中生有、水平思考和逆向思考。如下圖所示：

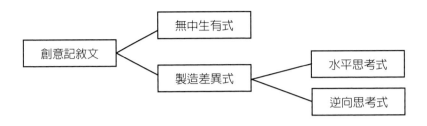

圖 3-2-1　創意記敘文的樣態

這裡舉幾段文字為例：

> 那一天陽光突然好得像一首詩，曬得人有種柔軟到不行的感覺。（夏之光，2003：127）

這是一個「製造差異」的例子，通常我們在形容天氣好時，可能會用陽光普照，陽光火辣辣的，或是很溫暖的感覺。能夠把陽光想像成一首詩，給人柔軟的感受，已經脫離了跟溫度有關的形容，是把兩個不同的意象作聯結，有「製造局部差異」的創意。

> 有一家木梳廠快倒閉了，於是雇了四個推銷員……要他們把梳子賣到寺廟裡去。
>
> 第一個推銷員空手而歸，他說：「開玩笑，和尚都是光頭，怎麼會要梳子？他們以為我嘲諷他們，打了我一頓趕出來了。」
>
> 第二個推銷員厲害，他賣掉了幾十把梳子……原來他動了腦筋，和尚雖然沒頭髮，但經常梳頭髮有利頭部的血液循環，有利延年益壽。把道理講清楚，每個和尚都同意買一把。
>
> 第三個推銷員更厲害，賣掉了幾百把梳子……覺得和尚就那幾個人，不能光打和尚的主意。他說服方丈，說香客來燒香，

頭髮常沾滿香灰，倘若廟裡多備些梳子供香客梳頭，他們感受
到廟裡的關心，香火就會更旺盛。

　　第四個推銷員最厲害……

　　他的能耐是，說服方丈把木梳做成紀念品賣給遊客，把最
受歡迎的寺廟對聯刻在梳子上，再刻「吉善梳」三個字。寺廟
可以賺錢……（郭一帆編著，2007：70-71）

　　這則例子包含了「無中生有」和「製造差異」的創意。把第一個
和第二個推銷員作比較，第二個推銷員改變了梳子只能拿來梳頭髮的
觀念，「作平常不做的事」是一種逆向思考，可說是「從無到有」、「無
中生有」，是全然的創新。第三位推銷員沒有改變梳子的用途，但是轉
移了使用梳子的對象，把銷售對象定位在香客，是銷售手法的「獨創
性」；第四位推銷員改變了梳子的作用，把梳子定位在紀念品，賦予新
的意義，也是推銷產品的「獨創性」。

　　把文章分成四段來看，第二、三、四位推銷員都是「無中生有」；
把文章合在一起看，第二位相對第一位有「製造差異」的創意，第三
位相對第二位、第四位相對第三位，都有「製造局部差異」。因此，這
篇文章可說是兼具了「無中生有」和「製造差異」的創意。

　　美國總統有一次林肯正在演說，講得正精采時，他的助手
突然遞給他一張紙條，上面只寫了「傻瓜」兩個字。林肯瞄了
一眼，知道這是有人在搗亂。他沒有生氣，卻笑著對所有聽眾
說：「各位先生、女士們，過去我常常接到許多忘記簽上自己
名字的紙條，但是這一次我卻收到一張光有簽名，而沒有其他
內容的紙條。」（陳如松編著，2001：11）

　　在文中，林肯總統面對挑釁的聽眾，不但沒有發怒，反而往完全
相反的方向思考，化解了一場可能的尷尬，他所想出的對策可說是「無
中生有」，是創意裡的最高境界。

　　一個肥胖的貪吃者向醫生申訴：「醫生，我的體重已經超過八十公斤了，該怎麼辦？」醫生建議說：「你必須做些運動了……」

　　肥胖的貪吃者問：「那麼我該做什麼運動？」

　　醫生說：「只是簡單的頭部動作，從左到右，再從右到左……」醫生說著，一面搖頭作示範。肥胖的貪吃者問：「一天做幾次？」醫生說：「不一定，每當有人請你吃東西的時候，你就連續這樣做，而且越快越好，直到那人離開為止。」（馮旭文編，2002：166）

　　一般而言，醫師要過於肥胖的病人減肥，都會建議要多做運動。做運動的方式不外運動時間達某一長度，心跳數達到某一程度。這位醫生所定義的運動是搖頭拒吃，和其他醫生相比，是一種「製造差異」的創意。

　　一個業務員到公司拜訪。秘書恭謹地把名片交給董事長，一如預期，董事長不厭煩地把名片丟回去……

　　很無奈地，秘書把名片退回去給站在門外看盡尷尬的業務員。業務員不以為忤地再把名片遞給秘書……

　　「沒關係，我下次再來拜訪，所以還是請董事長留下名片。」拗不過業務員的堅持，秘書硬著頭皮，再進辦公室，董事長火大了，將名片一撕兩半，丟回給秘書。

　　秘書不知所措地愣在當場，董事長更氣，從口袋拿出十塊錢，「十塊錢買他一張名片，夠了吧！」

　　當秘書遞還給業務員名片與銅板後，業務員很開心地高聲說：「請你跟董事長說，十塊錢可以買二張我的名片，我還欠他一張。」隨即再掏出一張名片交給秘書。

　　突然，辦公室裡傳來一陣大笑，董事長走了出來，「這樣的業務員不跟他談生意，我還找誰談？」（臺中縣大甲鎮華龍國小，2010）

每天都會碰到被拒絕的尷尬場面，如果光是靠修養，還是有洩氣的時候，超級業務員也有倒地不起的一天。業務員「逆向思考」，從別人設下的困局中跳脫出來，反而得到老闆的賞識，這個業務員表現出「製造差異」的創意。

　　所謂創意記敘文寫作的樣態，就如上述這些例子所顯現的；它可以從句到段到篇到書而創發逞能，終而光大記敘文寫作的園地，且因創意特性而被人迷戀仿效。

第三節　編織式創意記敘文寫作教學的開展方向

　　談到創意，我們會想到神來一筆、靈光一現，但靈感必須顯現成可體驗的形式，創意構想必須顯現成作品，才可被窺看。而「方法」就是讓作品「顯現」的方式，把作品「執行」出來，讓抽象構想得到具體形式的過程。只有結構完整，作品才有最好的機會發光。如果結構本身有創意，作品就能以嶄新的面貌出現。大部分的創意作品都很龐大，技巧的智慧在於開始構思及組合局部時，就能意識到這部分與作品完整面貌的關係。透過方法，構想能被融合成「形式」。只有在看得到整體的時候，才能有好的融合。（賴聲川，2006，236-268）

　　編織式創意記敘文寫作教學對象從敘述句到敘述段到敘述篇到敘述書，可分為四種類型；而其表現則以無中生有、水平思考和逆向思考三種樣態呈現。至於開展方向，則可以往四個面向「分層而整合」的進行：（一）為誰而寫？（二）為誰選材？（三）教什麼？（四）怎麼教？（如圖 3-3-1）最後型塑一個教學策略來作教學活動設計。

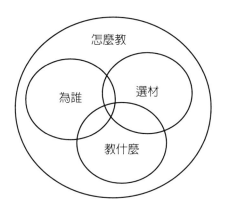

圖 3-3-1 編織式創意記敘文寫作教學

（改自周慶華，2011：67）

（一）為誰而寫

從事記敘文寫作教學時，第一點教學要確定的是：為了誰而寫作？確定寫作的對象之後，才能決定寫作的內容。給不同的對象看，寫法會有所不同。以寫作對象來分，大致可分為：老師、家長、讀者、編輯；編輯又可分為報紙雜誌的編輯和出版社的編輯；另外還有文學獎的評審。

一般來說，中小學生寫作的對象通常是老師或家長，是為了交作業或應用於日常生活中的一般事務。寫給老師和家長看時，比較沒有特殊的限定，但寫給雜誌、報紙、出版社相關的人看時，就會有一些特定的政治立場要求或是特定內容的要求。當寫作者要投稿到一個統派的刊物或報紙，比如說《聯合報》副刊，故事情節和臺獨思想有關，就不容易被接受；如果是投《自由時報》副刊，它是一個獨派的報紙，內容大談統一就會被拒絕。當然，寫作對象如果是有特定政治立場或

是有特定政治傾向的老師或家長時,有時候也會因為其頑固的固著想法引起一些不愉快。但一般而言家長是最包容的;老師其次;可是報紙、雜誌就不太會包容,一但主題定了之後,只要內容不符合,就馬上退稿。出版社和文學獎也有同樣的問題,針對不同的寫作對象,就要有特定的內容。(如圖 3-2-2)

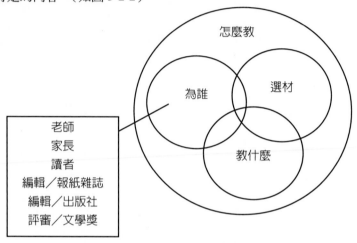

圖 3-3-2　編織式創意記敘文寫作教學／為誰

(改自周慶華,2011:67)

(二)為誰選材

　　教學選材時,選什麼樣的故事題材要考慮兩方面:為誰選材,並選一個有創意的故事。

　　第一,為誰選材是一定要考慮到的,選什麼樣的題材是針對寫給誰看,如果要投的是《自由時報》副刊,就要選跟臺獨有關的內容來寫作,才有可能投稿成功。如果是以出版資訊電腦類為主的出版社,就不能寫文學類的作品;像前衛出版社自詡為二十世紀八〇年代以來最具臺灣精

神的專業出版機構，如果寫作內容不以臺灣本土觀點來論述，恐怕作品再有創意也無法受青睞。另外，還有文學獎也有政治立場，比如說參加教育部所辦的文學獎，在統派執政時，所找的評審就會偏向統派；又比如吳濁流文學獎所徵選的臺灣文學就要有本土立場，如果所寫內容和本土無關就不容易獲獎，更不要說超異時空文學獎或華文世界電影小說獎，這些從名稱就看得出端倪的文學獎會有更多的限制。

　　第二，要選一個有創意的故事，無論寫作對象是誰，在它約略確定後，創意就是最重要的因素。比如說「國王死，王后也死」是一個敘述句，也是一個故事，我們加上情節時，寫成「國王死，王后也傷心而死」就是一般的想法，無法引起讀者的興趣；但如果寫成「國王死，王后也高興而死」，以製造差異的方式引起好奇心，吸引讀者看下去，就是一個有創意的作品。一般學生的寫作常常有記流水賬的傾向，如果把創意的觀念帶入教學，引導學生用水平思考或逆向思考的方式來寫作，就能寫出有創意的作品。（如圖 3-3-3）

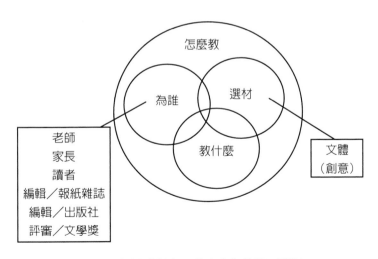

圖 3-3-3　編織式創意記敘文寫作教學／選材

（改自周慶華，2011：67）

（三）教什麼

　　教什麼，也就是教學的內容，除了考慮到寫作的對象，寫作的選材，最重要的就是所要教的內容。而這整體的思路是：考慮到學生在生活中和課堂中最常接觸和使用的就是記敘文，並配合兒童寫作的心理過程，再加入創意的概念，設計出一種編織式的以激發創意為重點的記敘文寫作教學。

　　根據九年一貫課程綱要，語文學習領域寫作教學的能力指標，臺中教育大學楊裕貿教授整理出低、中、高三個年段的寫作教學目標：

表 3-3-1　九年一貫課程寫作教學目標

年段	能力指標	寫作教學目標
低年級	F-1-1 能經由觀摩、分享與欣賞，培養良好的寫作態度與興趣。 F-1-2 能擴充詞彙，正確的遣辭造句，並練習常用的基本句型。 F-1-3 能認識各種文體的寫作要點，並練習寫作。 F-1-4 能練習運用各種表達方式習寫作文。 F-1-7 能認識並練習使用標點符號。	1. 培養寫作的態度與興趣。 2. 培養字詞、語句、標點符號、觀察等寫作基本能力。 3. 看圖口述（筆述）作文。 4. 認識並欣賞童詩。 5. 習寫卡片。
中年級	F-1-3 能認識各種文體的寫作要點，並練習寫作。 F-1-4 能練習運用各種表達方式習寫作文。 F-1-5 能概略分辨出作品中文句的錯誤。 F-1-6 能概略知道寫作的步驟（從收集材料到審題、立意、選材及段落安排、組織成篇），逐步豐富作品的內容。	1. 認識並習寫記敘文（寫人、敘事、狀物、記景）、說明文（事物、事理）及應用文（便條、書信、日記、通知、公告、讀書心得、參觀報告、會議紀錄、生活公約、短篇演講稿）。 2. 應用改寫、續寫、擴寫、縮寫等方式作文。 3. 修改文章的能力（文句、篇

	F-1-8 能分辨並欣賞作品中的修辭技巧。 F-2-1 能培養觀察與思考的寫作習慣。 F-2-2 能正確流暢的遣辭造句、安排段落、組織成篇。 F-2-3 能認識各種文體，並練習不同類型的寫作。 F-2-4 能應用各種表達方式練習寫作。 F-2-5 能具備自己修改作文的能力，並主動和他人交換寫作心得。 F-2-7 能了解標點符號的功能，並在寫作時恰當的使用。 F-2-8 能把握修辭的特性，並加以練習及運用。 F-2-10 能發揮想像力，嘗試創作，並欣賞自己的作品。	章）。 4. 掌握寫作步驟（審題、立意、選材、組織）。 5. 精進寫作能力（觀察與想像、掌握語詞、標點、運用句型與修辭能力）。
高年級	F-2-1 能培養觀察與思考的寫作習慣。 F-2-2 能正確流暢的遣辭造句、安排段落、組織成篇。 F-2-3 能認識各種文體，並練習不同類型的寫作。 F-2-4 能應用各種表達方式練習寫作。 F-2-5 能具備自己修改作文的能力，並主動和他人交換寫作心得。 F-2-7 能了解標點符號的功能，並在寫作時恰當的使用。 F-2-8 能把握修辭的特性，並加以練習及運用。 F-2-9 能練習使用電腦編輯作品，分享寫作經驗和樂趣。 F-2-10 能發揮想像力，嘗試創作，並欣賞自己的作品。	1. 練習並習寫議論文、童詩和童話。 2. 應用改寫、續寫、擴寫、縮寫等方式寫作。 3. 修改文章的能力（文句、篇章）。 4. 掌握寫作步驟（審題、立意、選材、組織）。 5. 精進寫作能力（觀察與想像、掌握語詞、標點、運用句型與修辭能力）。 6. 能以電腦編輯作品，分享寫作樂趣。

資料來源：楊裕貿，2008：255-256

　　根據上述的能力指標結合兒童寫作的心理過程來看，兒童的寫作教學大致可分為三個階段：第一是低年級的準備階段，看圖口述、看圖筆述、擴充詞彙、練習常用基本句型，都是寫作前的準備工作；第二是中年級的過渡階段，觀察與思考、認識文體、練習寫便條、書信、日記，並從遣辭造句到安排段落，都是訓練兒童從日常生活中取材、練習；第三階段是高年級的篇章訓練階段，練習不同類型的文體寫作、練習修辭、具備修改作文的能力，發揮創意並帶入審美的觀念，能欣賞和分享自己和他人的作品。

　　九年一貫課程的語文學習領域雖然結合了兒童寫作的心理過程，但是忽略了一個重要的問題，低年級和中年級雖然進行了寫作的練習，卻忽略了創意的訓練；到了高年級，就要學生能做到展現創意、欣賞別人，似乎有點強人所難。學習是個累積的過程，必須循序漸進，從易到難，從部分到整體；以編織的觀念，由句開始，以句組成段，以段落累積成篇，並在開始進行寫作教學時就帶入創意的觀念，建構完整有效的寫作計畫，才能使寫作教學事半功倍。（如圖 3-3-4）這麼一來，接著要從篇章組成書就不會那麼困難了。

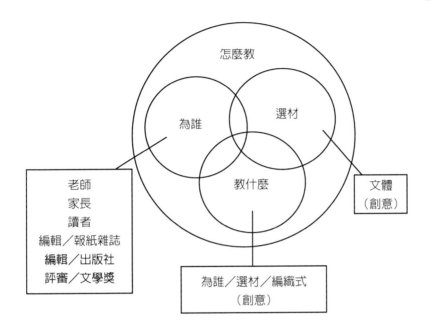

圖 3-3-4　編織式創意記敘文寫作教學／教什麼

（改自周慶華，2011：67）

（四）怎麼教

　　R. J. Hillocks 曾分析 1963 到 1982 年間有關教學方法的寫作方案
29 篇，歸納成四大類：講述法、自然過程法、環境法和個別化法。講
述法又稱成果導向寫作教學，寫作活動以教師為中心，由教師決定題
目、教導寫作文體與規範、提供範文與仿作，最後由教師批改，是最
普遍的作文教學法。自然過程法是由學生支配活動，強調同學間的小
組討論與同儕分享，以學生為中心，可說是講述法的對比。環境法是
較有結構和較具體的，由教師先簡短解說主題與策略，再進行小組討

論，最後根據教師的評量指標，對同儕的作品提供回饋，和自然過程法一樣強調寫作過程和同儕互動，但環境法還強調學習材料和活動的結構性。個別化法強調以個別學生為協助對象，學生向小老師或電腦學習如何寫作，並獲得回饋。根據 R.J.Hillocks 的分析，講述法的寫作成效最差，結構性過程法的成效最好。（引自鄭麗玉，2000）

　　至於國內學者方面，林鍾隆（2001）在《愉快的作文課》中提出五感教學法，將「看、聽、感、想、做」五種感官應用於寫作材料的發掘與呈現；黃基博（1995）提出圖解作文教學法，透過師生共同討論，並依據個人生活經驗決定文章的立意、定體、選材、布局、開頭、結尾；創造性寫作教學法是由林建平根據 Williams 的創造思考模式，提出創意寫作教學模式，強調教師透過不同的寫作方式，不同的創意寫作教學活動，達到寫作教學的目標（詳見第二章第三節）。周慶華（2009）提出跨領域教學法，從意義到形式，包括主題與概念的跨領域、學科跨領域，以及科際整合的跨領域文學詮釋法。

　　其實教學的方法很多，也各有其著重點，教學者要有選擇的智慧，配合教材及教學要點靈活運用，才能進行有效的寫作教學。（如圖3-3-5）本研究將依上述的觀念來建構創意敘述句寫作教學的模式，包括敘述句的界定及其類型、創意敘述句的樣態與開展方向與創意敘述句的教學策略與教學活動設計；　創意敘述段寫作教學的模式，包括敘述段的構成依據、創意敘述段的累積效果與創意敘述段的教學策略與教學活動設計；創意敘述篇寫作教學的模式，包括敘述篇的結構、創意敘述篇的趨時展演和創意敘述篇的教學策略與教學活動設計；以及創意敘述書寫作教學的模式，包括敘述書的型態、創意敘述書的收攝情況、創意敘述書的指標與突破途徑與創意敘述書的教學策略與教學活動設計等四種創意敘述文的寫作教學模式。

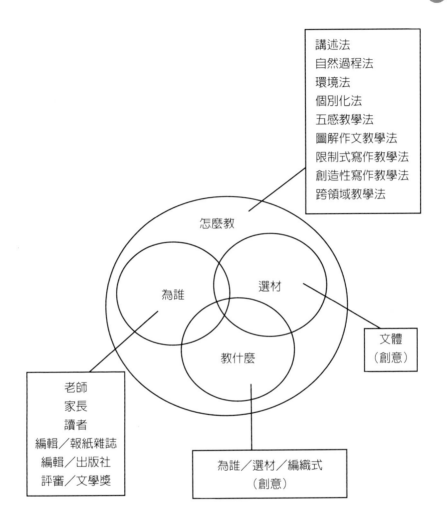

圖 3-3-5 編織式創意記敘文寫作教學／怎麼教

（改自周慶華，2011：67）

第四章　創意敘述句寫作教學的模式

第一節　敘述句的界定及其型態

　　詞是最小的造句單位，能夠獨立運用，具有一定的語音與語義。句子是語言的使用單位，一個詞，一個短語，或是一個具有各種句子成分的完整結構，只要能表達一個相對完整的意義，都可算是句子。句子是詞語按照一定的排列組合而成的，通常有名詞和動詞就可以組成一個最簡單的完整句子。從基本句子可以發展出較複雜的句式，能夠提升語句的修辭效果，並增加語義上的清晰度。

　　說到句子，通常都會先講到句型；說到句子教學，也會先想到句型教學。傳統上，句子的分類方式是由語法的角度出發，把句子分為兩類：一類是從句子的功能來分類；一類是從句子的結構來分類。

　　句子從功能分類，也就是以作用和語氣來分，可以分成陳述句、疑問句、祈使句、感嘆句。（程祥徽、田小琳，1992：333-338）陳述句是用陳述語氣來述說事情的句子，如：「冬天來了。」「這是一隻螳螂。」疑問句是提出問題，表示疑問語氣的句子，句末會用問號，例如：「明天會下雨嗎？」「你好嗎？」祈使句是表示要求、命令或禁止等語氣的句子，句末會用驚嘆號，如：「快來！」「別動！」感嘆句是抒發強烈感情，表示感嘆語氣的句子，句末會用驚嘆號，如：「好美呀！」「太好了！」

　　句子從結構來分，可分為單句和複句。單句就結構來說，可分為主謂句和非主謂句和省略句。（程祥徽、田小琳，1992：313-320）主謂句是由主謂詞組構成的句子，例如：「他把車開走了。」主謂句則有

部分省略，如：「多美的花啊！」「起立！」「敬禮！」複句是由兩個或兩個以上意義和結構密切關聯的單句所組成，合起來就構成一個比較複雜的句子。複句主要有以下幾種類型（程祥徽、田小琳，1992：362-367；朱成器：172-184）：

（一）**並列複句**

幾個分句分別陳述相關而又並列的幾種事物，或是同一事物的幾個方面，句型為「又……又……」或「一邊……一邊」。例如：「看到他調皮的模樣，我又開心，又生氣。」

（二）**連貫複句**

幾個分句按照時間順序，說出連續發生的動作或出現的事物。在前面分句中常用「先」、「首先」；在後面分句中常用「然後」、「就」。例如：「媽媽要我先把功課寫完，然後再出去玩。」

（三）**遞進複句**

後面分句述說的意思比前面分句更進一層。前面分句常用「不但」、「不僅」；後面分句常用「而且」、「也」、「更」。例如：「哥哥不但功課好，而且還是學校的籃球校隊呢！」

（四）**選擇複句**

幾個分句分別說出幾件事情，表示從其中選擇一件，句型為「或……或……」或「是……還是……」或「不是……就是」。例如：「春天是坐車來的，還是走路來的？」

（五）**總分複句**

有的是分句先分述，後總結；也有的是分句先總起，後分述。這種複句至少有三個分句。例如：「班上的同學分為兩種：一種是努力進取的；一種是敷衍應付的。」

（六）**因果複句**

由前後兩個分句組成，前面的分句說明原因；後面的分句說明結果，常用「因為……所以……」、「由於……因此……」。例如：「因為他感冒了，所以沒來上學。」

（七）轉折複句

後面分句與前面分句的意思相反或相對，不是順著意思說，中間有一個轉折，句型為「雖然……但……」。例如：「他的個子雖然很小，但力氣很大。」

（八）條件複句

前面分句提出條件；後面分句顯示結果，句型為「只要……就……」。例如：「小寶寶只要肚子一餓，就會馬上大哭。」

（九）讓步複句

前面分句作出讓步，承認某種事實；後面分句從相反的方向說出正面的意思。前面分句常用「儘管」、「即使」、「哪怕」；後面分句常用「也」、「都」。例如：「即使風雨再大，我也要去上學。」

（十）目的複句

前面分句敘述一種動作行為；後面分句說明這種動作行為的目的。常用「以免」、「免得」。例如：「最好把這件事情處理妥當，以免夜長夢多。」

（十一）多重複句

有些複句是由三個或三個以上的分句組成，有兩個或兩個以上的層次，如「不但……也……」是遞進複句，再接上「因此……」。例如：「他不但有禮貌，做事也認真負責，因此當選班上的模範生。」

在目前的教學現況，教材編寫及教學者在討論句型時，常常從語法的角度來思考，把大量的語料整理歸納後，而建立出這些句型。但是從使用語言者的角度來說，使用該國國語的人，語法早已根深蒂固的存在使用者的腦海中，很少會發生語法錯誤的現象。了解句型和句式可以了解句子的構造，適合學生在國語課本或習作中分析練習，像上面所列的複句句型就常出現在小學的國語習作；句型練習也適用於學習華語的外國人，學習一種陌生的語言的確需要依照公式作特定的練習。但是在進行思考性的句型教學時，如果只是從語法研究的角度

來看，是不夠周延的。對兒童來說，兒童可以不懂句法，仍能表達出正確的句子，也能使用正確的句子；尤其在表達自我想法或寫作時，如果一定要講究用單句或複句來表達，或是一定要套用某一種形式的複句，恐怕是比較困難。學生心中沒有如此的情境，沒有相對適合的內容，硬要用單句或複句寫文章，容易流於形式，造成文章上下文不通順，讀來一定不自然。因此，在談到敘述句時，從文體來分類是比較合宜的。

在第一章第三節的文體系統圖中，文體可分為抒情性、敘事性及說理性三種。抒情性講的是情感和情緒，重在抒發個人的感情；敘事性說的是事件和故事，著重於事實傳神的表達；說理性談的是觀念和思想，則是表達個人的思想觀點及見解，並提出客觀的據證據和理由，使人信服。敘述句是敘述事件的句子，和說理句、抒情句不一樣，所有的句子都不出這三種情況。

在張愛玲的短篇小說《紅玫瑰與白玫瑰》中有一段文字，把男主角振保複雜的情緒描寫得出神入化：

> 振保覺得她完全被打敗了，得意之極，立在那裡無聲的笑著，靜靜的笑從他眼裡流出來，像眼淚似的流了一臉。（張愛玲，1991：79）

男主角雖然臉上帶著笑，但並不是真的高興，笑容的背後隱藏的是深深的悲哀。在整句話裡沒有難過、悲哀之類的字眼，但是濃烈的情緒卻從字裡行間表露無遺。這是抒情句。

說理句表達的是觀念和思想。如證嚴法師《靜思語錄》記錄的就是證嚴法師的思想，有教化的功用。像是：

> 願要大，志要堅，氣要柔，心要細。（釋證嚴，1989：23）

敘述句是敘述事件的句子，是文章中最被廣泛運用的，不論描寫人物、記述事件或是描繪風景，都要用到敘述句。在《漢聲精選世界

成長文學》叢書中的《通往泰瑞比西亞的橋》一書，有一段形容房子老舊狀況的有趣敘述，是用很簡潔的文字描述事物的狀態，卻給人生動而鮮活的意象：

> 這房子已經很老舊了，只要腳掌一踏上地板，地板就會喊痛似地，嘰嘰嘎嘎亂叫。（Katherine Paterson 著、漢聲出版社譯，1998：18）

　　敘述是對人物的活動、事件的發展、景物的變換所作的交代和說明，可以反映人物或事件的概況，串連故事的片斷以形成一個完整的故事，或對日常生活及自然風景的描述。把敘述句作分類，可分為兩類：一類是故事式的敘述句；一類是情節式的敘述句。在 Edward M. Forster 的《小說面面觀》書中說到：「我們對故事下的定義是按照時間順序安排的事件的敘述。情節也是事件的敘述，重點在因果關係上。『國王死了，王后也死了。』是故事。『國王死了，王后也傷心而死。』則是情節。在情節中時間順序仍然保有，但已為因果關係所掩蓋。又『王后死了，原因不明，後來才發現她是死於對國王之死的悲傷過度。』這也是情節，中間加了神秘氣氛，有再作發展的可能。這句話將時間順序懸而不提，在有限的情形下跟故事分開。對於王后之死這件事，如果我們問：『然後呢？』這是故事；如果我們問：『為什麼？』就是情節。」（E. M. Forster 著、李文彬譯，1993：75-76）在以兒童為對象的作文教學上，我們不以語法的句型句式為重點，而以有無因果關係的事件作標準，無因果關係的是故事式的敘述句，有因果關係的情節是情節式的敘述句，敘述句的類型就是這樣。

　　以琦君的〈髻〉一文為例，在同一段落中，「從那以後，我就墊著矮凳替母親梳頭，梳那最簡單的鮑魚頭。」（琦君，2007：178）是故事式的敘述句；「我手中捏著母親的頭髮，一綹綹地梳理，可是我已懂得，一把小小黃楊木梳，再也理不清母親心中的愁緒。」（同上）則是情節式的敘述句。

　　一個故事至少有一個事件，至多無限，故事可以一直編下去，就
會有無限個事件。句子最少是一個事件，到段的時候，已經有前後因
果關係。一段一定有情節，所以不是有情節出來的才是敘述句。

　　以佛斯特所舉的國王與王后的例子來說，「國王死了，王后也死了」
是兩個事件，是兩個敘述句，沒有因果關係，是故事式的敘述句。我
們可以再加「國王死了，王后也死了，王宮大亂」三個事件。因此，
可以有因果關係：「國王死了，王后也傷心而死，群龍無首，造成王宮
大亂」，這就是情節式的敘述句。情節式的敘述句一旦出現後，可能構
成一段，以致敘述句和敘述段會有交集。同樣的，敘述段和敘述篇也
會有交集；敘述篇和敘述書也會有交集。

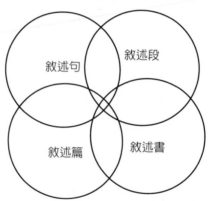

圖 4-1-1　敘述句、敘述段、敘述篇與敘述書交集圖

　　敘述句所見的兩類，到了情節式的敘述句時，就能成段，而敘述
句和敘述段也就有所交集。但是一段會有好幾個情節式的敘述句，因
此敘述句的類型就不能只分這兩類，還要把文體放進去。也就是分多
少文體，就會有加兩倍的類型。以致有神話的故事式的敘述句，神話
的情節式的敘述句；傳說的故事式的敘述句，傳說的情節式的敘述句；
敘事詩的故事式的敘述句，敘事詩的情節式的敘述句；史詩的故事式
的敘述句，史詩的情節式的敘述句；傳記的故事式的敘述句，傳記的

情節式的敘述句；敘事散文的故事式的敘述句，敘事散文的情節式的
敘述句；故事的故事式的敘述句，故事的情節式的敘述句；小說的故
事式的敘述句，小說的情節式的敘述句；少年小說的故事式的敘述句，
少年小說的情節式的敘述句；戲劇的故事式的敘述句，戲劇的情節式
的敘述句；兒童戲劇的故事式的敘述句，兒童戲劇的情節式的敘述句；
網路小說的故事式的敘述句，網路小說的情節式的敘述句；網路戲劇
的故事式的敘述句，網路戲劇的的情節式的敘述句；童話的故事式的
敘述句，童話的情節式的敘述句等。

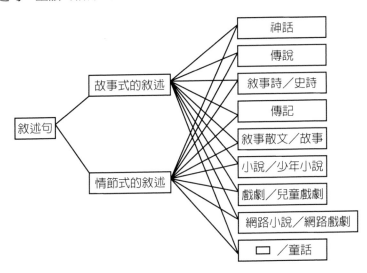

圖 4-1-2　文體敘述句的類型

　　中國有名的傳奇故事《封神傳》，在描寫武王伐紂時姜子牙封神的
故事，說到哪吒出生「這小孩兒長得很好看，手腕上套著一個金鐲，
肚皮上圍著一塊紅綾。」（朱傳譽改寫，2003：44）是傳說的故事式的
敘述句；說到哪吒大鬧水晶宮「因為天太熱，到了九灣河，他便把肚
皮上的七尺渾天綾解下來，放在水裡，蘸水洗澡。」（同上，45）則是
傳說的情節式的敘述句。

　　在《希臘神話》中提到了雅典娜,雅典娜是宙斯與精靈美諦斯的女兒,有不同尋常的才華,同時也有倔強的脾氣「她集力氣與智慧、思慮與正義於一身,她也被看成是藝術的保護者,文化與繪畫的創始者。此外,她在刺繡與編織方面,也是才華蓋世的」(趙震譯,1977:29)是神話的故事式的敘述句;「出身於留第亞的女人阿拉克妮卻自認並不比雅典娜差,所以提議要與她比個高下,這種不自量力的提議,使得雅典娜大為生氣,遂把阿拉克妮剛完成的作品撕成碎片,還把這位可憐的織布女郎變成一隻卑賤的蜘蛛」(同上,30)是神話的情節式的敘述句。

　　在《伊利亞特》第十一卷寫到戰爭的情景,特洛亞人由將領帶領,準備打仗,說到將領赫克托爾,「手持等徑圓盾站在最前列……他一身銅裝,猶如堤大頓的父宙斯的閃電」(Homer 著,羅念生、王煥生譯,2000:291),是史詩的故事式的敘述句;「有如兩隊割禾人互相相向而進,在一家富人的小麥地或大麥地裡奮力割禾,一束束禾桿毗連倒地,特洛亞人和阿開奧斯人當時也這樣臨面衝殺到一起,沒有人轉念逃逸」(同上,291),則是史詩的情節式的敘述句。

　　在《海倫凱勒傳》中,描述到海倫・凱勒第一次遇到蘇利文老師的情景,在同一段中「這一天是 1887 年 3 月 3 日,海倫生命中一個重要的轉捩點」(海倫・凱勒著、曾小瑩改寫,1993:45),是傳記的故事式的敘述句;「蘇利文小姐有如一把神奇的鑰匙,開啟了海倫封閉的心靈,帶領她踏出探索世界的第一步」(同上),是傳記的情節式的敘述句。

　　隱地在〈潮水〉一文中,說到父親工作不順遂,一直等待成功的潮水到來的一天「我不等回音,更不期待機會」(林海音等著,1986:101),是敘事散文的故事式的敘述句;「他一生都在等回音,他寫了無數的信出去,他當然更等著漲潮的一日」(同上),則是敘事散文的情節式的敘述句。

　　在紐伯瑞大獎系列的《我叫巴德，不叫巴弟》書中說到小孩在寄養家庭受到的待遇「六歲大的時候，大人會覺得你不再是一個可愛的小孩，他們會跟你講話，希望你了解他們所說的每一件事。如果你不想找麻煩的話，你最好聽得懂他們說的一切」（Christopher P.Curtis 著，甄晏譯，2006：19），是少年小說的故事式的敘述句；「因為這時候，大人就不會再輕輕拍你、哄你，他們會猛地跳到你面前賞你一拳，讓你大白天就看見星光閃爍」（同上），是少年小說的情節式的敘述句。

　　藤井樹在網路小說《六弄咖啡館》寫到：「冬天裡，我的臉色總會比較白，大概是太陽只剩下照明功能的關係，鏡子裡我的臉色一整個像鬼」（吳子雲的橙色九月，2011），是網路小說的故事式的敘述句；「我不知道對於李心蕊喜歡上她學長的這件事情，我到底是不是還在難過，坦白說我有一種知道答案了，一切都明朗了的感覺，只是偶爾想起以前跟李心蕊在一起的點點滴滴，會有種酸楚在心底深處慢慢韻開」（同上），則是網路小說的情節式的敘述句。

　　莎士比亞是 16 世紀後半頁到 17 世紀初為英國最著名的戲劇家和詩人，創作了許多膾炙人口的傑出鉅作。在《哈姆雷特》的第一幕第二景，哈姆雷特的一段話中「脆弱，你的名字就叫做女人」（莎士比亞著、梁實秋譯，1999：39），是戲劇的故事式的敘述句；「她竟嫁給了我的叔叔，他是我父親的兄弟，但是毫不和我父親相像，如我之不與赫鳩里斯相像一般」（同上），則是戲劇的情節式的敘述句。

　　神話、傳說、敘事詩、史詩、傳記、敘事散文、故事、小說、少年小說、戲劇、兒童戲劇、網路小說、網路戲劇、童話等，這些是現在已出現的敘事性文體；如果再出現新創的敘事性文體，則敘述句的類型可以依此類推再增加，就會有更多類型的敘述句。

第二節　創意敘述句的樣態與開展方向

　　我在前面給創意作了兩類界定：一類是無中生有；一類是製造差異。製造差異，又分為水平思考和逆向思考。創意就是要加在這些地方。所以創意敘述句有：無中生有的神話的故事式的敘述句，無中生有的神話的情節式的敘述句，水平思考的神話的故事式的敘述句，水平思考的神話的情節式的敘述句，逆向思考的神話的故事式的敘述句，逆向思考的神話的情節式的敘述句；無中生有的傳說的故事式的敘述句，無中生有的傳說的情節式的敘述句，水平思考的傳說的故事式的敘述句，水平思考的傳說的情節式的敘述句，逆向思考的傳說的故事式的敘述句，逆向思考的傳說的情節式的敘述句；無中生有的敘事詩的故事式的敘述句，無中生有的敘事詩的情節式的敘述句，水平思考的敘事詩的故事式的敘述句，水平思考的敘事詩的情節式的敘述句，逆向思考的敘事詩的故事式的敘述句，逆向思考的敘事詩的情節式的敘述句；無中生有的史詩的故事式的敘述句，無中生有的史詩的情節式的敘述句，水平思考的史詩的故事式的敘述句，水平思考的史詩的情節式的敘述句，逆向思考的史詩的故事式的敘述句，逆向思考的史詩的情節式的敘述句；無中生有的傳記的故事式的敘述句，無中生有的傳記的情節式的敘述句，水平思考的傳記的故事式的敘述句，水平思考的傳記的情節式的敘述句，逆向思考的傳記的故事式的敘述句，逆向思考的傳記的情節式的敘述句；無中生有的敘事散文的故事式的敘述句，無中生有的敘事散文的情節式的敘述句，水平思考的敘事散文的故事式的敘述句，水平思考的敘事散文的情節式的敘述句，逆向思考的敘事散文的故事式的敘述句，逆向思考的敘事散文的情節式的敘述句；無中生有的故事的故事式的敘述句，無中生有的故事的

情節式的敘述句，水平思考的故事的故事式的敘述句，水平思考的故事的情節式的敘述句，逆向思考的故事的故事式的敘述句，逆向思考的故事的情節式的敘述句；無中生有的小說的故事式的敘述句，無中生有的小說的情節式的敘述句，水平思考的小說的故事式的敘述句，水平思考的小說的情節式的敘述句，逆向思考的小說的故事式的敘述句，逆向思考的小說的情節式的敘述句；無中生有的少年小說的故事式的敘述句，無中生有的少年小說的情節式的敘述句，水平思考的少年小說的故事式的敘述句，水平思考的少年小說的情節式的敘述句，逆向思考的少年小說的故事式的敘述句，逆向思考的少年小說的情節式的敘述句；無中生有的戲劇的故事式的敘述句，無中生有的戲劇的情節式的敘述句，水平思考的戲劇的故事式的敘述句，水平思考的戲劇的情節式的敘述句，逆向思考的戲劇的故事式的敘述句，逆向思考的戲劇的情節式的敘述句；無中生有的兒童戲劇的故事式的敘述句，無中生有的兒童戲劇的情節式的敘述句，水平思考的兒童戲劇的故事式的敘述句，水平思考的兒童戲劇的情節式的敘述句，逆向思考的兒童戲劇的故事式的敘述句，逆向思考的兒童戲劇的情節式的敘述句；無中生有的網路小說的故事式的敘述句，無中生有的網路小說的情節式的敘述句，水平思考的網路小說的故事式的敘述句，水平思考的網路小說的情節式的敘述句，逆向思考的網路小說的故事式的敘述句，逆向思考的網路小說的情節式的敘述句；無中生有的網路戲劇的故事式的敘述句，無中生有的網路戲劇的情節式的敘述句，水平思考的網路戲劇的故事式的敘述句，水平思考的網路戲劇的情節式的敘述句，逆向思考的網路戲劇的故事式的敘述句，逆向思考的網路戲劇的情節式的敘述句；無中生有的童話的故事式的敘述句，無中生有的童話的情節式的敘述句，水平思考的童話的故事式的敘述句，水平思考的童話的情節式的敘述句，逆向思考的童話的故事式的敘述句，逆向思考的童話的情節式的敘述句。圖示如下：

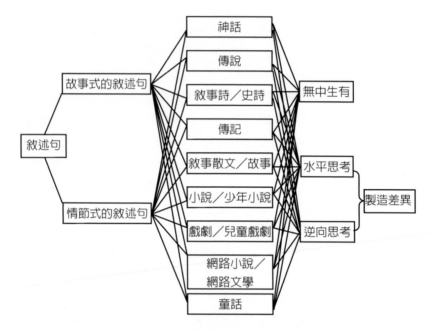

圖 4-2-1　文體與創意敘述句的類型

　　希臘神話中說到一位米達斯王，他的母親是女神庫柏勒，米達斯王有王者的高貴風采，但他並不是特別聰明，在希臘神話是這麼形容他的，「由於父祖的庇蔭，米達斯王確乎是有財有勢，但是腦筋裡倒不見得有多麼豐厚的遺產」（趙震譯，1977：79），說到腦筋不太好或迷迷糊糊的人，通常會用少根筋或不聰明之類負面的語詞形容。這句話一方面說到他的出身高貴，一方面又諷刺他腦筋不太優秀，沒有負面的形容詞，卻有詼諧的效果，製造了對比的差異，是逆向思考的神話的故事式的敘述句。

　　談論到玩文字遊戲的人，我們通常會用油嘴滑舌、說話反覆來形容，莎士比亞在戲劇《第十二夜》第三幕第一景說到拿文字作遊戲的人，是「聰明的人可以把一句話的意思顛倒得像山羊皮手套一樣，多麼快的就可以把裡面翻到外面」（莎士比亞著、梁實秋譯，1999：99），

說話顛倒反覆讓人不喜歡，甚至讓人討厭。把說話反覆形容成迅速的把手套從裡面翻到外面，真是貼切，不由得讓人會心一笑。《第十二夜》是莎士比亞的浪漫喜劇作品，用這種特別又有趣的形容方式更能符合喜劇的氛圍，是水平思考的戲劇的故事式的敘述句。

在《伊利亞特》第十七卷說到兩軍為了爭奪帕特羅克洛斯的遺體，在戰場上鏖戰盛大的場面，「特洛亞人由赫克托爾率領蜂擁衝來，有如由宙斯獲得河水的河流出口，巨大的海浪臨面撞擊湍急的水流，兩岸的懸崖回應著奔騰的大海的咆哮，特洛亞人也這樣猛撲過來一片喧囂」（Homer 著，羅念生、王煥生譯，2000：458）。在早期，神話和宗教是分不開的，神話可說是一種宗教哲學，是對於自然的恐懼、讚美或好奇而產生的，一個神話是一個故事、一篇敘述或一首詩，是人類發揮幻想力的創作。荷馬的史詩結合了神話與自然的力量，將軍隊用河流來形容，且是來自於宙斯的強大力量，兩軍的對峙如同海浪與懸崖的撞擊，是水平思考的史詩的情節式的敘述句。

張愛玲在〈公寓生活記趣〉一文中寫到屋頂花園有孩子溜冰，她是這麼形容的「興致高的時候，從早到晚在我們頭上咕滋咕滋銼過來又銼過去，像瓷器的摩擦，又像睡熟的人在那裡磨牙，聽得我們一粒粒牙齒在牙仁裡發酸如同青石榴的子，剔一剔便會掉下來」（張愛玲，1995：31），溜冰鞋的輪子和地板摩擦之後，再透過公寓建築奇糟無比的隔音效果無限放大，其可怕的程度可以想像。張愛玲形容溜冰的聲音像是摩擦瓷器、磨牙，又像是牙齒發了酸幾乎要掉了，從具體到抽象，是水平思考的敘事散文的故事式的敘述句；而把這不甚令人開心的事起了公寓生活記趣這樣的題目，則是逆向思考的想法。

在村上春樹所寫的《挪威的森林》有更多的例子。形容疲累，是這麼寫的，「只是我現在有點累而已，累得像被雨淋濕的猴子一樣」（村上春樹著，賴明珠譯，1997：81）；說到意識不清楚，是「意識非常鬆弛緩慢，像黑暗植物的根一樣水腫」（同上，320）；形容髮型好看，像是「有全世界森林裡的樹全部倒下那麼棒」（同上，335）；說到喜歡一

個人，就像是「全世界叢林裡的老虎全部溶解成奶油那麼喜歡」（同上，342）；在打電話時，電話那頭的人沉默不說話，「簡直像全世界的細雨正降臨在全世界的草地上一般，那樣的沉默繼續著」（同上，378）；這些句子讀來怪異而奇妙，讓人意料不到，卻又饒富新意，充滿趣味，是無中生有的小說的故事式的敘述句。

在《通往泰瑞比西亞的橋》書中，形容跑步後發熱的感覺，「儘管早晨的空氣還是涼颼颼的，但只要等他跑上一圈以後，全身就會熱得像鍋子裡直冒泡的油一樣」（Katherine Paterson 著、漢生雜誌社譯，1989：17）；形容媽媽的起床氣則是「這時候如果把媽媽吵醒，她一定會氣得像關在玻璃罐裡的蒼蠅一樣，瘋狂地亂叫，她最討厭一大早被人吵醒」（同上）。有趣的形容能開展想像空間，更有身歷其境的感覺，是水平思考的少年小說的故事式的敘述句。

根據這個架構，有興趣的人可以找例子來填充。而在我的脈絡裡，因為受限於體例及全部舉例太繁瑣，僅隨機舉例來印證說明。

創意敘述句的類型可分成無中生有、水平思考和逆向思考三大類，其中以無中生有是最具創意的，但難度也是最高，最不容易判斷是否是無中生有。因此，無中生有的這種創意可懸在最高位置，當作努力的目標。不過真正寫作的時候很困難，原則上是要有這一類的，但實際上沒辦法去教，因為我們認為是無中生有，但別人可能不認為是無中生有；或者我們認為是無中生有，別人已經早有這個創意，容易造成學習者遭受打擊及挫折感，所以不特別強調這一部分。因此，在開展上無中生有就不積極去追求。剩下的是水平思考和逆向思考的製造差異。逆向思考的創意性是最夠的，比較容易，從反方向思考再加上有建設性就完成了。所以整體開展方向會朝向逆向思考的製造差異式的創意，因為在製造差異上可以很明顯對比出來，而且操作容易。在現實中，也有很多是逆向思考式的創意，像是在寺廟裡賣梳子，生產失敗黏性不夠的膠帶拿來作可隨貼隨撕的隨意貼，都是發揮創意，打破人們固著的想法，把不可能變成可能，把失敗轉為成功的創意表

現。創意敘述句在理論上樣態很多，但要進行開展就必須有所選擇；何況是教學，對象是學生，更應要選擇有利的、容易發揮的部分加以練習，才能啟發更多更好的創意。

第三節　創意敘述句的教學策略與教學活動設計

　　文體大致可以分為三類：抒情性的文體、敘事性的文體和說理性的文體。在寫作任何一種文體時，都會運用到記敘文的寫作手法，是使用最廣泛的一種文體，可說是寫作的基礎。因此，在提升學童的寫作能力時，選擇敘述性文體為練習的對象。文章結構是由字、句、章、篇組合而成，在習寫文章時，以句為基礎，句句相接成段，段段相貫成篇，篇篇相扣成書，以故事為經線，情節為緯線，形成編織式的寫作教學。在進行創意記敘文寫作教學時，可以有以下幾個策略。

　　第一個策略是文體的選擇。敘述性文體可分為神話、傳說、敘事詩、史詩、傳記、敘事散文、故事、小說、少年小說、戲劇、兒童戲劇、網路小說、網路戲劇和童話。帶有神化性的故事，我們稱為「神話故事」，神話本身是關於世界和人的起源，星辰的運行，植物、天氣、日月蝕、風景的環境，火的發現，有用公益的發明，死的奧秘等；傳說是口頭或文學的傳統，述說昔日真實的人的興衰或描寫據說是在真實地方發生過的人類或非人類的事蹟。（蔡炳良譯，1990：3）神話和傳說這兩類沒有辦法創新，因為這兩類都是轉述，除非原有的傳說裡面有一些創意表現，所以基本上沒有辦法教導別人創作出創意的神話或傳說，因為這是從古到今流傳下來的，代代相傳。換句話說，我們可以用神話和傳說來舉例，但不會用來教學，無法教學習者來創作，因為神話和傳說是無法創新的。

　　敘事詩特別是指西方的史詩，歐洲文學起源於古希臘時代，荷馬史詩是這一源頭。在西元前八、九世紀，出現一個吟遊詩人荷馬，荷馬史詩的內容非常豐富，廣泛的反映了古希臘時代的經濟、政治、軍事、文化各方面的情形，以及當時人們的生活、鬥爭和思想感情，在西方古典文學站著最高的位置，從西元前八世紀開始，就被公認為文學作品的楷模。《伊利亞特》和《奧德賽》是希臘敘事詩的最高成就，這兩部史詩時間跨度長達十年，但詩人荷馬只截取幾十天發生的事，重點又只在某幾天，寫法都是一個情節，一個主要人物，一個中心。以點帶面的結構，使得史詩繁而不亂，在任何文學中都沒有能超越它或與其相提並論的詩，但現在這種文體已經不再創作。西方的史詩是指從古希臘到後來的文人史詩，現在已經不流行，也沒有創作的需求。這一類除非裡面有一些創意表現可以當作例子以外，也不必取來教學。

　　在敘述性文體中，神話和傳說只能轉述，沒有辦法創新，所以不教；敘事詩已經過時，沒有人在寫作了，所以也不教；傳記因為兒童年紀還小，沒有什麼可記的，受記實觀念的影響，很難有創意表現，也不可能教別人寫一篇基進的傳記，所以也排除不教。剩下的是敘事散文、小說、戲劇、網路小說、網路戲劇、生活故事、少年小說、兒童戲劇和童話。敘事性文體可分解成「故事」和「敘述」兩方面，故事和敘述一體呈現，故事包含的是題材和思想情感，敘述則是使用的技巧，故事也是事件組合的過程，情節加上事件就是故事。敘事散文是以寫人記事為主的散文，主要是透過對人物或事件的描述，來表達作者對生活的認識和感受。也就是說，敘事散文所要傳達的思想情感是隱藏於「事」中，讀者要經由對這件「事」的理解來了解領會。（周慶華，2004b：122）其中敘事散文跟兒童生活故事在敘述句和敘述段的部分可以極盡的自由聯想，寫出自身的感受和想法，但敘事散文跟兒童生活故事受限於自歷或親聞，在整體上的創意表現比較不容易發揮，因為如果用逆向思考來寫的話，會和現實生活情況不一樣，等於是寫虛擬想像的小說，因此敘事散文跟兒童生活故事可以創新，但有一定程度的限制。

　　在成人文學世界，文學作品可分為：詩、散文、小說和戲劇四大類。成人小說是為成人讀者所寫作。林良認為從兒童文學的觀點，少年小說的讀者是少年，為少年而寫的作品就是少年小說（張子樟等著、馬景賢主編，1996：10-15），其類型像是辨認善惡、體驗愛情、經歷考驗、友情試煉、戰爭洗禮、死亡威脅、面對恐懼、克服恐懼、環保與自然生態，歷史尋根，人性折射、愛的尋覓，甚至科幻（同上，33-40）；內容可以是自歷聽聞，也可虛構，可說包羅萬象，變幻莫測，因此可以極盡變化的創新。（周慶華，2004b：174）戲劇除了是敘事性文體之外，還可以融匯歌謠、詩、散文，並實際與舞臺、演員及觀眾結合，可說是一種綜合藝術；雖然戲劇不是單純的敘事性文體，但其「明朗」的故事情節能夠讓兒童直接感受且實際表演，因此可透過創作性兒童戲劇，引導孩子們思考、想像並釐清想法，進而幫助他們用自己的語言和動作來表達並勾繪出他們的內心世界。（同上，210-211）童話的起源眾說紛紜，有些人認為童話最早是民間文學，和神話、傳說密不可分，這些有濃烈幻想色彩的虛構故事轉變而成為現代童話的原始材料；在中國或日本所說的童話是跟兒童有關的故事，在西方則多是幻想的故事，包含了 Fairy Tale（神話或傳說故事）、Fantasy Tale（幻想故事）和 Fable（寓言），內容有豐富的想像和多變的情節，且常常以擬人手法表現（同上，134；洪汎濤，1989：39）；這些兒童所能理解的擬人且帶有奇幻色彩的故事範疇，留有許多創新的空間可容發揮。在網路小說方面，人類的閱讀和出版方式在運用電腦網路前就已經有多向文本的觀念，當多向文本運用在多向書寫小說時，由於和媒體高度的融合，可以串接不同的文本、圖畫、影片和多媒體結構，小說家把單純的科技語言形式，轉變為小說的敘事，或是鑲嵌了文字、美術、音樂與電影的符號，形成了跨媒體互文的新美學型態，能包含同時期與不同時期的引文、文化語言、典故、迴響的多重交織，甚至以跨媒介互文的形式融入，把紙本印刷小說單一論述的概念打破，小說可以連接網路，時空向度無限的擴張、繁衍，是利用電腦「斷裂」、「交錯

連結」、「非線」、「多向」等特質，形成不同以往的印刷小說（須文蔚，2003：77-103），這也是敘述性文體未來發展的方向。至於網路戲劇，因為還不成氣候，創作的人也少，所以可以不計。因此，我們要教創意的記敘文寫作，除了敘事散文跟兒童生活故事可以有某一程度的創新，剩下的就是小說、戲劇和網路小說、少年小說、兒童戲劇、童話六類。這幾類可以極盡的創新，因為這幾類都是可以虛構的。

第二個策略是敘述句的類型。選了文體之後，接下來要教兩種敘述句，一種是故事式的敘述句，一種是情節式的敘述句。由於教學的對象是兒童，因此選擇的文類以兒童為主，所要教的敘述句的類型就有敘事散文的故事式的敘述句、敘事散文的情節式的敘述句、兒童生活故事的故事式的敘述句、兒童生活故事的情節式的敘述句、少年小說的故事式的敘述句、少年小說的情節式的敘述句、兒童戲劇的故事式的敘述句、兒童戲劇的情節式的敘述句、童話的故事式的敘述句和童話的情節式的敘述句。

第三個策略是教哪一類的創意敘述句。創意可分為三類，有無中生有、水平思考和逆向思考。無中生有最具創意，但難度也最高，不容易判斷是否是無中生有，在教學時是有困難的，因此不特別強調這一部分。水平思考和逆向思考都能製造差異，水平思考就是聯想力，從少數意念或問題出發，往各種可能的方向自由聯想，從一個創意聯想到另一個創意，讓內心的想法沒有節制的自由流露；而當水平思考從反方向思考再加上有建設性，跳躍到完全沒想到的思考方向，就是逆向思考。因此，在教學上，除了無中生有和水平思考的概念外，最積極要教的是逆向思考的少年小說的故事式的敘述句、逆向思考的少年小說的情節式的敘述句、逆向思考的兒童戲劇的故事式的敘述句、逆向思考的兒童戲劇的情節式的敘述句、逆向思考的童話的故事式的敘述句及逆向思考的童話的情節式的敘述句。如圖所示：

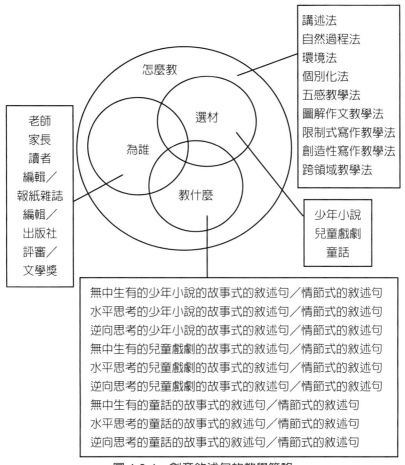

圖 4-3-1 創意敘述句的教學策略

（改自周慶華，2011：67）

確定了創意敘述句的教學策略後，接著就是教學活動的安排。在選材上，可以選擇的有少年小說、兒童戲劇和童話；由於剛開始接觸新的觀念和想法，所以在選材上可以選擇學生比較喜歡的「食物」為主題來進行教學活動。在教法方面，以講述法帶入無中生有、水平思考及逆向思考三種創意的觀念，接著舉出實例以討論法作腦力激盪。

學生對創意有了基本的概念後，發下事先準備好的特殊口感的食物以進行感官教學。這些食物最好有不同的形狀、味道和口感，才能在體驗過程中明顯區分出來。以本次為例，準備的食物有酸 Q 水果口味糖豆、酸 Q 可樂口味糖條、香草口味棉花糖、辣海苔片和棒棒冰，並不是每個人都吃過的食物，外觀上也完全不同。一開始最好是酸味，接著是甜味，才能更明確的感受到酸甜的對比。吃完辣的再吃冰的，才能夠強烈的體會到辣味舒緩的感受。在品嚐的過程中，不斷的詢問學生吃起來感覺像什麼。在發給食物時，每個人拿到的不盡相同，當同學發表時，有些人會覺得「沒錯，我的感覺和他一樣」，但也有人覺得「奇怪，我吃的東西完全不是那樣」，而更用心的感受。敘述句分兩類，一類是故事式敘述句，一類是情節式敘述句，但要完全用故事式敘述句或完全用情節式敘述句表達，對初學者來說並不容易，因此設計教學活動時，以激發創意為重，是創意的故事式敘述句或是創意的情節式敘述句，待寫作完成之後，共同分享時再作分類較為適合：

表 4-3-1　創意的敘述句教學活動設計

單元設計	創意的敘述句教學	教學對象	五年級普通班
設計者	瞿吟禎	學生人數	31 人
教學時間	80 分鐘	場地	教室
教學目標			
一、能引發對創意的需求。 二、能了解無中生有、水平思考及逆向思考三種創意的觀念。 三、能了解並分別出故事式敘述句及情節式敘述句的不同。 四、能透過感官的親身感受，以口述方式分享感受。 五、能將感受和創意寫成文字。			
教學資源			
沒有創意的日記一篇，無中生有、水平思考及逆向思考三種創意範例 PPT，敘述句的 PPT，電腦，單槍投影機，3M 的隨意貼，木梳一把，《通往泰瑞比西亞的橋》故事書一本，酸 Q 水果口味糖豆，酸 Q 可樂口味糖條，香草口味棉花糖，辣海苔片，棒棒冰，作文簿			

教學活動流程			
教學活動內容	時間	教學目標	教學評量
一、準備活動 （一）教師準備：沒有創意的日記一篇，無中生 　　　有、水平思考及逆向思考三種創意範例 　　　PPT，敘述句的 PPT，電腦，單槍投影機， 　　　3M 的隨意貼，木梳一把，《通往泰瑞比西 　　　亞的橋》故事書一本，酸 Q 水果口味糖豆， 　　　酸 Q 可樂口味糖條，香草口味棉花糖，辣海 　　　苔片，棒棒冰， （二）學生準備：讀過《通往泰瑞比西亞的橋》。			
二、發展活動 （一）活動一：教師口述沒有創意的日記一篇 　　　　　　有一天，小明寫了一篇日記，是這樣寫 　　　的：今天我早上 7 點起床，起床後我就去上 　　　廁所，上完廁所我就刷牙，刷完牙就穿上制 　　　服，然後就去吃早餐，吃完以後就去上學。 　　　到了學校，我就開始上課，上完第一節課就 　　　下課，我就去操場玩，然後上第二節課，到 　　　了下午 4 點放學，我就回家了，今天真是快 　　　樂的一天。 　　　1.教師提問： 　　　（1）大家覺得這篇日記如何？ 　　　　　※很無聊。 　　　　　※就像我平常寫的日記。 　　　（2）為什麼無聊？ 　　　　　※沒有記下什麼特別的事情。 　　　　　※因為每天都是要刷牙、穿衣、吃早 　　　　　　餐，上學，記下每天都一樣的事情， 　　　　　　好像在記流水賬。 　　　（3）這篇日記在最後寫到今天真是快樂的 　　　　　一天，你看得出他為什麼快樂嗎？	5 分	能引發對 創意的需 求。	能仔細聆 聽，回答 老師的問 題。

※看不出來。 ※感覺這個人並沒有值得快樂的地方。 （4）大家覺得怎麼樣的作文才是一篇好的作文？ 　※要有有趣的內容。 　※要記下特別的事情。 　※要有創意。 （5）什麼是創意？ 　※形容事物能用優美詞句去形容。 　※能寫出跟別人不一樣的想法或寫法。 2.教師總結： 　　要寫出有創意的句子才能構成有創意的文章。		
（二）活動二：透過舉例，能了解無中生有、水平思考及逆向思考三種創意的觀念。 1.播放 PPT：3M 便利貼的故事。（詳見第一章第三節） （1）教師提問： 　　　如果你是那位工程師，做出了失敗的作品，你會怎麼做？ 　※很生氣的把膠帶黏成一團當球丟。 　※不黏的膠帶後面再黏一層雙面膠就會黏。 　※告訴老闆自己失敗了。 　※不要說出來就沒人發現。 （2）教師總結： 　　　本來是一個失敗的產品，但重新界定要解決的問題，找出一個全新的、前所未有的用途，就是一種「無中生有」的創意。 2.播放 PPT：廟裡賣木梳。（詳見第三章第	15分	能了解無中生有、水平思考及逆向思考三種創意的觀念。	能動腦回答老師的問題。

　　二節）
（1）教師提問：
　　　　推銷員到廟裡賣木梳，要如何把
　　梳子推銷出去？
　　※賣給和尚的家人。
　　※賣給和尚梳頭可以按摩。
　　※送給有捐錢的香客。
（2）教師總結：
　　　　把寺廟最受歡迎的對聯刻在木梳
　　上，再刻上「吉善梳」三個字，寺廟
　　可以賺錢，是其他推銷員想不到的。
　　把第一個和第二個推銷員作比較，第
　　二個推銷員改變了梳子只能拿來梳頭
　　髮的觀念，「作平常不做的事」是一
　　種逆向思考。第三位推銷員沒有改變
　　梳子的用途，但是轉移了使用梳子的
　　對象，把銷售對象定位在香客，是銷
　　售手法的「獨創性」。第四位推銷員
　　改變了梳子的作用，把梳子定位在紀
　　念品，賦予新的意義，也是推銷產品
　　的「獨創性」。這個故事兼具了「無
　　中生有」和製造差異的「逆向思考」
　　的創意。
3.播放PPT：在《通往泰瑞比西亞的橋》書
　中，兩段關於聲音的例子。
　　　　「這時候如果把媽媽吵醒，她一定會
　　氣得像關在玻璃罐裡的蒼蠅一樣，瘋狂地
　　亂叫，她最討厭一大早被人吵醒」
　　　　「這房子已經很老舊了，只要腳掌一
　　踏上地板，地板就會喊痛似地，嘰嘰嘎嘎
　　亂叫。」
（1）教師提問：
　　　　無中生有和製造差異都能產生創

意。如何製造差異？水平思考是不斷的自由聯想，逆向思考是從反方向思考。在《通往泰瑞比西亞的橋》書中，有兩段關於聲音的例子，請判別出是何種創意。 ※把媽媽的聲音形容是蒼蠅被關在玻璃罐亂叫的聲音是水平思考。 ※地板喊痛似的亂叫是水平思考。 ※對聲音自由的聯想，所以是水平思考。 （2）教師總結： 　　很好。對於創意，我們很難確定什麼是從未出現的，所以很難判定是否無中生有，但是不斷的聯想和從反方向想是比較容易的；從反方向想能夠想出和別人完全不同的想法，如果又能有建設性，又更具創意。		
（三）活動三： 　　介紹故事式的敘述句和情節式的敘述句。 　　舉例：「國王死了，王后也死了」是兩個事件，是兩個敘述句，沒有因果關係，是故事式的敘述句。「國王死了，王后也死了，王宮大亂」是三個事件，有因果關係。「國王死了，王后也傷心而死，群龍無首，造成王宮大亂」，這就是情節式的敘述句。 　　從少年小說《通往泰瑞比西亞的橋》書中舉例，由學生分辨是何種敘述句。 （1）播放 PPT：麥耶太太拿出影印好的數學考卷發下去。傑西偷偷看了柏斯萊一眼。她的臉，低低地垂在考試卷上，脹得紅紅的，樣子非常難看。（p67） ①教師提問：	5分	能了解並分別出故事式敘述句及情節式敘述句的不同。	能動腦回答老師的問題。

　　　　　這一段文字中，有哪些是故事式
　　敘述句？哪些是情節式敘述句？
　　※「麥耶太太拿出影印好的數學考卷
　　　發下去」是故事式敘述句。
　　※「傑西偷偷看了柏斯萊一眼」是故
　　　事式敘述句。
　　※「她的臉，低低地垂在考試卷上，
　　　脹得紅紅的，樣子非常難看」是情
　　　節式敘述句。
（2）播放 PPT：柏斯萊的爸媽都很年輕，
　　都有一口雪白整齊的牙齒，和一頭濃
　　密的頭髮。柏斯萊叫他們茱蒂和比
　　爾，他雖然告訴自己這沒什麼，但還
　　是覺得很怪。當然，柏斯萊要怎樣叫
　　她的父母並不干他的事，不過他就是
　　聽不習慣。（p80）
　①教師提問：
　　　　這一段文字中，有哪些是故事式
　　敘述句？哪些是情節式敘述句？
　　※「柏斯萊的爸媽都很年輕，都有一
　　　口雪白整齊的牙齒，和一頭濃密的
　　　頭髮」是故事式敘述句。
　　※「柏斯萊叫他們茱蒂和比爾，他雖
　　　然告訴自己這沒什麼，但還是覺得
　　　很怪。當然，柏斯萊要怎樣叫她的
　　　父母並不干他的事，不過他就是聽
　　　不習慣」是情節式敘述句。
　②教師總結：
　　　　只有事件，沒有因果關係的就是
　　故事式敘述句。有因果關係的就是情
　　節式敘述句。

（四）活動四：實驗　　　　　　　25分　能透過感　能安靜等
　1.引導：剛才我們學過了創意的觀念，也學　　官的親身　待，仔細

		感受，以	感受，品
過故事式的敘述句和情節式的敘述句的分辨方式。現在我們就來寫創意敘述句。		口述方式分享感受。	嚐之後，說出自己的感受。

過故事式的敘述句和情節式的敘述句的分辨方式。現在我們就來寫創意敘述句。

（1）教師提問：

大家都吃過冰淇淋，我們先想想，冰淇淋的外形像什麼？

※像一個海螺。

※像一坨大便。

※像一個尖塔。

（2）我們再想想，吃下一口冰淇淋，感覺像什麼？

※像吃冰塊。

※像是嘴巴裡的火遇到冰。

※像是一帖興奮劑。

※像是吃了甜甜的冰塊。

（3）請組合成有創意的敘述句。

※吃下一口冰淇淋，好像吃了一坨甜甜的大便。

※在炎熱的夏天吃下冰淇淋，好像來到清涼的海邊。

※吃下一口冰淇淋，好像吃下一帖冰涼的興奮劑。

（4）教師總結：

大家都說得很好。我們如果用逆向思考，夏天的相反是冬天，可以說：「在夏天吃下一口冰淇淋，好像吃進一個甜蜜的冬天。」

2.實際實作：

（1）糖果部分

全班眼睛閉起來，老師發下神秘的食物，一次一種，拿到食物的同學先形容一下食物的觸感，嚐嚐味道，並說出自己的感覺。

教師提問：

吃起來像什麼？ ※摸起來好像水管，咬起來好像在咬橡皮筋，一開始味道很酸，好像是不加糖的檸檬汁，然後就變成可樂的味道。 ※摸起來像是一顆放大的感冒膠囊，咬下去有一層脆脆的殼，味道很酸，酸味之後是草莓的味道，變得很好吃。 ※摸起來很軟，很有彈性，放到嘴裡感覺像一大團雲塞到嘴裡的感覺。 （2）海苔部分 　　大家張開眼睛，老師發下一小片海苔，全班同時把海苔放進嘴裡。 教師提問： 　　吃起來像什麼？ ※海苔摸起來脆脆的，看起來和平常的海苔一模一樣，但是放進嘴裡大概過了 2 秒後，舌頭好像被刺到一樣，好辣好辣的感覺就像失火了，我趕快喝一口水。 ※海苔很辣，吃下去好像有針在刺舌頭的感覺，舌頭好像醒過來了。 ※海苔很辣，感覺自己掉到地獄一樣。 （3）棒棒冰 教師提問： 　　吃起來像什麼？ ※吃了辣海苔再吃棒棒冰，覺得比平常的冰還要冰，我以前都不知道冰有這麼好吃。 ※吃了棒棒冰，感覺舌頭又再清醒一次。 ※吃了辣海苔再吃棒棒冰，好像從赤			

道來到北極。 （五）活動五：實作 同學們都說得很好，能夠掌握創意思考的方法，現在請大家運用創意思考，把品嚐食物的感覺寫下來。摸起來的感覺，聞起來的感覺，看到的樣子，吃進去的感覺和細微的變化，用自己能想得到的各種狀況來形容，沒有對錯，儘量想。有很多食物是你最愛的或是最討厭的，但是今天沒吃到，也可以寫出來，把那種食物特別的地方用盡各種創意思考，去想像去形容表達出來。 ※我不乖的時候，媽媽每次都說要請我吃「竹筍炒肉絲」可以嗎？ ※可以寫初戀的滋味像什麼嗎？ 教師：想寫什麼都可以，只要是跟食物有關的都可以。	25分	能將感受和創意寫成文字。	能安靜思考，寫出自己的感受。
三、成效檢討 （一）先寫完的先收集，還沒寫完的可以下課寫完或回家再完成。 （二）小組討論。 教師：這裡有一些同學已經寫好了的例子，都是能滿足創意敘述句標準的句子，大家一起聽聽看。 ※吃著棉花糖，自己就像身在雲端。 ※吃著棉花糖，好像躺在舒適的床上作著美好的夢。 ※吃下辣海苔，好像被千萬隻螞蟻咬到一樣。 ※吃了一口冰，我差點以為我是南極的企鵝了。 ※臭豆腐的氣味比在炎熱夏天的狒狒屁股還難聞。	5分	能欣賞別人創意，並將感受和創意寫成文字。	能仔細聆聽並分享。

※苦瓜身上好像長滿了一粒粒腫瘤。 教師總結：創意有三類：無中生有、水平思考和逆向思考，無中生有的創意是懸在最高位置，但很難達到，三種創意思考又以逆向思考最具創意。 　　　　敘述句可分為故事式的敘述句和情節式的敘述句，其分別在於故事式敘述句是事件，情節式敘述句有因果關係。要運用創意思考，才能寫出有創意的敘述句。			

在進行教學前，得對全班 31 位學生先進行前測。如我所做的，在開學第一天請同學將自己的感受用一句話表達出來，以了解他們在本單元教學前的基本能力，作為教學參考的依據。這裡隨機抽樣幾位同學所寫的開學第一句話：

S1 ：我覺得今天發生許多有趣的事，也發生讓我開心的事。

S4 ：我又不能玩電腦了，但可以跟同學一起玩。

S5 ：我感覺很高興，但一開學就很冷，我感到有點失望。

S13：上學可以開開心心。

S16：開學看到好久不見的同學，心裡覺得非常開心。

S19：今天很無聊，我想睡覺。

S21：我覺得很高興，因為可以跟同學玩。

S23：今天開學我非常開心，因為終於見到我的好朋友。

S30：開學的第一天，讓我覺得很開心，因為看見朋友，可以跟朋友一起玩，這樣比較快樂。

　　進行創意教學，給予無中生有、水平思考及逆向思考三種創意的觀念，透過品嚐不同食物的感官教學後，所寫出的敘述句是這樣的：

（一）棉花糖

> S12：吃著棉花糖，自己就像身在雲端。綿綿密密的，比彈簧還有彈性，把我兩排牙齒一彈，彈到數千里之外。

> S13：吃著棉花糖，好像躺在舒適的床上作著美好的夢，夢裡的雲朵變成了一滴雨滴，從天空掉下來塞滿了整個宇宙。

（二）酸 Q 糖

> S21：酸 Q 可樂糖條摸起來像是一條粗粗的橡皮繩索，那酸酸的感覺讓我感覺犯人被束縛住的痛苦滋味。

（三）辣海苔

> S5 ：吃下一口辣海苔，舌頭掉進了烈火地獄，嘴巴在燃燒，好像被千萬隻螞蟻咬到一樣。

> S14：一吃下海苔，只覺得彷彿有一顆火辣辣的太陽在我嘴裡緊緊貼著我的舌頭。

> S16：吃下一片辣海苔，就好像隕石重重的撞擊，然後在嘴裡爆開、燃燒。

> S18：吃了一口辣海苔，炙熱的口感就像是在口腔裡演奏一首激烈的命運交響曲。

S23：海苔麻麻辣辣的口感像火在舌間燃燒，雖然很辣，但我
　　　就是喜歡叛逆的味道。

S30：吃下一口辣海苔，我覺得我好像被殭屍撕得四分五裂。

（四）冰

S5　：吃了一口冰，我怎麼到南極了？我的嘴巴怎麼被冰凍
　　　了？啊！我的肚子變冰箱了。

S12：一股冰涼從口腔滲透進到骨頭，我差點以為我是南極的
　　　企鵝了。

S21：吃下一口棒棒冰，我就像是被冰凍的妖魔，被排斥在世
　　　界之外。

S28：吃下一口冰，我的食道馬上開通了一條長跑道，槍聲一
　　　響，那口冰馬上用時速兩百的速度衝啊衝，一股冰涼頂
　　　到我的鼻腔，就在那一刻，我置身在一塊大冰塊裡，被
　　　人剉成碎片。

（五）其他食物

S1　：在火車車廂裡吃鐵路便當，看著窗外的風景，讓我覺得
　　　自己像是原始人在享受著大地的美好，自己的煩惱在大
　　　地上變得很小，心情也愉快起來了。

S4　：我最愛阿嬤煮的燒酒雞，又濃又嗆的酒味在嘴巴裡走了
　　　三圈還是一樣香，就像跑了三十圈操場還很有力的感覺。

S5 ：臭豆腐的氣味比在炎熱夏天的狒狒屁股還難聞。

S11：奶奶的炒飯看起來很平凡，但是有一種特別的香氣很吸引人，長大之後，我才了解那是奶奶用對孫子的愛作的，讓我到現在還念念不忘那令人開心的好滋味。

S13：聽到炸雞排那喀滋喀滋的聲音，就好像煙火在天空爆發，五彩繽紛的美麗讓人期待。

S14：冷掉的薯條，一咬下去就像把放了千年的木乃伊咬下去一樣，緊接而來的是白白軟軟的人類腦汁從裡面擠出來。

S18：苦瓜身上長著一粒粒腫瘤，潔白的身軀內是惡魔的化身，只要嘗一口就來到了地獄。

S19：吃爆米花就像自己在嘴巴裡跳起來爆開，變成兩個我，再跳起來爆開，變成四個我、八個我、十六個我、三十六個我、七十二個我、一百四十四個我，等到嘴裡都擠滿了我，就一起被吞掉。

S21：黑巧克力濃濃的苦味讓我想起姑姑「愛的教育」的痛苦。

S28：我對魚總是又恨又愛。魚在身體裡藏著無數的銳利尖刀，但是魚的香味又讓我無法抵抗，所以我必須和牠展開一場戰戰兢兢的戰爭。但我武藝不夠高強，常常被尖刀刺中，只得去見我最恨的醫生。

S28：吃下一口可怕的青椒，就像被媽媽罵一樣的痛苦，眼淚就不知不覺像噴泉似的噴出，但是相反的，它也像媽媽一樣，背後有顆善良的心，能呵護我的健康，但總之我還是很痛恨它，就像我不喜歡罵人的媽媽一樣。

S30：紅燒牛肉麵的顏色就像是把臭水溝裡的泥土跟雜草和在一起，好可怕。

　　與前測的開學的第一句話相比，這些敘述句明顯的有進步。在創意部分，由於水平思考是自由自在的聯想，寫出的創意敘述句大多是水平思考，像是把棉花糖的彈性比喻成彈簧，把口腔想像成一個宇宙，把辣海苔想像成螞蟻的叮咬、隕石的撞擊、音樂的演奏，甚至是殭屍的撕裂；把食道形容成一條跑道，把臭豆腐的臭味形容是夏天狒狒的屁股，都很有創意。逆向思考的部分也有，像是把黑巧克力形容成「愛的教育」的痛苦；吃青椒就像被媽媽罵，但背後又有一顆善良的心，都有達到從反方向想，並有建設性的思考方式。

　　句式方面，大部分是故事式的敘述句。這可能跟題目的要求有關，而且句子較短的時候，沒有前後文，也比較容易出現故事式的敘述句。但在自由聯想的時候，有些學生寫得比較長，就出現了情節式的敘述句，像是 S1 把吃鐵路便當和窗外的風景連結起來，體會到自己享受著大地的美好，煩惱就變小了；S11 把奶奶的炒飯和對孫子的愛作連結；S28 把吃魚形容為一場戰爭，常因技術不好而必須看醫生，都可歸類為創意的情節式的敘述句。

　　完成創意敘述句教學後，再請同學以一句話寫出自己對課程的想法，也可明顯看出和前測的差異：

S6　：我從來吃冰都沒有這種「Feel」，可能是以前我吃太快，沒有「酷So」的感覺。這一次，我慢慢品嚐吃冰的「Feel」，真的是勁涼消暑，好爽快。

S11：我對這次的小活動有點不滿意，因為我吃到了一條好酸的糖果，不過這是我最快樂也最新鮮的一次作文課，真是 Very Good。

S14：老師要我們水平思考、逆向思考和無中生有，我覺得很不簡單，但至少吃可樂糖從來沒有這麼好吃過，別有一番滋味。

S21：老師讓我們玩這個遊戲很有趣，我在寫作文的時候，腦子好像外太空那麼大。這種滋味真美好，希望下次可以再玩。

S29：在學校，老師讓我們閉起眼睛，閉起眼睛時，感覺好緊張。老師餵我們，一入口，酸酸甜甜的糖果，形狀像膠囊，讓我感覺我好像是一個病人喔！

在這裡出現了一些英文，是學生平時就會說的「流行口語」，可以感受到學生對於寫一句話的態度是輕鬆而自在的，不像開學時的無從下筆。S21 認為自己在寫作的時候，腦子好像外太空那麼大，S29 把老師的動作形容成餵藥，都應用了水平思考的思考模式。甚至 S11 運用了逆向思考，先說自己對活動的不滿意，然後再說這是最快樂也是最新鮮的作文課，真是讓教學者著實緊張了一下。

很明顯的，在創意敘述句教學的部分，可以看到一些成果。透過無中生有和製造差異的思考模式，大部分學生都能把握重點，寫出有變化又趣味十足的句子。當敘述句加上情節後，自然就能寫成有創意的敘述段，進而寫出創意敘述篇，創意敘述書，而體現編織式的創意記敘文寫作教學的成果了。

第五章　創意敘述段寫作教學的模式

第一節　敘述段的構成依據

　　句子可以表達一個相對完整的意義，幾個敘述句圍繞著一個中心思想，組合在一起就是段落。一篇文章如果從頭到尾不分段，會讓讀者在閱讀時找不到重點，讀起來就不容易了解文章的內容。

　　段落可以分為「自然段」、「意義段」和「過渡段」三種。在文章中，每個段落開始的第一行低兩格，順著文章結構重點形成的分段，文章中所見一個一個的段落就是「自然段」。文章的層次稱為「意義段」或「結構段」，根據內容，結合幾個意義相關連的自然段，就成為「意義段」。有時候一個自然段就是一個意義段，有時候要結合數個自然段而成為一個意義段。當一個意思表達完整，要表達另外一個意思時，要另起一段時會分段；內容太多，需要停頓一下，要再起一段時會分段；為了強調重點，會分段；有時文章在上下兩段間意思出現轉折，為了銜接兩段而分段，就是「過渡段」。（杜淑貞，1997：55-67；江惜美，2003：80-98）

　　中國傳統辭章學所謂的「章法」，就是「組段之法」。（杜淑貞，1997：55-67）文章敘述方式的順敘法、倒敘法、補敘法、插敘法、平敘法和間敘法都屬於章法的範疇。在閱讀時，我們先找出自然段的大意，然後把意義有聯繫的自然段合併為意義段，比較容易掌握文章的內容和層次。章法固然重要，但是在寫作教學上，懂得分析段落的意義並不等於能寫出有創意的文章。學生寫作的問題不在於會不會分段，懂不懂起、承、轉、合，而在於腦袋運作不順、擠不出東西，尤其是沒有創意，這就是為什麼學生常常以記流水賬的方式寫作，或只能寫出稱

得上通順但內容乏善可陳的文章。本研究的編織式創意記敘文寫作教學的重點是創意，形式是由句而段而篇而書，以故事為經線，情節為緯線的編織形式，因此這裡所謂的「段」，重點不是組段的章法，而是有因果關係的敘述段。

　　敘述段的構成依據一定要有因果關係，如果只用一個故事式的敘述句來構成一段，會讓人讀來很奇怪。比如說，把「國王死了」當作一段，然後？發生了什麼？這樣就結束了嗎？讀來好像沒有結尾的感覺，所以敘述段至少一定要有一個情節，例如「國王死了，王后也傷心而死。」就能構成一段。這個敘述段可以小段，也可以大段，要看整篇文章的布局。

　　以西方的結構主義者對於神話的研究為例，在討論神話時是以神話故事為對象，當俄國形式主義大師普洛普（Vladimir Propp）開始其《民間故事形態學》創始性研究時，他所關切的主要不是在神話與民間故事的分別，而是在奠定一個方法論。當敘事體脫離了神聖禮儀，開始有自己的生命時，就標記了「文學」這概念的起點。而當古典神仙故事開始定形，小說就誕生了。當以民族為中心的神話特徵去掉後，出現的就是清楚的虛構現實。普洛普聚焦在神仙故事的唯一不變因素是功能。人物和性質變化大，而人物行為的功能很少且保持不變。他列出三十一種最基本的決定故事結構的功能，不單是根據行動的性質來界定，也是根據敘事過程中的位置和意義來決定，因為相似的行為在不同的故事中有不同的意義。這三十一種功能組成一個從頭到尾的嚴格次序，不是每個故事都包括三十一種功能，但所包括的功能卻在整個次序上站著相同的位置：

（一）**準備階段**

　　1. 家庭中一個成員離別外出；

　　2. 主人公被要求遵守某項禁令；

　　3. 那個禁令遭到破壞；

　　4. 壞人開始偵察動向；

　　5. 壞人獲悉關於被害者的情況；

6. 壞人企圖欺騙受害者以便抓住他或佔有其財物；

7. 受害者上當，無意中幫助了敵人。

（二）**複雜化階段**

8. 壞人使該家庭中一個成員受到損失或傷害，或者該成員有了什麼不幸或需求；

9. 述不幸或需求明朗化了，有人要求主人公去解決這個問題，主人公於是出發；

10. 主人公同意或決心採取措施。

（三）**轉移階段**

11. 主人公離家出走；

12. 主人公受到考驗、盤問、攻擊等等，使他有機會得到一個懂得魔法的使者或助手；

13. 主人公對將來能滿足他追求目標的人物的行動作出反應；

14. 主人公獲得了一個會玩魔法的使者；

15. 主人公被轉移，或被引導到他所尋求的目標的所在地。

（四）**鬥爭階段**

16. 主人公與壞人進行面對面的鬥爭；

17. 主人公未被認出真面目，就被稱為這樣那樣；

18. 壞人被擊敗；

19. 原來的不幸或需求得到彌補或滿足。

（五）**返回階段**

20. 主人公回來了；

21. 主人公被追捕；

22. 主人公得救；

23. 主人公在不被人知道的情況下回到家鄉或另一國家；

24. 一個假主人公提出沒有根據的要求；

25. 對主人公提出一項困難的任務；

26. 那個任務被完成。

（六）公認階段

27.主人公得到公認；

28.假主人公（或壞人）被揭露；

29.假主人公以新面貌出現；

30.壞人得到懲罰；

31.主人公成親並得到王位。（Richard Chase 等著、陳炳良等譯，1990：49-58）

　　普洛普認為所有的故事都包含在這 31 項功能內，而佛格勒則是將坎伯（Joseph Campbell）的神話學改造成情節寫作的規範，再把心理學大師榮格（Carl G.Jung）的原型概念（archetype）應用在角色塑造上，使得情節和角色的功能互相支持，強化故事的完整性。（Christopher Vogler，2009：耿一偉導讀 4）佛格勒的英雄歷程和普洛普的第 1、8、9、10、12、13、15、17、19、20、27、31 項有重疊處，他的英雄旅程固定有 12 階段，分別是平凡世界、歷程的召喚、拒絕召喚、師傅（智叟）、跨越第一道門檻、試煉、盟友與敵人、進逼洞穴最深處、苦難折磨、獎賞（取得寶劍）、回歸之路、復甦、帶著仙丹妙藥歸返。這裡所稱的一段並不是所謂的「自然段」、「意義段」或「過渡段」，而是有區別作用的段落，比如說一篇文章通常概分為三大段，敘述性文章有開頭、發展和結尾，中間發展的部分可能還會有變化，而變化也可能還會有高潮，所以一般敘述性的文章最少有三段，最多則視需要而增加。整個情節結構就是這樣，開頭、發展、結局，發展過程可以變化，中間可以有起伏，可以有衝突情節，衝突到了最高點就是高潮。因此，一般比較有創意的敘述文，多半都是有衝突，有衝突就會有變化，至少是五段格式；而比較沒有創意的敘述文，則只有開頭、發展、結局三段格式。以英雄旅程來說，文章本來很長，是一個一個的故事，由許多故事組合而成，可以是一篇小說，也可以寫成一本十幾萬字的書，但分成十二段是因為每一段不一樣，是有所區別的。

在這裡以朱自清的〈春〉一文為例作說明，先以「自然段」和「意義段」來分段，再以情節來分段，以分辨其差異：

盼望著，盼望著，東風來了，春天的腳步近了。

一切都像剛睡醒的樣子，欣欣然張開了眼。山朗潤起來了。水長起來了，太陽的臉紅起來了。

小草偷偷地從土裡鑽出來，嫩嫩的，綠綠的，園子裡，田野裡，瞧去，一大片一大片滿的。坐著，躺著，打兩個滾，踢幾腳球，賽幾趟跑，捉幾回迷藏。風輕悄悄的，草綿軟軟的。

桃樹、杏樹、梨樹，你不讓我，我不讓你，都開滿了花趕趟兒。紅的像火，粉的像霞，白的像雪。花裡帶著甜味，閉了眼，樹上彷彿已經滿是桃兒、杏兒、梨兒。花下成千成百的蜜蜂嗡嗡地鬧著，大小的蝴蝶飛來飛去。野花遍地是：雜樣兒，有名字的，沒名字的，散在花叢裡，像眼睛，像星星，還眨呀眨的。

「吹面不寒楊柳風」，不錯的，像母親的手撫摸著你。風裡帶來些新翻的泥土的氣息，混著青草味，還有各種花的香，都在微微潤濕的空氣裡醞釀。鳥兒將窠巢安在繁花嫩葉當中，高興起來了，呼朋引伴地賣弄清脆的喉嚨，唱出婉轉的曲子，與輕風流水應和著。牛背上牧童的短笛，這時候也成天在嘹亮地響。

雨是最尋常的，一下就是三兩天，可別惱。看，像牛毛，像花針，像細絲，密密地斜織著，人家屋頂上全籠著一層薄煙。樹葉子卻綠得發亮，小草也青得逼你的眼。傍晚時候，上燈了，一點點黃暈的光，烘托出一片安靜而和平的夜。鄉下去，小路上，石橋邊，撐起傘慢慢走著的人，還有地裡工作的農夫，披著簑，戴著笠的。他們的草屋，稀稀疏疏的在雨裡靜默著。

天上風箏漸漸多了，地上孩子也多了。城裡鄉下，家家戶戶，老老小小，他們也趕趟兒似的，一個個都出了。舒活舒活

筋骨，抖擻抖擻精神，各做各的一份事去。「一年之計在於春」；剛起頭兒，有的是工夫，有的是希望。

春天像剛落地的娃娃，從頭到腳都是新的，它生長著。

春天像小姑娘，花枝招展，笑著，走著。

春天像健壯的青年，有鐵一般的胳膊和腰腳，他領著我們上前去。（朱自清，2002：10）

這篇文章可分為八個自然段，第一段開頭，點明春來了，開門見山。第二段承接上文，以自然界中山水日等景象，泛敘春乍臨的景色。第三段承接上文，細述萬物展現的新氣象。第四段承接上文，寫出大自然中的蜜蜂、蝴蝶和野花。第五段承接上文，寫出風的溫煦。第六段承接上文，寫出雨的柔潤。第七段話鋒轉變，不再寫自然界的景象，而寫春帶給人們的振奮。第八段結尾，以三種形象讚頌春天。以文章的層次來分，可以反映出作者思想發展的較大步驟，這篇文章可分成四個意義段。第一段開門見山，由人們盼望春天起筆，直接引出主題。第二段到第六段合併為一個意義段，全部是在說明春天的美麗。第七、八段再合併為一個意義段，點出春對人事的影響與啟發。因此，這篇文章從自然段來分，可分為八個自然段；從結構來分，可分為三個意義段。

以普洛普的故事結構或是佛格勒的英雄歷程來說，這篇散文只有一個故事，從句式來說，整篇都是故事式的敘述句，並沒有情節式的敘述句，就是開頭、發展和結尾三段式的文章。

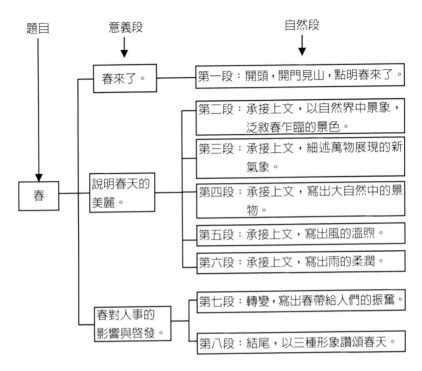

圖 5-1-1　文章中自然段與意義段的區別圖

　　接著舉出《初版格林童話集》第一集裡的故事〈三隻烏鴉〉作為對比。故事大致是這樣的：

　　某個星期天，一名寡婦帶著三個兒子上教堂作禮拜，可是三個兒子卻在教堂玩撲克牌，寡婦一氣之下便詛咒它們，結果詛咒成真，三個兒子變成三隻黑色的烏鴉，飛上天空。

　　這三兄弟有一個妹妹，而且兄妹間感情很好。當妹妹知道哥哥們變成烏鴉，內心非常難過，決定啟程找尋她親愛的哥哥。在長途旅程中，少女只帶了一張矮凳，走累了便坐下休息，餓了就以路邊的蘋果、梨子果腹。有一次曾有三隻烏鴉飛過少女的上空，

其中一隻烏鴉還丟下一枚戒指，少女才知道那三隻烏鴉就是她苦苦找尋的哥哥，因為那戒指是她送給最小的哥哥的禮物。

少女繼續走著，走到世界的盡頭。她來到太陽那裡，但太陽實在太熱，而且還會吃小孩子，於是少女便往月亮走去。但月亮那裡又太寒冷，而且月亮的心腸不好，她一發現有人來時，嘴裡就直嚷著：「我聞到人的味道，我聞到人的味道。」少女趕緊離開月亮，來到星星所在的地方，星星們都很親切，給了少女一根雛鳥的骨頭，說：「妳的哥哥們就住在玻璃山，只要有這根骨頭，就可以進入玻璃山。」

她來到玻璃山前，大門緊閉，她伸手找骨頭，才發現在旅途中遺失了。少女六神無主又找不到開門的鑰匙，就拿出刀切下自己的手指，插進鑰匙孔，沒想到門居然開了。門裡的小矮人端出三個咖啡杯和三個盤子，妹妹拿起每個杯子各喝了一口，又吃了每個盤子裡的食物，然後把戒指丟進最後一個杯子裡。烏鴉回來，發現杯子和食物都被動過，質問小矮人，但等到老三喝完杯子裡的咖啡，看到了那枚戒指，就知道他們的妹妹來了。就這樣，少女救了三個哥哥，一起開心回家。（格林兄弟著、許嘉祥、劉子倩譯，2005：119-120）

以這篇故事來說，整個故事大致可分為九段：文章的開頭是三個哥哥變成了烏鴉；妹妹要去救哥哥進入了歷險的召喚；她撿到戒指發現那些烏鴉就是哥哥們，跨越了第一個門檻；接著遇到壞心的太陽和月亮是遇到試煉，造成劇情的起伏；星星給她骨頭是師傅給予寶物和指引；故事發展到這裡出現了轉折，少女把骨頭弄丟了，只好切自己的手指，是再一次的苦難折磨；手指頭打開啟了門是掌握到開門的方法；烏鴉質問小矮人是最後一次的考驗；等到哥哥發現了戒指，也是高潮所在，還好哥哥認出了妹妹，終於成功救回哥哥，把哥哥帶回家。

以這兩篇文章相比較，〈春〉是三段式結構，就是開頭、發展和結尾，故事的變化性不大，創意比較難以發揮；〈三隻烏鴉〉是五段以上的結構，故事有很大的變化性，有衝突也有高潮，是比較有創意的。有時，一段之中可能只有兩句話，且這兩句話有因果關係，也就是有情節，在這個狀態下，這兩句話的形式就和敘述句一樣；但如果放在文章中，仍能以敘述段的形式出現。在這裡，產生交集，敘述句也可以認為是成敘述段：

圖 5-1-2　敘述句和敘述段的關係性

第二節　創意敘述段的累積效果

創意敘述段的累積效果，一方面要收攝敘述句，一方面要開展敘述篇，所以創意敘述段是創意敘述句累積而成的；而創意敘述段也準備要累積成創意敘述篇，這是形式上的效果。創意敘述段的累積效果，一段一段有因果關聯，必須有推動情節的作用，這是實質上的效果。所謂的創意敘述段在形式上累積，就是形式上把段和段最後會合成一篇；實質上的累積就是會把這些文類的情節向前推動。如圖所示：

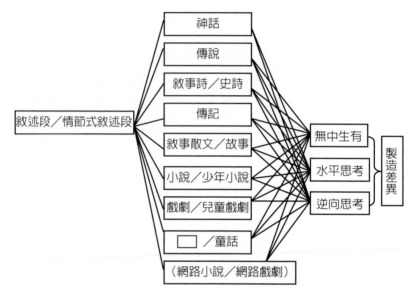

圖 5-2-1　文體與創意敘述段的類型

　　這裡舉出一個大家耳熟能詳的童話《綠野仙蹤》來說明。（Baum,
L. Frank 著，咸允美、黃淳靖改寫，2006）小女孩桃樂絲在突然闖入
歐茲國之前，是個坎薩斯州的平凡女孩，過著單調的無聊日子。一天
發生了龍捲風，她和小狗托托一起來到歐茲國，是接到歷險的召喚，
她無法再留在平凡世界。東方魔女死了後，北方魔女要求桃樂絲住在
歐茲國，桃樂絲拒絕召喚。但因為桃樂絲無法離開莫奇根國，必須去
翡翠城找歐茲幫忙，智叟出現。桃樂絲朝著翡翠城出發，跨越第一道門
檻，決定踏上冒險之旅。稻草人、錫鐵人、獅子陸續出現，是盟友，但
桃樂絲也與魔法果樹園裡會說話的大樹為敵。一路上，她救了田裡的稻
草人，為錫鐵人上潤滑油，幫膽小獅子解決恐懼，通過許多試煉。爾後
桃樂絲被擄到壞女巫的邪惡城堡，朋友們來救她，是進逼洞穴最深處。
桃樂絲和夥伴們被壞女巫絆住，無路可逃，受盡苦難折磨。桃樂絲拿到
魔法鞋和魔法帽，得到獎賞。桃樂絲想踏上回歸之路。但熱汽球飛走了，

前方仍有險阻和試煉。歷經失敗後，南方魔女告訴桃樂絲腳上的魔法鞋就可以帶她回家，這個階段通常是第二個生死交關的時刻。在復甦這個階段，桃樂絲幫助稻草人、錫鐵人和獅子得到了腦袋、心臟和勇氣。最後桃樂絲利用腳上的魔法鞋踏上返歸之路，回到了堪薩斯。

　　以這個故事來說，創意敘述句累積而成創意敘述段，創意敘述段也累積成創意敘述篇，這些有區別作用的段落一段一段之間有因果關聯，推動情節，將整個故事完成。《綠野仙蹤》完全符合英雄旅程，這也是所有故事都包含幾項在神話、童話、夢境和電影中都找得到的基本元素，這些基本元素就統稱為「英雄旅程」。（Christopher Vogler 著、蔡鵑如譯，2009：14）

　　接著舉出日本國際創價學會會長池田大作的《來登那座山》為例。（池田大作著、正因文化編輯部譯，2005）有三個愛畫圖的孩子祐奇、小毅和千惠，他們是「友好三人組」。一天，他們相約到祐奇的家，聽祐奇媽媽說「彩虹山」的故事。故事說到一半，祐奇媽媽有急事出門，三人在等待中睡著。三個人來到彩虹山，開始爬山。旅途中，他們遇到大雨，掉入洞中，遇到精靈，精靈告訴他們要用畫圖的力量，登上山頂。過程中，他們遇到了愛欺負人的魔法雲和偽善的欺騙岩，又遇到了「不行了」的心之牆，在絕不放棄的心態下，他們登上山頂，看到發出光芒的地毯。他們和精靈乘著地毯在天空飛。他們一齊醒來，畫冊裡有三人坐著光芒地毯的圖案和一同站上彩虹山頂的圖案。

　　在這個故事裡，他們從平凡世界進入歷險的召喚，先遇到大雨和掉入洞中等磨難，接著遇到精靈，也就是師傅的角色，提供他們指引。開始爬山是跨越第一道門檻，他們遇到敵人，也就是魔法雲和欺騙岩，又遇到了「不行了」的心之牆，只要心裡有想放棄的念頭，石壁馬上消失，也就是進逼到洞穴的最深處，最困難的考驗；他們終於登上山頂，乘著光芒地毯在天上飛，是得到的獎賞；最後在畫冊裡看到美好的圖畫，也就是從非凡世界帶回來寶藏，返回平凡世界。這個故事在開頭和結尾的部分描述了童年生活的溫馨，是敘事散文的形式；三個

人一起做爬山的夢，有童話的意味；整個故事合起來，告訴我們要做有勇氣的孩子，要對自己有信心，遇到困難不退縮，則有寓言的樣態。不論是敘事散文、童話或寓言，都可以用創意敘述段累積成創意敘述篇，段落之間的因果關係則負有推動情節的作用。

　　臺灣的作品部分，選擇的是《幼獅少年》中的青少年短篇小說〈朋友〉。(張子樟主編，1998) 大致內容是這樣的：在地球紀年公元 2533 年，宇宙學院的時光教室前，有學生陸續出來。學生喜久郎從負時光區出來，才踏上物質反應線，機器立刻嗶嗶嗶銳叫起來，因為他把一隻小狗偷帶到未來世界。這隻狗是第 9 世紀埃及唐圖卡門國王的寵物，唐圖卡門王駕崩了，這隻狗即將被殉葬，成為一具木乃伊。這麼做雖然救了這隻狗，但是違反了規定，會破壞時光軌跡，必須把狗送回原處。在宇宙源流史的研究範圍內，有限度的採集是被允許的。例如趁人熟睡時，將他引入時光機裡問問題，或是在不造成轟動的情況下，學生在群眾間作短暫的現身，以測試負時光區內的人類對於未知現象的反應。但種種試驗必須維持負時光區的物質現狀，當學生觀察過後，當地必須和原來情況一模一樣，嚴禁在負時光區攜出或遺留物事。有些學生到了歷史書上的地點，見到某些書上講述的古物竟然活生生地放在眼前，忍不住就順手牽羊帶回一些自以為無關緊要的紀念品。雖然教師解釋過歷史科研究的區域都與人類活動有關，觀察時不能使古代人受到干擾，但這話並不能讓人心服口服。

　　馬可龍、喜久郎和衣而芙德是同學，喜久郎的違規讓衣而芙德很困擾，因為宇宙學院規定違規五次必須退學，她不能不向上報告。他們談論到萬一停電的問題。第二天，當衣而芙德在 16 世紀的倫敦收集都鐸王朝的資料時，馬可龍卻陷在 13 世紀的宋朝回不去。13 世紀末，正值宋朝覆亡之際，元兵鐵騎殺入汴梁，許多無辜百姓喪生，京城成了人間煉獄。馬可龍從觀察現身進而與古代人直接接觸，學院禁止現身超過 40 秒以上，馬可龍更改了時光機的裝置，卻引起機件故障。馬可龍失蹤了，再也沒有回來。

　　2537 年的春天，喜久郎在中國的《太平廣記》一段來自〈神仙傳〉的文字發現，宋末元初之際，汴梁出一神人，民間呼為馬神仙，不知何方人氏，卻有未卜先知的能力，凡預測大事及帝王興替，百占百驗。時人視馬神仙為半狂之人，因為他隨身始終有著一臺形狀奇特的獨輪車輛，且口口聲聲說他是天上來的人。這則久遠的記事，證實他們的朋友永遠不會回來了。

　　科幻小說是想像文學的一種形式，時空背景與一般小說不同，內容多半是虛構的，但必須依據真實的科學事實和原則。這裡的平凡世界設定在 2533 年，進入負時光區是歷險的召喚；一開始衣而芙德提出警告是給予忠告；但馬可龍卻跨越門檻，更改了時光機的裝置；馬可龍在第一次遇到試煉時成功回來；但再次機件故障，他就回不來了；最後同學在古代書籍的記載中發現了馬可龍的蹤影。這雖然是一篇科幻小說，但立足點仍是人性。馬可龍一再的違規，決定了他的命運；同學對他的感情也說明了友情的可貴。這篇故事的特別之處在於與古籍的互相印證，證明故事不是杜撰的，讓讀者更有身歷其境的感覺，這也是科幻小說有趣的地方。

　　英雄旅程是一個架構，故事的情節就是可供發揮創意的地方。英雄旅程的順序可以前後更換，可以增加，也可以減少。當我們熟知英雄旅程，按照英雄旅程的推進，發揮想像力，從創意敘述句到創意敘述段到創意敘述篇到創意敘述書，賦予故事多變的情節，則不論是小說、少年小說、戲劇、兒童戲劇、網路小說、童話，甚至是漫畫故事，都能夠更有趣味。

第三節　創意敘述段的教學策略與教學活動設計

　　寫文章時，我們以敘述句為基礎，寫出心中的想法。當幾個敘述句連接起來，就是一個敘述段。要寫出有創意的文章，最重要的是要好好經營每一個段落，因為段落正是決定文章是否精采的關鍵。在進行創意記敘段寫作教學時，可以有以下幾個策略。

　　第一個策略是要教敘述段的構成依據。敘述句有兩種：一種是故事式的敘述句；一種是情節式的敘述句。但到了敘述段，文章布局大的，可能有好幾個敘述段在說同一個情節；但有時候可能一段之中只有兩句話，這兩句話有因果關係，是敘述句，但也可以構成一個小的敘述段 。因此，敘述段的構成條件不在於文字的多少，而是其構成依據一定要有因果關係。

　　第二個策略要教的是敘述段的作用。文章的組成是由句而段而篇，進而成書。因此，敘述段的作用有兩個，敘述段有累積效果，一方面收攝敘述句，一方面開展敘述篇，敘述段前後段之間有因果關聯，敘述段的累積能夠推動情節；在形式，這些敘述段最後合成一篇，而朝向篇章的方向前進。

　　第三個策略是要教哪一類的創意敘述段。創意有三種：無中生有、水平思考和逆向思考。無中生有很困難，水平思考和逆向思考都能製造差異，而逆向思考的操作模式是往反方向想，常常能與眾不同，創造新意。因此，在創意敘述段的教學上，鼓勵學生以逆向思考的方式思考，在因果關係上作些改變，像是強與弱、大與小角色的互換，改變了固著的想法，在角色上有不同的變化。段落安排上，三段式結構只有開頭、發展和結尾，變化不大；要寫出有創意的敘述段至少要是五段式結構，也就是開頭、發展、衝突、高潮、結尾。文類方面，最

積極要教的是逆向思考的兒童生活故事的情節式的敘述段、逆向思考的少年小說的情節式的敘述段、逆向思考的兒童戲劇的情節式的敘述段、逆向思考的童話的情節式的敘述段。如圖所示：

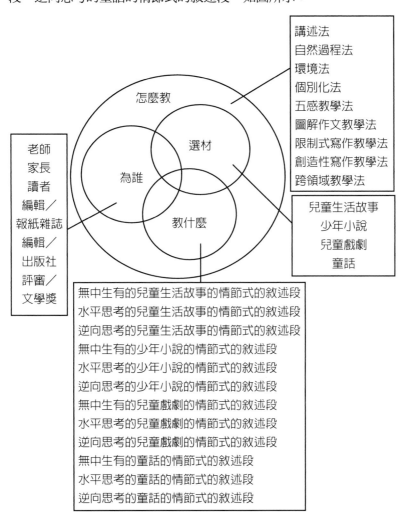

怎麼教

選材

為誰

教什麼

講述法
自然過程法
環境法
個別化法
五感教學法
圖解作文教學法
限制式寫作教學法
創造性寫作教學法
跨領域教學法

老師
家長
讀者
編輯／
報紙雜誌
編輯／
出版社
評審／
文學獎

兒童生活故事
少年小說
兒童戲劇
童話

無中生有的兒童生活故事的情節式的敘述段
水平思考的兒童生活故事的情節式的敘述段
逆向思考的兒童生活故事的情節式的敘述段
無中生有的少年小說的情節式的敘述段
水平思考的少年小說的情節式的敘述段
逆向思考的少年小說的情節式的敘述段
無中生有的兒童戲劇的情節式的敘述段
水平思考的兒童戲劇的情節式的敘述段
逆向思考的兒童戲劇的情節式的敘述段
無中生有的童話的情節式的敘述段
水平思考的童話的情節式的敘述段
逆向思考的童話的情節式的敘述段

圖 5-3-1　創意敘述段的教學策略

（改自周慶華，2011：67）

　　確定了創意敘述段的教學策略後，接著就是教學活動的安排。這次的主題是創意的敘述段教學，也就是要把情節式的敘述句組合成段，重點在於情節的安排，因此決定用小而美的童話為教材。對兒童來說，《小紅帽》是非常熟悉的童話故事，大野狼是強者，是壞人；小紅帽和祖母是弱者，是好人；獵人代表是正義的一方，是好人。把這些固著的形象顛覆後，學生對於創意的類型和操作方式會更熟悉。由於要組合一些情節才能成為敘述段，幾個敘述段才能成為一個完整的故事，創意的數量必須足夠。班上學生如果程度不一，有些可能在語文能力和創意上比較不足，因此以團體討論為宜。在團體討論時，能夠激發更多的創意，一些沒有建設性的逆向思考式的創意會被淘汰，在討論過程中去蕪存菁，才能組成一個有創意的故事。以我自己曾經實施為例：

表 5-3-1　創意的敘述段教學活動設計

單元設計	創意的敘述段教學	教學對象	五年級普通班
設計者	瞿吟禎	學生人數	31 人
教學時間	80 分鐘	場地	教室
教學目標			
一、能了解創意敘述段的構成依據。			
二、能了解敘述段的作用。			
三、能透過舉例，討論出創意敘述段的故事結構和情節。			
四、能從故事中，分辨創意的類型。			
五、能透過討論，集體創作，一起合作，完成有創意的作品。			
六、能欣賞並學習別人的作品。			
教學資源			
《11 個小紅帽》故事書一本，《11 個小紅帽》PPT，電腦，單槍投影機，作文簿			

教學活動流程			
教學活動內容	教學時間	教學目標	教學評量
一、準備活動 （一）教師準備《11個小紅帽》故事書一本及《11個小紅帽》PPT。電腦，單槍投影機。			
二、發展活動 （一）以第二個故事的第一個自然段為例，舉出創意敘述段的構成依據。 　　　「大野狼躺在床上，覺得天花板像雲一樣輕飄飄地晃來晃去。牠看不清楚門在哪裡，聽不清楚窗外的聲音，牠們都想不起來，什麼都記不清楚──大野狼生病了！」 　　1.教師：請判斷哪些是故事式敘述句，哪些是情節式敘述句。 　　　※「大野狼躺在床上，覺得天花板像雲一樣輕飄飄地晃來晃去。」是故事式敘述句。 　　　※「牠看不清楚門在哪裡，聽不清楚窗外的聲音，牠什們都想不起來，什麼都記不清楚──大野狼生病了！」是情節式敘述句。 　　2.教師：從這一小段可否找出因果關係？ 　　　※大野狼因為生病了，結果只能躺在床上。 　　3.教師總結：上次我們說到敘述句有兩種：一種是故事式的敘述句；一種是情節式的敘述句。當我們把敘述句組合成一段，就是敘述段。敘述段的構成一定要有因果關係。	10分	能了解創意敘述段的構成依據。	能思考後，回答老師的問題。
（二）以第二個故事為例，了解敘述段的作用。 　　　接續上一段。「牠不能躲在樹後面問小紅帽去哪裡，牠不能騙小紅帽去摘野花，也	10分	能了解敘述段的作用。	能思考後，回答老師的問題

不能跑到祖母家去等小紅帽……可是，祖母正在家裡等小紅帽，小紅帽正提著籃子往森林裡來。必須有動物趕到大路上，故事才能繼續下去。怎麼辦？誰來代替大野狼？『我來！我來！』大象自告奮勇，跑到小路上。」

1. 教師：請判斷哪些是故事式敘述句，哪些是情節式敘述句。

　　※「牠不能躲在樹後面問小紅帽去哪裡，牠不能騙小紅帽去摘野花，也不能跑到祖母家去等小紅帽。」是故事式敘述句。

　　※「祖母正在家裡等小紅帽，小紅帽正提著籃子往森林裡來。必須有動物趕到大路上，故事才能繼續下去。」是情節式敘述句。

　　※「怎麼辦？誰來代替大野狼？『我來！我來！』大象自告奮勇，跑到小路上。」是情節式敘述句。

2. 教師：從這一小段可否找出因果關係？

　　※要有動物到路上等小紅帽，故事才能繼續，大象就去路上等了。

3. 教師總結：敘述段能夠把敘述句累積在一起，成為一段；一段接著一段，能夠推動情節，才能有精彩的內容。

（三）隨機任選《11個小紅帽》裡的三篇故事。　　**20分**　　能透過舉例，討論出創意敘述段的故事結構和情節。　　思考後，回答老師的問題。

1. 第一個故事：小紅帽變成彩虹帽。

　　教師：這篇故事和原本小紅帽的故事有哪些不同？

　　※小紅帽戴不同顏色的帽子。

　　※小紅帽沒有問大野狼的耳朵為什麼那麼長、手為什麼那麼大、嘴巴為什麼那麼長，反而不說話。

　　※大野狼很好笑，她怕小藍帽問她故事

書裡沒有的問題，反而嚇得不敢說話。 ※大野狼吃了不可能存在的藍蘋果，生了一場不可能的怪病，感覺好像白雪公主吃了蘋果一樣，但蘋果顏色不一樣。 2.第二個故事：大野狼生病了。 　教師：這篇故事和原本小紅帽的故事有哪些不同？ 　※大野狼居然會生病，病到不能出來抓小紅帽，很有趣。 　※大象努力塞進祖母的睡衣，還把床壓垮的樣子，一定很好笑。 　※原來祖母喜歡吃烤小鳥，原來的故事都沒寫到。 3.第五個故事：祖母戴安全帽。 　教師：這篇故事和原本小紅帽的故事有哪些不同？ 　※祖母戴安全帽很有趣。 　※大野狼居然被祖母和小紅帽煮來吃。 　※沒想到獵人不救人，反而搶劫。 4.教師總結：剛剛唸的這些故事都是由敘述句組合成敘述段，幾個敘述段再組合成一個故事。大家聽得很仔細，都能舉出每個故事中特別有趣的地方，那就是情節。每一個敘述段都有一個主要的情節，環環相扣，向前推動故事的發展，因此情節很重要，想出特別的情節，製造衝突與高潮，才能發展成特別有趣的故事。		
（四）分辨是何種創意。 1.教師：我們說過創意有三種：無中生有、水平思考和逆向思考，想想看這三篇故事用到了哪些創意？ 　※第一篇小紅帽可以戴別的顏色的帽	5分	能從故事中，分辨創意的類型。	能夠認真討論。能欣賞別人的想法。

子是水平思考。 ※大野狼應該很兇,但是反而怕老師問 　問題,又怕小紅帽問故事書裡沒有的 　問題,是逆向思考。 ※大野狼吃蘋果的情節跟白雪公主很 　像,用這種方法寫故事可以嗎? 教師:可以的,只要自己想得出來,寫得 　　　出來,都是可以的。 ※那就是水平思考。 ※第二篇大野狼從很兇猛變成很虛 　弱,是完全不同的形象,應該是逆向 　思考。 ※本來祖母沒有什麼個性,結果變成喜 　歡吃烤小鳥,作者讓祖母有新的形 　象,感覺很有趣,應該是水平思考。 ※第三篇的祖母更有趣,居然戴安全 　帽,應該是水平思考。 ※祖母和小紅帽本來是弱者,把大野狼 　煮了,反而變成強者,應該是逆向思 　考。 ※獵人不救人反而當壞人,也是逆向思 　考。 教師總結:大家說得很好。我們分組創作時也要多 　　　　　用逆向思考和水平思考的方式,如果能 　　　　　無中生有就更好了。 三、實作與分享 （一）分組 　　　　全班 31 人,採自由分組方式,在意見 　　　溝通及討論上比較容易達成共識。一組約 　　　5-6 人,討論起來,創意的數量較足夠。 （二）實作與分享			
	35分	能透過討 論,集體 創作,一 起合作, 完成有創 意的作品 。	能夠認真 討論。 能欣賞別 人的想法 。

　　以我個人的教學為例，班上有 31 人（編碼則採用班級學生座號：S 代表學生；序號代表座號），共分成六組，採自由分組。第一組成員有：S8、S19、S20、S23、S27；第二組成員有：S3、S12、S14、S16、S17；第三組成員有：S1、S4、S6、S10、S15；第四組成員有：S5、S7、S9、S13、S31；第五組成員有：S2、S21、S22、S24、S25、29；第六組成員有：S11、S18、S26、S28、S30。以下是各組的作品。

第一組的作品：

　　　　有一天，小紅帽正準備去找生病的奶奶，媽媽給她帶了一些餅乾和葡萄酒，還提醒她不要跟陌生人交談。小紅帽今天特別開心，就像瘋子似的跑了出去。

　　　　在路上，小紅帽哼著歌，向森林走去。就在這時候，路邊出現了大野狼。他說：「你想不想踢足球？」小紅帽很喜歡運動，馬上回答：「好啊！去哪裡集合？」野狼告訴她往右邊小路直走，就會看到了。

　　　　小紅帽跟著大野狼的指示，往右邊跑了過去。在半路上，她看到一群身上冒著一股黑暗勢力的野狼正朝自己走來，原來大野狼找了一堆幫手埋伏在半路上，要抓小紅帽。小紅帽一驚，趕緊往後走，可是野狼們的速度太快，一下子就抓到小紅帽。小紅帽大哭起來，就在這一瞬間，一顆圍繞著火花的球飛了過來，小紅帽一閃，不小心甩斷了自己的頭。這時，球又飛向野狼首領，野狼們一起擋都擋不下來，就全部飛到外太空去了。突然球又一轉，自己飛了回來，恰巧打在小紅帽剛斷的頭，頭就飛回來卡在她噴血的脖子上。原來小紅帽是金剛不壞之身。只要身體沒被火燒，怎麼打都打不死。跟在後面的大野狼看到了，嚇得屁滾尿流，趕快逃走。

　　　　小紅帽很感謝那一群足球少年，少年們也很慶幸小紅帽沒事。突然，小紅帽想起媽媽跟她說的話，趕緊飛奔到奶奶家。奶奶很高興小紅帽來，便煮了一鍋好喝的香菇雞湯給小紅帽喝。這時獵人剛好經過，奶奶就請獵人一起喝湯，獵人很高興，因為他剛好感冒了，能喝到雞湯，真是太好了。

　　這一組的作品乍看有些暴力，但其實在討論的過程中笑聲不斷的就是這一組。小紅帽自己甩斷了頭，圍繞著火花的球又把斷了的頭打了回來，恰巧卡在噴血的脖子上，這種視覺摹寫的技巧讓人彷彿身在其境，讓人有看電影的視覺效果，其誇張而怪誕的表現手法也是一種美的表現。小紅帽本來是一個弱小的女孩，轉變成為擁有金剛不壞之身，是一種逆向思考。文章最後請獵人喝湯，則又轉回溫馨的一面。

第二組的作品：

　　　　有一天，小紅帽的媽媽叫小紅帽去探望住在森林裡的奶奶，於是小紅帽便出去了。

　　　　小紅帽在去奶奶家的路上，看到大野狼躲在樹後面。大野狼說：那邊有很多奇怪的花，你要不要去看看？」小紅帽想都沒想就點頭答應了。

　　　　小紅帽一走，大野狼便以飛快的速度跑到奶奶家。大野狼敲了敲門，打算等老奶奶一開門就把她吃了，但老奶奶並沒有開門，而且屋裡非常安靜，一點聲音也沒有。大野狼把門打開，看了看裡面，發現屋裡一個人也沒有。大野狼心想：「反正只要可以吃掉小紅帽就好，奶奶不吃也沒差。」於是大野狼便躲在屋子裡，打算用原來要用來吃掉奶奶的方法把小紅帽吃掉。

　　　　大野狼躲了一會兒，就響起了敲門聲。大野狼用奶奶的聲音說：「進來。」門一開，大野狼馬上把嘴巴張得大大的，衝了出去，打算一口把小紅帽吃掉。但人算不如天算，門外的嘴

巴更大，反而大野狼被吃掉。這到底是怎麼回事？原來小紅帽摘了一朵「食人花」，食人花感覺到有東西衝了過來，便反射性的把大野狼吃掉了。

　　「奶奶跑去哪了？」小紅帽看著空屋，不禁脫口而出。「小紅帽！小紅帽！」她轉過身一看，哎呀，那不是奶奶嗎？原來奶奶高血壓，去看醫生了。當奶奶聽完大野狼的事，不禁捏了一把冷汗。「真是太危險了。」奶奶害怕的說。但是小紅帽說：「不要怕，就算有其他大野狼再來，只要把食人花放在門口就好了啊！」從此以後，小紅帽和奶奶再也不怕大野狼的騷擾了。

　　這篇文章的架構非常完整，雖然小紅帽和奶奶都沒有改變，但文章中出現了一個從沒出現過的食人花。本來大野狼只是想打發小紅帽去摘花，故事順著這個情節發展，接下來大野狼就要開始吃老奶奶了。但是大野狼張大了嘴巴卻被更大的嘴巴吃掉了，這樣的創意可說是無中生有，製造了更多的趣味。

　　第三組的作品：

　　　　有一天，小紅帽要去探望她那生病的奶奶，並且帶了一袋裝著食物的袋子。她走到森林時，遇到了大野狼。大野狼故意戲弄小紅帽，一把把食物統統搶去。小紅帽心想：「我這次沒有帶食物去，奶奶不知道會不會生氣？」小紅帽一邊擔心著，一邊繼續走，大野狼則跟在後面，等著看好戲。

　　　　到了奶奶家，小紅帽把食物被搶走的事告訴了奶奶，奶奶非常生氣，看到大野狼還嬉皮笑臉的一直笑，就更生氣了。奶奶勒著大野狼的脖子，一直搖晃，一直搖晃，大野狼腦震盪，後來就死了。

　　　　原來奶奶會生病，是因為太久沒運動，她一時激動，血液
開始循環，她又作了激烈的運動，一下子，病就全好了，後來
還當起了專門獵狼的獵人呢！

　　在原來的故事裡，奶奶只是一個配角，負責的事情就是被大野狼
吃掉。這個作品給奶奶加了很多情緒，一開始，小紅帽就擔心沒帶食
物去，奶奶會生氣，已經為故事留了一個伏筆。當老奶奶看到大野狼
嬉皮笑臉的樣子，居然暴怒的搖晃大野狼，後來還成為獵狼的獵人。
由虛弱轉為剛強，是逆向思考的創意。

　　第四組的作品：

　　　　小紅帽是個天真無邪、熱愛運動且懂得運用時間的小女
孩。這一天，一如往常，小紅帽早上六點準時起床。
　　　　「哇！今天真是個適合運動的日子啊！」望著窗外萬里無
雲的天空，小紅帽情不自禁的歡呼起來。於是小紅帽以百米
賽跑的速度「呼」的一聲，跑出了小木屋。沒想到她衝太快，
一下子就跑到一個陌生的地方。「哎呀！糟糕！」小紅帽竟迷
路了。
　　　　她餓著肚子，毫無目的的往前走。剛好大野狼也在森林裡
散步，一看到小紅帽就張開大嘴想咬她。於是小紅帽用力一
推，大野狼頓時倒在地上，動彈不得，嘴裡還不時流出口水，
真是噁心極了。這時小紅帽又看到七個矮得不得了的「小」大
人被綁在樹幹上，正在發抖。原來這七個小矮人是白雪公主的
朋友，因為屋裡沒柴火，不得已出來砍柴，不料前腳剛出門，
就被大野狼抓住，還被他用繩子綁了起來。小紅帽放了七個小
矮人，小矮人為了感激小紅帽的救命之恩，便送給小紅帽一些
食物，還告訴她如何找到回家的路。

　　不久，小紅帽來到了外婆家，發現奶奶正把一隻花豹壓在地上，架子上的獎盃上寫著：「老紅帽榮獲奧運摔角、舉重、跆拳道等項目第一名」。

　　小紅帽一家是運動世家，大野狼與大花豹這次真的是踢到鐵板了。

　　這篇文章也是逆向思考的創意。比較有趣的是：小紅帽先對抗了大野狼，老奶奶接著又壓制了大花豹，整篇故事高潮迭起，最後說這些兇猛的動物踢到了鐵板，真是一個很好的結尾。

第五組的作品：

　　一天，小紅帽走在路上，大野狼從旁邊的樹林跑出來。小紅帽沒有發現。大野狼趁著小紅帽不注意的時候立刻把她吃掉，並繼續走到小紅帽的奶奶家。

　　到了奶奶家，奶奶不在家，大野狼就在屋裡慢慢等奶奶回來。可是，等了好久，還是沒有看到奶奶回家。

　　大野狼覺得很無聊，想要打個盹，正好奶奶回來了。大野狼看到奶奶走過來，立即打開門想吃掉奶奶。結果因為奶奶剛上完健身房，有受過魔鬼的訓練，所以兩三下就躲過了攻擊，還脫困去找獵人幫忙。

　　獵人來到奶奶家，想用槍射大野狼。可是獵人太老了，居然被大野狼兩三下就吃掉了。奶奶沒辦法，只能拚了！

　　奶奶用奪命連環踢把大野狼解決，又從肚子裡救出了獵人和小紅帽，俗話說：「家有一老，如有一寶」，真是有道理。

　　這也是一個逆向思考的創意，奶奶一開始對自己沒有信心，躲過了攻擊，跑去向獵人求救。但是當獵人也被解決掉的時候，奶奶只好自己上場。學生用很簡單的幾個字「奶奶沒辦法，只能拚了」來形容

那種破釜沉舟的決心感覺特別有力。最後用一句俗語作為結尾，使得這一篇既是童話又有寓言的意味。

第六組的作品：

> 「媽媽，我要走囉！」小紅帽像平常一樣的出門。
>
> 到了一片樹林，她開心的採著花。突然大野狼跟她說：「小紅帽，我聽說這種果實可以治百病喔！」小紅帽想到生病的奶奶，就開心的把手中的花丟掉，將果實一顆顆的放在籃子裡。
>
> 小紅帽急急的往奶奶家走去。途中，他遇到了一位獵人。獵人問：「你要去哪裡？」「我要把果實拿給奶奶，希望奶奶的病可以趕快好！」獵人看了一下籃子，緊張的說：「小紅帽，你不知道這種果實有毒嗎？」可是大野狼不是說這種果實可以治百病嗎？這時，小紅帽突然不知道要相信誰。
>
> 大野狼在後頭發現了，生氣的說：「可惡！我得想個方法。」於是大野狼將自己裝扮成一位可愛的小女孩，跟在小紅帽後面，還幫摘果子邊說：「我要趕快採果實給阿公治病。阿公生病，只有吃這種果實才能把病治好！」小紅帽聽了，就放心將果實帶回去。
>
> 小紅帽到了奶奶家，一見到奶奶就說：「奶奶，吃了這果實，您的病就快好了！」並拿起一顆果實要給奶奶吃。奶奶吃了，馬上就昏倒了。小紅帽好緊張，不知道該怎麼辦，獵人也正好到了老奶奶家。一打開門，獵人想：「不好了！我晚了一步。」馬上幫奶奶作急救。終於在獵人的努力下，奶奶醒了。奶奶眼睛一張開就大喊：「小紅帽毒我啊！」獵人跟奶奶解釋小紅帽採果實的事，奶奶才恍然大悟，原來她誤會小紅帽了。
>
> 小紅帽知道是大野狼在騙她，非常生氣，決定與奶奶、獵人一起討回公道。他們找到了大野狼，大野狼假裝一副很鎮定

的樣子，還說：「什麼果實？我可什麼都沒做。」小紅帽和獵人生氣的說：「還說沒有！」並拿出刀架著大野狼的脖子。大野狼看情勢不對，只好；「好！我承認！但是你們總要給我時間解釋啊！」大野狼說：「我是為了替我的孩子報仇，我的孩子就是被你這個死老太婆踢進水裡的！」只見老奶奶不好意思的摸著頭說：「我是不小心的嘛！」這時老奶奶和大野狼互相道歉，就這樣，獵人、老奶奶、小紅帽和大野狼都成了好朋友。

這篇故事一開始沒有什麼特別的地方，就跟原本的故事一樣，小紅帽一樣純真易騙，大野狼一樣壞心，老奶奶一樣虛弱，獵人仍然扮演英雄的角色。但到了最後一段，整個情節出現轉折，原來做壞事的是老奶奶，大野狼卻以慈父的形象出現，的確給人耳目一新的感覺。這篇用的是逆向思考的創意。

經過這次的課程，學生對於創意的概念越來越清楚。當老師唸出文章，大部分的同學都能分辨是哪一種創意，也能欣賞別組的想法。在文字的運用上，有時候有些敘述句不夠簡潔，或是用了太多的對話造成情節的敘述不夠清楚，但是都能掌握到水平思考、逆向思考，甚至出現無中生有的創意。上次進行創意敘述句的寫作教學時，出現比較多的水平思考；但是當教學活動進行到創意敘述段時，逆向思考的創意就比較多了。這是因為敘述段必須有因果關係，從反方向去營造一些與眾不同的情節操作似乎更容易一些。

由於敘述句和敘述段會有交集，敘述段和敘述篇也有交集，這裡所舉的學生創作已成篇，似乎看不出敘述段的成效；但是敘述段形式上的效果就是準備累積成敘述篇，實質上的效果是推動情節，在檢視創意敘述段的成效時，我們應著眼在情節的部分，有情節才是敘述性文體的核心，有機的情節才能累積成為創意敘述篇。因此，在取證部分，可以分段來檢視，每一個敘述段除了判定是否有創意外，還要具備有推動情節的效果，才能達到創意敘述段教學活動的目的。

第六章　創意敘述篇寫作教學的模式

第一節　敘述篇的結構

　　文章結構是由句、段、篇組合而成，以句相連成段，段段相貫成篇，篇篇相扣成書；而教學者得以故事為經線，情節為緯線，形成編織式的寫作教學。敘述句大致可以分為故事式的敘述句和情節式的敘述句兩大類。到了敘述段，一方面準備累積成篇，段落之間有因果關聯，一方面也將情節往前推進。到了敘述篇，由於涉及到一個完整的事件敘述，所以要考慮的部分比較多。因為敘述句、敘述段、敘述篇和敘述書之間都會有交集，而這些在敘述句、敘述段也有出現，但沒有像敘述篇要考慮那麼多。以整個故事敘述學的架構來說，一般而言我們會考慮到敘述觀點、敘述方式和敘述結構。

　　敘述觀點就是小說的敘述者在小說中所扮演的角色，把自己所知道的情節表達出來，可分為：第一人稱敘述觀點、第二人稱敘述觀點和第三人稱敘述觀點。

　　第一人稱敘述觀點文章的敘述者是「我」，又因敘述者是「主角」或「配角」再細分為第一人稱主角敘述觀點和第一人稱旁知敘述觀點。敘述者如果是小說中的主角「我」，那麼「我」敘述的是自己的故事，包含外在言行的描述與內在心理的描繪，都能清楚表達。像是 J.D. Salinger 所寫的《麥田捕手》（J.D. Salinger 著、施咸榮譯，2007）用的就是第一人稱主角描述觀點。書中主角荷頓是個正直又叛逆的十六歲少年，因為功課不及格而被學校開除，他對自己所處的環境感到失望，又對現實社會有諸多不滿，決定離家找尋自我。這本書的觀點就是寫

荷頓的心情、想法和他所遭遇的各種事物。但如果是以第一人稱的敘述觀點來描述情節,「我」不是主角,而是配角,所提供的敘述觀點是有限的,就是第一人稱旁知觀點。當讀者隨著第一人稱的敘述觀點融入敘述者「我」的情境時,文章就像身歷其境,比較有親和力;但也因為「我」只能寫出「我」的所見所聞,表達「我」內心的感受,其他角色的想法及心路歷程或是「我」沒有目擊到的事物,就會被作者輕易帶過。《福爾摩斯探案》(A.C.Doyle 著、張玲玲譯,2002)就是典型的第一人稱旁知敘述觀點的小說。敘述者「我」是華生醫生,是福爾摩斯的密友兼助手。由於「我」是參與者,也是旁觀者,可以寫下「我」的想法,也可以觀察主角福爾摩斯的一舉一動,雖然不能表達出福爾摩斯的想法,但作者利用華生這個配角把神探辦案的過程記錄下來,讀者就容易融入精采的辦案和解謎的過程。

第二人稱觀點是以「你」來敘述,常用「對話」或「留言」的方式來敘述事情。像是《凱文怎麼了》(Lionel Shriver 著、葛窈君譯,2006)的敘述方式就是凱文的母親艾娃對她分居後的丈夫法蘭克的告白。

第三人稱敘述觀點分為兩種:人物視角式敘述和全知全能式視角。人物視角式敘述是以小說中某一人物的視點來感知,在敘述時以某一人物為切入點,敘述者跟隨他進行情節的推演。像是王禎和的《嫁粧一牛車》(王禎和,1993)中,一開始作者先暗示主角萬發背負著某一種沉重的屈辱,他耳聾,但沒有聾得完全,刃銳的、有腐蝕性的一語半言,仍能穿進他堅固防禦的耳膜;接著作者便由萬發的觀點進入故事的情節,也進入萬發的想法與感受。讀者可以從萬發的角度感受到他境遇的悲涼與無奈,至於萬發以外的人在想些什麼,只能由讀者自己想像,這也是有限全知的特色。全知全能式視角則是小說敘述中最常見的,除了敘述故事的發展和情節的推演外,還可以任意進出人物的內心世界。像是白先勇所寫的〈永遠的尹雪艷〉(白先勇,1983),敘述故事情節的第三人稱觀點的「他」是不存在於故事中的一個「觀察者」,讀者是透過「觀察者」的角度去觀看,故事的主角是上海百樂

門舞廳的舞女尹雪艷，配角是上海金融界的洪處長和那些捧場的人，但是故事的敘述者並不包含其中，而是以局外人的身分來客觀的描述。全知全能式視角也稱為全知觀點，所有的情節、內容、每個人心裡的想法、感受都可以描述出來。而第一人稱敘述觀點、第二人稱敘述觀點和人物視角式的第三人稱敘述觀點是有限度的，則是旁知觀點，只能告訴讀者自己所看到的。如果敘述者想要超越自己的觀察，所表達出來的則只是推測而非親身經歷。（祖國頌，2003：164-198）

　　在敘述方式上，小說的敘事是一種時間藝術，內含有兩種時間：一種是故事內容的歷史時間；一種是小說家的敘述時間。根據小說敘事時間的安排大致有順敘、倒敘、預敘和意識流。順敘就是按照事情的發生和發展的過程進行敘述，是最基本、最常見的敘述方法，所有的童話不論是白雪公主或是醜小鴨，都是用順敘方式敘述。倒敘是從事件的結局或故事發生一段時間後的某一時間點開始敘述，然後再按事件發生、發展的順序敘述，像是朱自清的〈背影〉（朱自清，2005）用的就是倒敘的手法。預敘是指故事尚未發生，預先敘述故事未來的情況，像是《紅樓夢》（曹雪芹，1991）裡，賈寶玉在太虛幻境聽到仙曲，這些仙曲預敘了故事未來的結局和人物的命運。意識流的故事敘述方式則不以外在時間發展，而是以腦中流過的思想來鋪排情節，著重在內心世界的刻畫，像是吳爾芙所寫的《達洛衛夫人》（Virginia E.Woolf，1993）。

　　由於敘述時要用到語言，語言是有意義的，因此敘述結構又分為語言結構和意義結構。在語言結構中，必須考慮到情節結構、性格結構和背景結構。一般的情節可分為開頭、發展和結局。比較有創意的情節結構則是開頭、發展、衝突、高潮和結局。性格結構是指人物的個性或習性，通常主角是圓形人物，每個個性和面向都被描寫到；扁平人物則是描寫人物的某一特性，無法了解全部，通常配角都是扁平人物。（E.M.Forster 著、李文彬譯，1993：59-68）像是《紅樓夢》裡

的林黛玉、賈寶玉、薛寶釵就是圓型人物；故事裡的襲人、晴雯則是扁平人物。背景結構著重在意境和氛圍，像是偵探推理的《福爾摩斯探案》在敘述時就要營造一種懸疑的氛圍；《傲慢與偏見》這個關於愛情與誤會的經典愛情故事發生在十八世紀末的英國，在敘述時就要描繪出當時英國社會的情境，才能讓讀者融入其中。作品以語言表達，作品的語言一定是有意義的，從語言面來說，故事的主題、情節和人物是透過文字語言表達出來；就非語言面而言，隱藏在文字之後的還有情感、意圖、世界觀、存在處境和潛意識的觀念想法。事實上這個敘事的方式是整個貫串在結構裡，敘述觀點就是在敘述時所採取的觀察角度，敘述方式就是在敘述時處理事件的方式，看是順敘還是倒敘，看是講述式語態還是展示式語態，這是貫串在整個結構。（周慶華，2002：195-208）所以整體來說，敘述篇的結構有敘述主體，就是作品裡進行敘述活動的實施者；有敘述文體，就是記述人或物在某時期中的動作或變遷過程的文章題裁；有敘述客體，就是作品裡敘述活動的實施對象。由於敘述篇是一個完整的事件敘述，所以結構相形複雜，要把前面的敘述句和敘述段收攝在一起，才能完成完整的事件敘述。而它所會體現的，則可以如周慶華所指陳的這麼多成分：

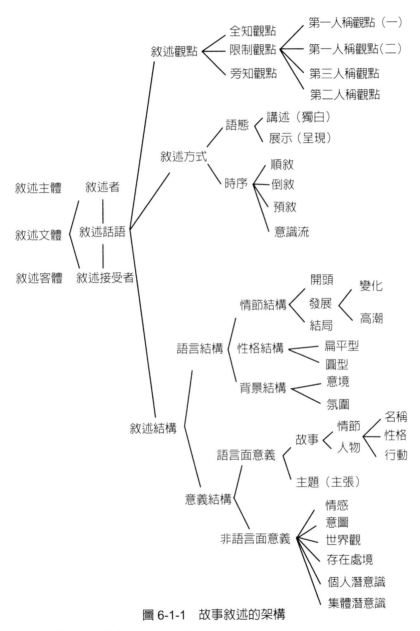

圖 6-1-1　故事敘述的架構

（資料來源：周慶華，2002：210）

　　情節結構涉及到分段的問題，由句到段到篇章，完成基本的情節結構是三段結構；比較有創意的是五段結構，而這五段結構還可以根據篇幅的長短作調節。像英雄旅程從平凡世界到歸返，總共有十二段，中間就分成十段。但也不是每一個英雄旅程都有十二段，像是《基度山恩仇記》（Alexandre Dumas 著、林文月改寫，1990）中，愛德蒙鄧蒂斯原本是個船員，因為蒙冤下獄，報仇心切而逃獄，從平凡世界進入歷險的召喚；在遇到法利亞長老後，他向上帝發誓只要長老活著，他絕不自己逃獄是拒絕召喚；法利亞長老告訴他基督山島寶藏的秘密是遇上師傅；當長老死了，愛德蒙假裝成死屍逃獄，是跨越第一道門檻，踏上冒險之旅；他得到財富之後，改裝化名為基度山公爵，先回到家鄉，確定鄧格拉斯和弗南特就是陷害他的人，摩萊爾則是對他和父親有恩的人，他先解決了摩萊爾公司的危機，救了阿爾拔，也就是仇人弗南特的兒子之後，來到巴黎，直接面對仇人，展開報復，也就是近逼洞穴最深處；當鄧蒂斯對弗南特展開報復時，他從前的未婚妻來求情，希望他能饒了她兒子一命，她說：「我卻看見自己的兒子將被昔日的未婚夫殺了！是您自己說的，無辜的母親，胸口上正揸著一把可詛咒的利刃！」（同上，309）鄧蒂斯很痛苦，「傻瓜！傻瓜！我究竟做了什麼傻事！十四年的痛苦，十年來的準備，在一夜之間全部前功盡棄了！為什麼我在決心復仇的那天，沒有把自己的心挖掉了呢！」（同上，312）鄧蒂斯陷入苦難折磨之中；在《基度山恩仇記》這本書中，獎賞就是復仇成功；最後，他的仇人都得到了應得的報應，對他有恩的家族得到了獎賞，得到了龐大財富的基度山公爵便帶著他視為女兒的希臘公主海蒂遠颺海上，也就是帶著仙丹妙藥歸返。在這個故事裡，有平凡世界、歷險的召喚、拒絕召喚、遇上師傅、跨越第一道門檻、試煉朋友敵人、進逼洞穴最深處、苦難折磨、獎賞和帶著仙丹妙藥歸返共十段。由於壞人毫無招架之力，無法做任何垂死掙扎，所以沒有回歸之路和復甦兩段，但這個故事已經非常精采了。

　　敘述篇除了是一個完整的事件敘述外，還要跟時代同步。敘述性文體可分為神話、傳說、敘事詩、史詩、傳記、敘事散文、故事、小說、少年小說、戲劇、兒童戲劇、網路小說、網路戲劇和童話。神話和傳說是前人轉述的，無法創新也無法捏造；西方的史詩如但丁的《神曲》、荷馬的《奧德賽》，這些作品在西方古典文學站著最高的位置，在任何文學中也沒有能超越它或與其相提並論的詩，但現在這種文體已經不再流行，現在也沒人創作；傳記受到記實觀念的影響，很難有創意表現；敘事散文和生活故事受限於自歷或親聞，在整體上的創意表現上比較難發揮；剩下的有小說、少年小說、戲劇、兒童戲劇、網路小說、網路戲劇和童話。小說、少年小說、戲劇和兒童戲劇這幾類可以虛構，可以極盡的創新，跟兒童或少年比較有關的有少年小說、兒童戲劇、童話和網路小說。以少年小說而言，少年小說的「內涵」是啟蒙與成長，可以選擇不同類型的主題，像是辨認善惡、體驗愛情、經歷考驗、友情試煉、戰爭洗禮、死亡威脅、面對恐懼和克服恐懼、環保與生態自然、歷史尋根、人性的折射和愛的尋覓。（張子樟等，1996：31-41）因此，可以寫出虛擬的時空背景與事物的幻想小說如《龍騎士》；描寫想像的科學或技術的科幻小說如《白色山脈》；刺激探險為主的冒險小說如《十五少年漂流記》；偵探懸疑的推理小說如《福爾摩斯探案》；以真實動物為主角的動物小說如《狼王夢》；把虛構人物與歷史事實連結在一起的歷史小說如《少年噶瑪蘭》；描寫少男少女在學校生活校園生活小說如《晉晉的四年仁班》；描寫家庭趣事的家庭故事如《我的爸爸是流氓》；以寫實的家庭問題為主的單親故事如《親愛的漢修先生》；少年對於自我的追尋如《清秀佳人》；及討論生態議題、關心環保的如《少年小樹之歌》。兒童戲劇在最近幾年也受到較多的關注。兒童戲劇除了可完全的創新，也可以傳統的歷史故事為主軸，發展出新的情節。例如李潼寫的《少年噶瑪蘭》已被蘭陽舞蹈團編為兒童舞劇，主要在講的是主角潘新格的一段冒險經過，以當時原住民的風俗習慣、服飾和特殊景觀為背景，運用魔幻寫實技巧讓過去與現代

合成一片，讓現代的潘新格回到過去，與自己的祖先度過一段活生生的典型族人生活。從取材來說，這是一本歷史小說；從技巧來看，融合了科幻小說和現實小說的手法；從情節來看，充滿了驚奇和刺激，也可歸類為冒險小說。（同上，92-94）又比如紙風車劇團正在全臺各地如火如荼進行的319鄉村兒童藝術工程，劇碼就是《武松打虎》，武松在景陽崗上打老虎是一個來自於《水滸傳》的古老歷史故事，但是紙風車劇團改編，將這吃人的老虎改成吃素的老虎，就出現不同的情節，創新為完全不同的故事。童話更不用說，改編後的小紅帽、白雪公主，充滿了更多的趣味和想像空間，可供有志者大展身手。在網路小說和網路戲劇方面，由於生活上對電腦科技的依賴，網路的連結無所不在，在網路媒體上發表的文學作品成為網路族群的流行話題，以往的文本只有單一的管道，作者寫完讀者看；但是進入網路文學時代，讀者不再是默默的一群，出現了「文本交織」的現象，讀者可以和作者對話，要求作者寫出自己希望達到的結局，讀者和讀者間也可以透過讀後心情的發表，達到讀者和讀者間的對話。網路小說的流行使得現代化的閱讀越來越快速，尤其是結合了圖像式的閱讀，讓網路小說有更多變的風貌。雖然目前網路戲劇出現的不多，但網路小說現在已出現文字和圖像的結合，文本交織的狀況，網路戲劇也將成為文學的趨勢。

第二節　創意敘述篇的趨時展演

如果還是寫普普通通的記敘文，那就沒有創意。如果要有創意，就要看現在整個記敘文的發展情況，也就是要怎麼和時代同步。

以寫作的型態來說，世界現存的三大文化系統各自發展出互不統屬的類型，會發展出這些不同的類型是因為模擬或仿效各自的信仰對象的風采或作為。西方人相信上帝創造宇宙萬物，因此西方人信守著

創造觀，是在模擬或仿效上帝造物的本事。中國人家族觀念重，一切以家族的光榮為光榮，家族的利益為利益，因此中國人信守著氣化觀，講求諧和自然、一團和氣。印度是佛教的發源地，相信緣起緣滅，萬物皆空，致力於生死與共、淡化欲求的精神。

　　西方的創造觀所預設的上帝是一無限可能的存有，像是柏拉圖、亞里斯多德相信最好的社會秩序是變動最少的社會，能夠保持世界原狀是最好的；基督教的歷史觀認為現世的生命只是朝向下一個世界的中途站，時間是永恆的，從伊甸園上帝造人開始，到上帝對已死去和仍然活著的人進行末日審判，這種世界觀認為人類歷史是直線型的，是一個線性的時間，世界具有嚴密秩序的結構，上帝主宰世界上的每一事物，人的存在目的只為了得永生。但是十八世紀後，當西方人發現自己的能耐可以和上帝相比時，開始了種種新的創造與發明，像是科學技術的快速發展及各種學科理論構設的層出不窮，都是很明顯的例子。西方社會在二十世紀初出現了「造象」的現代派寫作觀念，一反早期注重與神的關係，轉而追求純粹理性、以人為出發點的風格，相信創作者的想像是藉由文字構成，不必依附在寫實主義所呈現的外在世界；爾後，創造觀型文化所預設的上帝為一無限可能的存有性更遭到西方人自我質疑，透過玩弄支解語言來達到「自由解放」的目的，而在二十世紀中出現了「語言遊戲」的後現代派的寫作觀念；由於網路的發展，二十世紀末又有了新的發展，也就是網路超文本化的寫作。中國的文學從唐詩、宋詞、元曲、明清小說，一直都具備自我獨特的風格。但是從十九世紀末，中國與西方霸權文化接觸，摧毀了中國人的自信心，中國知識分子便開始嘗試「師夷之長技以制夷」，並且吸納西方文化產品的菁華，使其本土化，因此在二十世紀初以後，中國的氣化觀型文化的寫作表現就轉向西方取經，逐漸失去了中國的氣化觀型文化的本來面目。印度的緣起觀型文化內的寫作表現本來就不大積極，並未受西方文化太多的影響，而維持原有的格調。（周慶華，2004c：142-144）

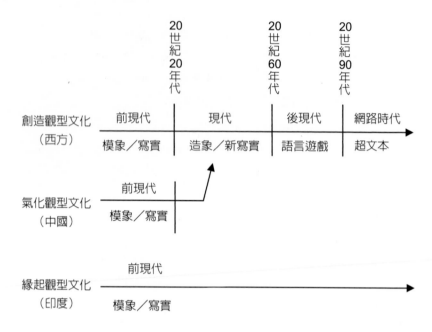

圖 6-2-1　文學的表現

（資料來源：周慶華，2004c，143）

　　西方文學起源於古希臘時代，荷馬的史詩《伊利亞特》和《奧德賽》在西方古典文學中一直佔據著最高的位置，兩千多年來，西方人一直認為它是古代最偉大的史詩。中世紀文學是指歐洲各國中世紀時期的文學，聖經文學取材於《聖經》，內容主要是讚美上帝權威，歌頌聖徒德行，並宣揚禁慾主義和來世主義思想；騎士文學是西歐封建制度的產物，內容主要是以描寫騎士的愛情和冒險故事、宣揚和美化騎士精神，以法國騎士文學成就最高。文藝復興是指 14 世紀到 16 世紀歐洲所興起的一個思想文化運動，文藝復興時期的作品體現的是人文主義思想，肯定人權，反對神權，代表性作品有但丁的《神曲》和薄伽丘的《十日談》。啟蒙時代是指在 18 世紀初到法國大革命間的一個新思維不斷湧現的時代，主要思潮包括理性主義、自然神論、環境決

定論和進步觀。浪漫主義文學產生於 18 世紀末，法國大革命不僅產生了巨大的政治影響，也為整個歐洲文化帶來了新的思潮；浪漫主義最基本的特徵是反映生活的理想性，強調藝術形象的奇異性和描寫的虛擬性，偏重於主觀理想，抒發強烈的個人感情，另一個重要特徵則是對大自然的歌頌。現實主義文學興盛於 19 世紀下半葉，是對 19 世紀上半葉興盛的浪漫主義文學的批判和推翻，作品的焦點是生活在社會中的大眾，偏重在現實的客觀描寫，強調真實反映現實社會生活，通過典型人物的塑造揭示出社會生活的本質，並互相結合，描寫的是當時時代的變動，而非浪漫主義式的個人內心情感的自我世界。現代主義運動興起於 19 世紀末期，由於工業革命和資本主義的發展，農民到都市謀生，距離接近卻情感疏離，是對西方文明的危機意識，特別是在人與社會、人與人、人與自然和人與自我四種關係所表現出的扭曲和異化，其表現手法是重視藝術直覺、重視主觀表現、重視形式創新，提出新的文學觀念、形式和表達技巧，給予全新的創新觀念或形象，試圖反映本世紀的人類思想、文化、社會及政治變遷，是一種新寫實，出現象徵主義、意識流小說、表現主義、存在主義文學、荒謬派戲劇和魔幻寫實主義等流派。後現代主義文學是第二次世界大戰之後，西方社會中出現的範圍廣泛的文學思潮，是以解構為創新的語言遊戲，不但對傳統文化進行批判，對於現代主義文學所試圖建立的新傳統也徹底否定。後現代主義文學的特色是主體性的消失、深度的消失、歷史感的消失和距離感的消失，對傳統的文學形式甚至「敘述」本身進行解構，但也更貼近大眾，不再保持遙不可及的文化距離。像是文學與電視、廣告和消費文化的結合，純文學與通俗文學的距離也消失許多。（畢桂發主編，1996；黃志光，2005；何欣，1996）

　　現在已出現的敘事性文體有神話、傳說、敘事詩、史詩、傳記、敘事散文、故事、小說、少年小說、戲劇、兒童戲劇、網路小說、網路戲劇、童話等。以敘述篇而言，所有的文體都有模象式，屬於前現代文學；造象式屬於現代派文學，有造象式的文體是敘事散文、故事、

小說、少年小說、戲劇、兒童戲劇、網路小說、網路戲劇、童話；語言遊戲式的後現代文學和網路時代的超連結則有小說、少年小說、戲劇、兒童戲劇、網路小說、網路戲劇、童話（詳見圖 6-2-2）。在三大文化系統裡的表現都有以寫實、模象為主的前現代文學；氣化觀型文化在前現代派仍能保有自我的特色，但是到了 20 世紀初，遭遇到創造觀型文化的衝擊就棄守而轉向追隨別人；緣起觀型文化這一系沒有受影響，一直是前現代模象的寫實觀念，到現在都沒有改變。

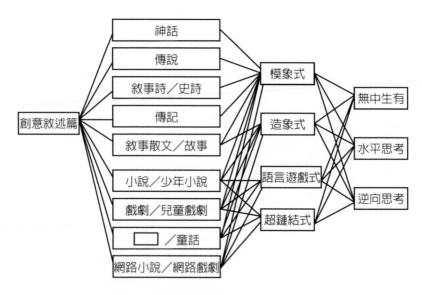

圖 6-2-2　創意敘述篇與文學表現的趨時展演

　　三大文化系統的文學表現大體上是這樣子。創造觀型文化所以能跨過現代、後現代和網路時代，最主要的原因就是他們比照造物主的創新欲求，所以不斷的想創新，創新就會超越前一代人的成就，且創新是無止境的，隔一陣子就會有新的發展。我們講創意敘述篇的趨時展演，事實上就是順著創造觀型文化這一系的發展來說的。

　　創造觀型文化的文學思維是線性思維。故事組成要件是按照時間的順序將前後組合起來，串成一連串的故事。就算把次序打亂，也不會影響到讀者閱讀時的結構；只要把時間重新組合後就可串連起來。西方的創造觀型文化很強調邏輯性，要靠想像力的運作，因為情節在線性發展時，人是沒有辦法經歷的，所以要靠想像力把每一部分都兼顧。而他的線性思維是跟受造觀念有關，人是受造者，造物者是創造者，二者是線性的關係。這種線性關係會投射在他的邏輯創作上，所以線性觀念很強，主角和配角分得很清楚不能混淆，否則線性就沒有辦法伸展。

　　氣化觀型文化是非線性，像氣的流動，所謂「道生一，一生二，二升三，三生萬物。萬物負陰而抱陽，沖氣以為和」（王弼，1978：26-27）、「夫混然未判，則天地一器，萬物一形。分而為天地，散而為萬物。此蓋離合之殊異，形氣之虛實」（張湛，1978：9），所以情節是沒有辦法掌握到它的直線性；情節都很分散，就跟氣的觀念有關。因為情節是以散式的方式呈現，所以作品誰是主角，誰是配角，不很明確；西方的則很明確，線性觀念和非線性觀念的差別就在這裡。這在敘述性作品上可以看得很清楚。現在我們學別人的，要學好這一點很困難，以致只有在形式上「肖似」而無法「全像」。我們的主角配角是有分別，但界線不是那麼明顯。這從小說裡面看得出來。找西方有名的小說如《孤星淚》和中國有名的小說如《水滸傳》，我們一對照就很清楚。我們現在的趨時展演事實上是追隨著西方的創造觀型文化這一系統，因為我們自己沒有辦法開展新的；但一追隨之後，原來的傳統就丟棄了。此外，又由於文化的內質難變，也沒有辦法學好別人的。也因為這樣子，所以我們的文學作品在世界文壇並沒有地位，原因是別人看不懂，表面上好像一樣，但骨子裡是不一樣的，也就是不了解作品為什麼寫成這樣，而國人不知這個緣故，反埋怨文學獎沒有看到臺灣的作家作品。

　　在臺灣，1960 年創刊的《現代文學》雜誌可說是臺灣現代文學出現的起點，是由當時就讀臺灣大學的一群學生作家所創立，有系統的介紹了西方現代文學。在劉紹銘起草的創刊號宣言明確的規定該雜誌的任務是：試驗、探索和創造新的藝術形式和風格，從事改變中國傳統的「構造性毀壞」工作。當時他們沉浸於西方現代主義的原因是在於他們所處的環境。他們無法從二、三 0 年代中國現代文學中直接的繼承傳統，而豐富的中國古典文學又被他們認為只適合於學術研究，於是出現一批閃爍著技巧的光芒，而題材適合與否則有待商榷的小說創作。《現代文學》的編者認為技巧可以來自西方，但作家還是應該關心當代中國的現實。從這個意義來說是背離了西方現代主義的某些基本準則。他們熱切的嚮往西方現代文學，但是對於國內和國際的文化和歷史背景缺乏特定的意識，臺灣的現代主義歸根究底是形式重於內容、風格和技巧重於深刻的哲學意義。（李歐梵，1996：181-186）柯慶明認為：臺灣的「現代主義」小說大抵都透過「眼前景」的「現在」時間中的相對簡單的事件，而喚起更為長遠複雜相關近似的「過去」事件的記憶的浮現，而在二者的平行並列中，作者讓人物或我們窺見經驗的完整意義或象徵性的全貌，因而了悟其「個人的真理」或採行更為深入真諦的得體行為。但這些小說人物所信靠的「個人真理」嘗試暴虐的，常以自甘墮落的方式求倖存，或陷入瘋狂或清醒卻走向自殘，反映出一種深切的道德危機，臺灣的現代主義小說往往表現的是一個深沉的道德質疑。（柯慶明，2006：193-194）在追隨創造觀型文化後，我們似乎也失去自我文化的本質。

　　20 世紀初追隨後，整個記敘文的寫作是以創造觀型文化的表現為摹本。白先勇的〈遊園驚夢〉有現代派意識流手法的應用。在竇公館豪華的宴席上，錢夫人在花雕酒和言語的刺激下，眼前景象由竇夫人公館的宴席轉變成現在的竇公館故事和當年南京酒筵清唱會故事的重疊，錢夫人的意識流動在兩個時間相互交錯重疊在一起。因為現代派是造象，是創造新的形象，跟前現代派模象不一樣；前現代是把現實

中美好的寫進來，現代派不滿這一點，所以創造一個新的形象。白先勇吸收了這個觀念，〈遊園驚夢〉這篇文章的其他部分都是寫實性，意識流那一段改變了整個作品的性質。現代派還有一個流派是存在主義，在七等生的〈我愛黑眼珠〉中，男主角在一場洪水中，不理會他太太，只照顧一個身邊陌生的女子，很被人批判怎麼能提倡這種不倫理的觀念。事實上這是存在主義的作品，存在主義重視當下的存在及與周遭人事物的關係，因為那條洪水阻隔了他和太太，沒辦法對太太有所回應；但身邊這個人需要照顧，所以他徹徹底底把自己定義為當下的存在。而他太太不願意承認這一點，就必須付出代價，最後就跳下來被洪水沖走。張大春的〈自莽林躍出〉則是超現實主義的作品，超現實主義作品是要人重視潛意識內在世界。張大春這篇作品所表達的是要重視真實和虛幻，也就是我們一般說的靈異。這篇文章是在寫一個作家受出版社的邀請到亞馬遜河遊歷，準備回來要寫作，遇到很多奇奇怪怪的事情，最後一群人就在空中飛，很奇幻。人怎麼可能在空中飛？事實上是有可能。那個酋長死去了的頭還可以和身體分開，很靈異，但那就是真實。他就告訴我們這是真實；真實和虛幻不斷交錯就是新的真實。不能說感應不到就否定它的存在，也不是實際經驗得到的才是真實，這就是現代派造象。

　　黃凡的〈如何測量水溝的寬度〉是屬於後現代文學。後現代的特色在於解構和拼貼，文章中不斷的玩語言遊戲，裡面用後設語言，也就是用議論性的語言去談他是怎麼寫的，並且跟讀者對話。（黃凡，1992：109-126）蔡源煌的〈錯誤〉寫的是臺中仔和玉綢的故事，裡面也是出現大量的後設語言與讀者的對話，最後一段出現的是這其實是一個作家在構設一篇小說（瘂弦主編，1987：145-162），都是很有代表性的後現代小說。所以趨時的表現也是順著現代派或網路時代；我們自己這一系已經沒有，已自我斷絕。在創意敘述篇的教學策略，第一就是要教敘述篇的結構；第二要教創意敘述篇的趨時展演，也就是跟著整個時代的表現在前進。

第三節　創意敘述篇的教學策略與教學活動設計

　　前面我把敘述句分成兩類：一類是故事式的敘述句；一類是情節式的敘述句。到了敘述段，敘述段不論小段或是大段，最重要的是敘述段的構成依據一定要有因果關係。到了敘述篇，兩個以上的敘述段就可以構成一個敘述篇。

　　在創意敘述篇的教學策略，第一就是要教敘述篇的結構。以整個故事敘述學來說，我們會考慮到敘述觀點、敘述方式和敘述結構。敘述觀點可分為：第一人稱敘述觀點、第二人稱敘述觀點和第三人稱敘述觀點。敘述方式根據小說敘事時間的安排大致有順敘、倒敘、預敘和意識流。敘述結構又分為語言結構和意義結構。在語言結構中，必須考慮到情節結構、性格結構和背景結構。意義結構要注意語言面的意義，像是故事的情節安排是否有創意、人物的性格及行動、故事的氛圍是否合乎內容；非語言面意義則是隱含在故事內的情感、意圖、世界觀、存在處境及潛意識。

　　第二要教創意敘述篇的趨時展演，也就是跟著整個時代的表現在前進。廖炳惠說過：「人」總是在他無法決定的條件下創造歷史，一方面他似乎自由地創造自己所要的藝術、文化；但另一方面卻受制於所處的環境及歷史條件，而受到當時的社會及意識形態的模塑，沒有辦法脫離那社會化形成的過程。因此，藝術絕不可能從歷史中抽離出來，就好像《儒林外史》絕不可能出現在今日非科舉考試的社會；我們可能有的是像《拒絕聯考的小子》這樣的作品，而不可能再有《紅樓夢》或白先勇《臺北人》這樣的作品出現，因為歷史已經改變，使得藝術表達的理念也隨著改變。（廖炳惠，1994：337-338）以敘述篇來說，

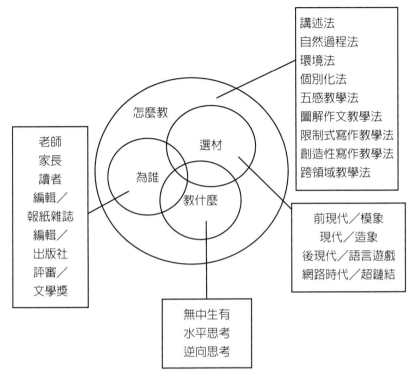

講述法
自然過程法
環境法
個別化法
五感教學法
圖解作文教學法
限制式寫作教學法
創造性寫作教學法
跨領域教學法

怎麼教

選材

老師
家長
讀者
編輯／
報紙雜誌
編輯／
出版社
評審／
文學獎

為誰

教什麼

前現代／模象
現代／造象
後現代／語言遊戲
網路時代／超鏈結

無中生有
水平思考
逆向思考

圖 6-3-1　創意敘述篇的教學策略

（改自周慶華，2011：67）

文學的表現從前現代、現代、後現代到網路時代，創意敘述篇的趨時展演就是朝著這個方向進行。

依圖 6-3-1 所示，確定了創意敘述篇的教學策略後，接著就是教學活動的安排。後現代文學和網路時代超連結的敘述性文體，有小說、少年小說、戲劇、兒童戲劇、網路小說、網路戲劇、童話。而在選材上，對兒童來說，少年小說、兒童戲劇、童話是比較適宜教學的。

敘述觀點的部分，以翰林版國小五年級下學期國語習作第十三課的文章為導引。一個是從小男孩的觀點來看可愛的小狗點點；一個是從小狗點點的觀點來看小主人的粗暴，藉由不同的角度來激發創意及

想像。除了文章中的人物，教學時另外再加上一個媽媽的角色。如果媽媽跟小男孩有對話，就是第二人稱敘述觀點；如果媽媽只是在旁邊觀察，則是第三人稱敘述觀點。

敘述方式的部分，以翰林版國小五年級下學期國語課本第十三課〈走過了就知道〉為導引。因為缺水的緣故，作者必須和爸爸在半夜一起到田裡等水圳放水，卻因為作者忘了帶父親交代的鋤頭，必須摸黑獨自經過墳場的心路歷程。在課文中，是按照時間順序寫。如果把第一段以現在的時間呈現，第二段改成作者回憶以前發生的事就是倒敘。

敘述結構的部分，也是以〈走過了就知道〉為例。作者摸黑獨自經過墳場，一路上，腳不聽指揮的抖了起來，牙齒咯咯咯的響著，心也咚咚咚的敲著；一直到走完這條路，不再怕黑，也戰勝了恐懼。有開頭、發展、變化、高潮和結局的五段式的情節結構是比較有創意的。在背景結構上，經過墳場那一段所營造出的意境和氛圍必須讓讀者讀來有可怕的感覺，才能襯托出整個文章的變化和高潮。在性格結構上，主角是小男孩，所以對他的描述比較仔細也比較全面，爸爸只是配角，不必多加描述。

兩個以上的敘述段就成篇。因此，創意敘述篇不要求學生寫多，但是不希望敘述觀點如同平常的作文一般一成不變。教學活動以自然界生物為對象，假想自己是別種生物會如何看待人類，換一個角度極盡的發揮創意。後現代文學除了是以解構為創新的語言遊戲外，也有打破菁英文學與大眾文學界限的趨向，跟生活更貼近。像是電視節目、廣告甚至商品，都能和文學結合。此外，還可以往魔幻及科幻的方向構思。以我自己曾經實施的為例：

表 6-3-1　創意的敘述篇教學活動設計

單元設計	創意的敘述篇教學	教學對象	五年級普通班
設計者	瞿吟禎	學生人數	31 人
教學時間	80 分鐘	場地	教室

教學目標
一、能了解敘述篇的結構。
二、能了解創意敘述篇的趣時展演。
三、能藉由對自然生物的觀察，以人類以外的角度構思，發揮創意。

教學資源
《翰林版國小五年級下學期國語習作》，《翰林版國小五年級下學期國語課本》，《水滸傳》、《孤星淚》、《小王子》，校園的花圃，作文簿

教學活動流程			
教學活動內容	教學時間	教學目標	教學評量
一、準備活動 （一）教師準備《翰林版國小五年級下學期國語習作》，《翰林版國小五年級下學期國語課本》，《水滸傳》、《孤星淚》和《小王子》。 （二）學生準備：課前閱讀《孤星淚》和《小王子》。			
二、發展活動 （一）敘述篇的結構 　　1. 敘述觀點： 　　　　教師：我們一起看國語習作第十三課這兩篇短文,有什麼相同和不同的地方？ 　　　　※相同的地方是這兩個故事都在講一個小男孩養狗的事情。 　　　　※說故事的人不一樣。小男孩覺得小狗很可愛,自己很愛小狗點點,也對牠很	5 分	《翰林版國小五年級下學期國語習作》。	能回答老師的問題。

好。但是小狗覺得小主人很粗魯，弄得牠很不舒服。

教師：一樣的事情為什麼會有完全不同的感受？

※因為看事情的人不同。就好像男生覺得拉女生的頭髮很有趣，女生卻很討厭這些幼稚的男生。

教師：從誰的角度看就是觀點。從小男孩的觀點來看，他認為自己很愛小狗；但是從小狗點點的觀點來看，小主人很粗魯。小主人和小狗都是以自己為主角，說自己的想法，是第一人稱敘述觀點，就像是英文裡的「I」。今天如果同樣是小男孩和小狗的故事，裡面加了一個角色，比如說媽媽，媽媽在旁邊觀察主角小男孩的動作，跟小男孩說：「你要輕輕的摸小狗，不要一直拉扯小狗。」這時候，媽媽不是主角，她在旁邊跟主角說話，主角小男孩變成英文裡的「you」，媽媽就是第二人稱敘述觀點。還有另一種情況，如果媽媽只是在旁邊看，沒有對小男孩說話，也沒有對小狗說話，媽媽只是在旁邊觀察，看著小男孩和小狗互動的過程，媽媽是不存在於故事中的描述者，媽媽在敘述這個故事的時候，主角小男孩變成英文裡的「he」，就是第三人稱敘述觀點。

2. 敘述方式：

教師：我們一起看國語課本第十三課〈走過了就知道〉。作者先形容稻田像

5分	《翰林版國小五年級下學期》

能回答老師的問題。

	豆腐乾似的,為了引水,他們一行人半夜前往水圳。到了水圳,因為忘了帶鋤頭,作者必須自己穿過墳場回家拿。作者自己回去,心中感到恐懼。回來的路上,他發覺自己戰勝了恐懼。這種按照時間順序的敘述方式是什麼?	國語課本》。	
	※按照時間順序敘述的是順敘法。		
	教師:如果這篇文章開頭先寫現在,再用回憶的方式寫過去發生的事,是哪一種敘述法?		
	※先寫現在,再寫以前發生的事是倒敘法。		
3.敘述結構:		5分	《翰林版國小五年級下學期國語課本》。	能回答老師的問題。
	教師:上次我們說過有些文章只有開頭、發展、和結局,讀起來比較普通。有創意的文章要增加什麼?		
	※要有變化和高潮。		
	教師:有開頭、發展、變化、高潮和結局的五段式的情節結構是比較有創意的。大家覺得這篇文章特別的地方在哪裡?		
	※作者必須獨自經過墳場。		
	教師:文章最精采的部分就是高潮。大家覺得高潮是哪一部分?		
	※作者一開始很害怕,走過去之後,戰勝了恐懼是高潮。		
	教師:在這篇文章中,對誰的描寫比較清楚?		
	※對小男孩的描寫最清楚。		
	教師:文章中對於父親的描寫是如何?		
	※幾乎沒有描述爸爸的事情。		

教師：我們在寫作時，要把主角描述得清楚一些，不重要的配角可以簡單敘述就好。 教師：這個故事發生在哪裡？ ※發生在鄉下。 教師：你怎麼知道？ ※故事有寫到稻田、水圳和墳場。 教師：這個故事發生在鄉下，所以描述背景就要符合故事的內容。因為作者最後要戰勝恐懼，所以墳場那一段就要描述得可怕一點，才能表現出可怕的氣氛。			
（二）創意敘述篇的趣時展演 教師：我們都學過唐詩，對唐詩也很熟悉。唐詩為什麼稱為唐詩，而不是張詩或宋詩？ ※因為唐詩是在唐朝流行的詩。 教師：中國的每一個時期都有流行的文體，宋朝流行的文體是什麼？ ※宋詞。 教師：大家都知道孫悟空，他是《西遊記》的主角；《水滸傳》裡武松打虎的故事大家也很清楚。《西遊記》和《水滸傳》是什麼朝代的書？ ※明朝時的書。 教師：是的。明朝流行的文體是小說。明朝有四大奇書就是《西遊記》、《水滸傳》、《三國演義》和《金瓶梅》。 教師：我們試著一起把中國的朝代按照順序唸出來。 ※夏、商、周、春秋、戰國、秦、漢、三國、唐、宋、元、明、清和中華民國。	10分	《水滸傳》、《孤星淚》、《小王子》。	能思考後回答老師的問題。

教師：從漢朝開始，老師把流行的文體和
　　　朝代連在一起。漢賦、唐詩、宋詞、
　　　明清小說。我們現在流行什麼？
※漫畫和卡通。
※線上遊戲。
※白雪公主、灰姑娘、史瑞克和海賊王。
教師：大家說得都對，但這些都是西方傳
　　　來的故事。英國的瓦特發明蒸汽機
　　　後，西方進入工業革命。蒸汽機產
　　　生動力，製造很多東西。為了把商
　　　品賣出去，西方人開著船到世界各
　　　地。當時是中國的滿清時代，高高
　　　在上的皇帝認為那些西洋人是蠻
　　　夷之邦。誰知道西方的大炮一打
　　　來，清朝被打得落花流水，從此喪
　　　失了自信心，想要「師夷之長技以
　　　制夷」。中國以前有很豐富的文
　　　化，但是清朝以後，很多事物都學
　　　西方，中國文化的特色就消失了。
※好可惜。
教師：的確很可惜，但中國文學發展的實
　　　際狀況就是這樣。我們讀過了西方
　　　文學的《孤星淚》和《小王子》，
　　　這兩本書有什麼不同？
※《孤星淚》的故事比較可憐。
※《孤星淚》主角一直被欺負，還是很努
　力當好人。
※《小王子》的故事不是發生在地球。
※《小王子》故事裡的星球都很小，上面
　只能住一個人，而且那個人的職業很奇
　怪。
教師：像《孤星淚》比較真實的故事是仿
　　　造真實世界所寫的，屬於模象寫實

的前現代作品。《小王子》的內容比較奇幻，是想像出來的，屬於現代派造象新寫實的作品。還有一種後現代派的作品是把各種文體拆散再組合的。可能一本書裡有好幾個故事的開頭，每個故事都只有一段。或是一本書裡沒有完整的敘述段，而是用一條一條像字典的解釋拼成一本書。 ※那種書不是很奇怪？ 教師：那就是後現代文學解構和拼貼的特色。另外像是把文學和廣告、電視節目或商品結合，也是後現代文學的特色。 教師：西方從前現代、現代、後現代，現在發展到網路時代。在網路上，可以進行文章接寫，讀者可以和作者互動，讀者和讀者也可以互相討論，多向的互動是網路時代的特色。		
（三）校園觀察： 　教師：你看到什麼？ 　※很多螞蟻在樹葉上跑來跑去。 　教師：仔細看，螞蟻在忙什麼？ 　※樹葉上有很多小點在移動，好像是芽蟲。 　※我知道，芽蟲是螞蟻的乳牛，芽蟲會分泌糖果給螞蟻吃。瓢蟲最愛吃芽蟲，螞蟻會保護芽蟲，所以螞蟻才會那麼忙。 　教師：如果你是負責整理花園的園丁，你喜歡螞蟻和芽蟲嗎？ 　※不喜歡，螞蟻和芽蟲都很討厭。 　教師：如果你是螞蟻，你喜歡園丁和芽蟲嗎？	25分 校園的花圃。	能仔細觀察。 能回答老師的問題。

※會喜歡芽蟲，討厭園丁。 教師：不同的角色會有不同的想法，想想看，如果自己是那隻螞蟻會怎麼想，如果自己是芽蟲會怎麼想。 教師：觀察四周有什麼自然的景物？ ※有天空、風、椰子樹、螞蟻、蝴蝶、石頭…… 教師：如果你是天空，會有什麼想法。如果是一顆石頭，會有什麼想法。			
三、實作與分享 教師：想像自己是某一個自然界的動物或植物，或是某一種物體，像是太陽、月亮或石頭，用它的角度去看世界，想像自己發生了什麼，會如何和人類對話，或是和自然界其他物體對話。可以按照時間順序寫，也可用回憶方式寫。內容儘量發揮創意，和日常生活中的物品結合，像是電視節目、線上遊戲、故事書裡的人物或是不存在的魔幻世界，都可以放進內容裡。	30分	作文簿。	能安靜思考，把想法寫成文字，表達出來。

以我個人的教學為例，以下是學生的作品。

S2 的作品：

〈我是一隻小鳥〉

　　我飛越天空，到世界各地旅行。我看到碧藍的大海和青翠的山巒，也看到人類不停的砍伐森林，使用有著鯨魚大嘴巴的機器破壞我們的家園。

　　我們可以休息的地方越來越少，很多同伴還被抓走。看著同伴一個個的消失，家園一個個被破壞。我怕被人類發現，只好拚命的飛，拚命的躲藏。

　　我們鳥類是吃蟲的，因為鳥類減少，害蟲越來越多，蟲類的氾濫造成人類得到怪病，已經快要滅亡了。這時，人類才警覺到鳥類的重要，但已經來不及了。

　　現在，蟲越來越多，我不管飛到哪裡都可以吃到飽，人類反而成了最少的族群。

　　作者想像自己是一隻小鳥，是以第一人稱觀點寫作，主題是環保議題。前面講的是人類對於山林的破壞影響了鳥類的生存空間，跟現實的情況是一致的。後面並不是寫人類開始保護山林，愛護自然，而是跳脫愛護大自然的想法，直接寫到人類成為弱勢的族群，鳥類反而到哪裡都可以吃到飽，是一種逆向思考的想法。

　　S2 認為：我覺得可以再加油，寫一篇好的小文章。感覺起來這篇文章對 S2 來說並不困難，他可以寫得更好。

　　S5 的作品：

〈惡魔〉

　　我是一顆被琢磨過的高級鑽石，現在靜靜的躺在珠寶店的架子上。

　　回想過去，我曾經是顆快樂活潑的小石頭，住在一個有著大片森林的地底。但是，好景不常，人類發現了我，把我切割得遍體鱗傷，然後放到珠寶店的展示架上。

　　在那裡，受害的不只是我，還有其他珍貴的石頭。有許多貴婦在我身邊指指點點，露出輕視的眼神，把我和其他的兄弟比來比去，好像自己比神還高貴似的，令我十分厭惡。

有一天，一個蒙面人手持一把小刀衝入珠寶店。那些貴婦跪在地上求饒，樣子是那麼的卑賤。蒙面人一把拿走了那些貴婦的錢包，轉身就走，沒想到他一出門就被警察抓了，貴婦們馬上又換了一副嘴臉。因此，我看見了寄宿在人類心中的惡魔。

作者想像自己是一顆鑽石，是用第一人稱旁知觀點來看事件的發生。這篇短文的變化在於蒙面人拿了刀要搶貴婦，貴婦的臉由一開始的輕視轉變為求饒的卑賤，危機解除後又轉變成另一副嘴臉。雖然內容很簡短，但是從開頭、發展、變化、高潮到結局，是很完整的五段格式，是很有創意的一個敘述篇。

S5 認為：很容易，隨便寫都可以。感覺得出來，這篇文章對 S5 可說只是牛刀小試，游刃有餘。

S7 的作品：

<h3 style="text-align:center">〈戰爭與和平〉</h3>

我的名字叫小飛，我的工作是負責搬食物，我的家族住在人類的床底下。

有一天，窩裡的食物快沒了，我們不得已只好出去找食物。突然，眼前出現一隻死小強，同伴們心想太好了，便衝過去準備要搬。沒想到這卻是人類的陷阱，小強身上塗了螞蟻藥。我大聲喊：「撤退！撤退！」卻來不及了。眼看同伴一一倒下，剩餘的同伴不到十隻，我們便開始擬定作戰計畫。

第二天，人們開始大掃除，我們的計畫也開始執行。我們派出兵蟻把窩裡的髒東西和排泄物塗在人類那晶晶亮亮的牆壁上，還派隔壁村莊的白蟻在外面飛來飛去，惹人類生氣。

　　　　人們火大了，直接把床搬走，往我們的窩裡狂灌熱水。我
　　　們也不甘示弱，一直派出大軍騷擾。我們對人類的惡行吞忍了
　　　很久，所以我們不能輸。

　　　　最後，因為雙方損傷慘重，訂定了和平條約，條約內容如
　　　下：「人類和蟻族要和平相處，不得互相干擾。」現在，我們
　　　是有尊嚴的蟻族。

　　作者化身為一隻螞蟻，以第一人稱觀點寫作。主題在於和人類的
抗爭，最後成為有尊嚴的蟻族。人類對於螞蟻的評價大概就是團結或
勤勞，要說真的喜歡螞蟻的人應該少之又少。S7 想像出螞蟻和人類的
戰爭，並且利用蟻族的團結特性，造成雙方損傷慘重而訂定和平共存
的條約，可說是一種無中生有的創意。S7 認為：我是主角，我覺得寫
吃東西就像走路一樣，但是這個比較難寫。看來，對於學生來說，食
物更能激發出想像力。

　　S12 的作品：

<h3 style="text-align:center">〈三隻小豬續篇〉</h3>

　　　　自從大野狼被熱水燙傷後，大野狼再也不敢騷擾我們了。
　　　可是大野狼越想越不甘心，於是通知親友們，暗地裡實行計畫。

　　　　這天，我到森林裡找食物，突然看到一群狼往大野狼家的
　　　方向走。「他們不是大野狼的親戚嗎？今天怎麼突然去找他？」
　　　我禁不住好奇，便偷偷的跟蹤大野狼們。

　　　　我看到狼群走進大野狼家，就躲在窗戶下。不久，傳來說
　　　話的聲音。大野狼說：「我們今天晚上趁小豬們睡著時，趁機
　　　溜到小豬家，把他們一隻隻吃掉。」我聽了大驚，便飛也似的
　　　跑回家，把事情原原本本的說出來。大哥和二哥聽了都很害
　　　怕，大家商量過後，決定找親友們幫忙。

晚上，狼族偷偷的跑下山，見四下無人，便往山下的豬舍直衝而去。突然，一顆顆石頭從四周射來，山頂上也有原木滾下來。狼群們遇到突襲，驚惶失措。這時四周衝出許多山豬，頂著尖銳的獠牙向狼群衝去。狼群被衝得陣腳大亂，最後只好夾著尾巴逃走。

看到狼群跑了，我們高興的互相擊掌，再次打敗了大野狼，獲得勝利，真開心。

這篇故事延續上次的童話改寫方式，不同的是作者化身為豬小弟，以第一人稱觀點寫作。這篇作品的發展是大野狼通知狼族一起襲擊，似乎是萬無一失。變化在於豬小弟發現此事，也做好萬全準備。高潮在狼群遇到突襲那一段，狼群驚惶失措而敗逃。從開頭、發展、變化、高潮到結局，是很完整的五段格式。S12 說：我認為除了要想一想以外，其實很簡單，沒什麼困難。這可能是因為他選擇的題材是在敘述段練習過的童話改寫，在這次的練習只要改變觀點，比較能駕輕就熟。但整個創意結構完整，文字簡潔，已經掌握了創意寫作的要領。

S14 的作品：

〈狗的獨白〉

我原本是一隻在路邊流浪的小狗。有一天，一個小男孩出現了，他可能是看我可憐，便把我撿起來，送到專門幫狗狗美容的地方洗澡剪毛，又帶我帶獸醫那裡打預防針，一切就緒後，我們就一起回家。

剛開始，我很怕小主人一家人，但日子久了，我越來越喜歡跟他們在一起。早上我會在太陽升起時大叫，提醒小主人該起床了；小主人放學回來，我會在他身邊跑來跑去，看著他寫功課；到了傍晚，小主人會帶我去散步；晚上我們還會睡在一起呢！

　　可是有一天，小主人的媽媽出車禍了，她為了閃避一隻突然衝出來的流浪狗而撞到安全島。小主人對著我大吼：「就是像你這種流浪狗害我媽媽出車禍，你出去！你出去！」他一說完，便拿起棍子要打我。爸爸說：「你不能因為一隻狗咬你，就討厭全部的狗。」小主人仍然一直踢我，想把我踢出家門。滿身紗布的媽媽開口說話了：「幸好我們撿起了你，不然可能會有其他人受傷！」

　　現在，每天早上我會在太陽升起時大叫，提醒小主人該起床了；小主人放學回來，我會在他身邊跑來跑去，看著他寫功課；傍晚小主人會帶我去散步；到了晚上，我們還是睡在一起。我想，我是一隻最幸福快樂的小狗了。

　這篇短文是以第一人稱觀點寫作，也是很完整的五段格式。開頭是小狗被小男孩撿到，發展是他們成為好朋友，變化是媽媽因為一隻流浪狗而發生車禍，男孩要把小狗趕出去。在這裡可以有很多變化，可能小狗真的被趕出家門，再度成為流浪狗；也可以是爸爸強力把小狗留下。但這裡的高潮在於把小狗留下來的是因為流浪狗而受傷的媽媽；當媽媽說：「幸好我們撿起了你，不然可能會有其他人受傷！」就無異議的把小狗留下來了，是一個逆向思考的創意。S14 說：我是以獨白的方式寫的，我覺得我寫得還可以。可以看出學生對五段式寫作格式和創意的操作是有信心的。

　S18 的作品：

〈烏龜的獨白〉

　　「小毛，吃飯了。」記得以前每天晚上小主人總是興沖沖的拿飼料給我，我慢慢的吃，她在旁邊微笑的看著我，我想，我是世界上最幸福的烏龜。

可是漸漸的，我很明顯感受到小主的心離我越來越遠。有一天，小主人的男朋友送她一盆海芋。過了幾天，她又提了一個鳥籠回來，裡面是一隻金絲雀。

「你看，走路慢吞吞又髒兮兮的烏龜，怎麼會得到主人的疼愛呢？」「就是說嘛，還待在這裡丟人現眼的，真討厭。」海芋那麼優雅，那麼高貴，金絲雀那麼漂亮，又那麼會唱歌，我怎麼能跟他們比呢？他們在陽臺上一搭一唱的，我的心都快碎了，但我還是相信小主人是喜歡我的。

直到發生了一件事，我才知道我多麼惹人厭。一天晚上，餵飯時間到了，媽媽要小主人餵飼料給我吃。小主人向媽媽抱怨：「那隻烏龜真討厭，臭得不得了，乾脆把它丟掉算了。」「小蘭，想要怎麼做自己要想好，生氣是沒有用的。」「那我明天拿到學校看看有沒有人要。」我再也聽不下去了。

小主人的弟弟小凱正看著卡通。就在這時候，電視裡有個小男孩出現了。Diego 是動物救難隊的隊長，把陷入危險的海龜救起來，我知道我該去哪裡了。

現在我也是動物救難隊的一員，透過電視，我可以看到我以前的主人小蘭，不過我現在更快樂了，我和很多烏龜住在一起，我是世界上最幸福的烏龜了。

這篇作品的敘述方式是採取倒敘的方式。作者先回想自己曾經是主人最喜愛的寵物，變化是主人有了新寵物，海芋和金絲雀一起排擠他，連主人都不喜歡他。高潮是烏龜看到卡通裡的動物救難隊，爬進電視裡。後現代文學的特徵是文學和通俗文學的距離消失，甚至與廣告或大眾文化結合。這篇文章中的烏龜最後爬進電視在卡通裡出現，和創意敘述篇的趨時展演不謀而合。S18 說：我覺得寫這個故事很困難，因為我無法真正體驗到當烏龜的感受。不過跟老師討論之後，就容易多了。在寫這篇作品時，由於烏龜是採取回憶的方式，寫作的時

間前後跳躍導致文意不順，稍微修改後就可以看出作者想要表達的創意。在敘述方式的時序有順敘、倒敘、預敘和意識流。順敘法是文章最常用的敘述方式，也是學生最常用而容易掌握的。這篇作品用到倒敘方式，對學生來說比較困難，也是日後可以再加強的部分。

　　S24 的作品：

<h3 style="text-align:center">〈我是一座山〉</h3>

　　我是一座很老很老的山，我就像是一個老人，頭頂上光禿禿的。

　　以前我的身上有許多動物和人類走動，也有很多美麗的動植物。曾經有一個小女孩發現我身上的一樣寶物，那是一隻有著彩色線條的蜥蜴。

　　她高興的大聲尖叫：「是一隻彩色的蜥蜴！」

　　她的媽媽說：「小聲點，這樣會把牠嚇跑的。」

　　「這隻蜥蜴為什麼是彩色的？」女孩問。

　　「我也不知道。我也沒看過這麼美的蜥蜴。」媽媽回答。

　　女孩問：「我可以養牠嗎？」

　　媽媽說：「因為這隻蜥蜴很稀有，所以你不能養牠。」

　　當女孩問的時候我好緊張，因為那是我身上最寶貴的一隻動物了。聽到這樣的回答我好開心，因為我身上只有一隻這樣的蜥蜴了。

　　現在，我是一座很老很老的寂寞的山，頭頂上光禿禿的。

　　這篇作品的主題是環保議題。雖然整篇作品沒有出現環境保護幾個字，但是短短一篇文章卻給人很強烈的感受。作者從曾經有許多動物和人類在身上走動，到身上只有一隻這樣美麗的蜥蜴，最後成為一座很老很老的寂寞的山，簡潔的文字卻給人很大的震撼力。這篇故事

的時態是現在、以前、現在，變化在於小女孩想養那隻美麗的蜥蜴，這座山好緊張，因為那是它身上唯一的寶物了。變化後，文章的最後一句和第一句話互相呼應，不同處是最後一句話多了寂寞二字。這篇文章乍看之下沒有高潮，其實最後的想像是在讀者的心裡，給予讀者無限的省思。S24 說：我覺得寫這個故事時，只要寫了幾句話，就會靈機一動，就寫出來了。一篇好的文章不一定要有華美的辭藻堆砌，真實的感情是更重要的。如果學生都能寫了幾句話就靈機一動，在寫作時沒有寫不出來的痛苦，表示有足夠的創意，可見水平思考的練習對學生的寫作是很有幫助的。

S27 的作品：

〈海的復仇〉

以前我很愛幫助人類，但是我越來越生氣了。我的身上到處飄浮著人類丟棄的垃圾，更令人生氣的是，人類不斷的濫殺魚類，我的朋友幾乎要絕種了。

這天，日本發生了大地震，我覺得時機到了。我捲起高高的海浪向陸地衝去，房子一排排的倒了，車子一輛輛的隨著巨浪旋轉。我大笑起來，捲起更高的浪花。人們在浪花中掙扎，然後消失，我終於可以幫我的朋友報仇了。

這篇作品的主題也是環保議題，與前一篇不同的是這篇作品很明確的點出環保主題。這篇作品是與時事的結合，日本東北發生了大地震，地震引起的海嘯浪高超過 10 公尺，海嘯經過處如毯子一般覆蓋大地，席捲一切。海嘯應該是可怕的，學生以大笑來形容海嘯，是逆向思考，與時事的結合則可看出創意敘述篇的趨時展演。S27 認為：沒有很難寫，往反方向想就可以了。可以看出學生對於逆向思考的操作並不困難。

　　創意敘述篇的教學活動設計實施後，可以明顯看出程度較好的學生可以掌握創意的五段格式，也能運用逆向思考模式很容易的寫出一篇作品，程度較不好的學生則可能想了很久想不出要寫什麼而交不出作品。有一個學生沒有交出作品，但是交出了創意敘述篇教學活動的心得：我覺得我的作文跟讓石頭砸在我頭上一樣難。雖然他沒有交出作品，但是他的感想是很明確的水平思考，表示他還是有學到創意思考，只是對自己沒有信心而不敢下筆，再多加練習一定會有更多的進步。

第七章　創意敘述書寫作教學的模式

第一節　敘述書的形態

　　敘述書的型態可分為三系，創造觀型文化系的敘述書，氣化觀型文化系的敘述書和緣起觀型文化系的敘述書。用文學表現圖來講，雖然前現代都是寫實性的作品，但是三大文化系統不一樣，表現也不同。

　　創造觀型文化是馳騁像力的寫實，模擬人和神的關係。神高高在上，人被造了之後，因為違背神的旨意，被貶到塵世，所以會一直遙想人跟神的關係。由於人是被貶謫，會產生衝突，最後要尋求化解，是人和神的衝突與化解，會不斷的運用想像力模擬人跟神的關係，因此西方的叫「敘事寫實」，也就是要馳騁想像力才能敘事。氣化觀型文化是內感外應式的寫實，反應對外在環境的刺激有所回應的情況。因為中國注重家族觀念，都在同一個空間，大家糾結在一起，只有外在環境給我們刺激，我們才會有所回應，因此是「抒情寫實」，也就是外在環境給我們一個刺激而有所回應以抒發情感。緣起觀型文化式的寫實，終極目的在解脫，所以構設如何不起心動念，主要是在模寫種種逆緣起的形象的「解離寫實」。敘述書的形態就有這三系的差別，如下圖所示：

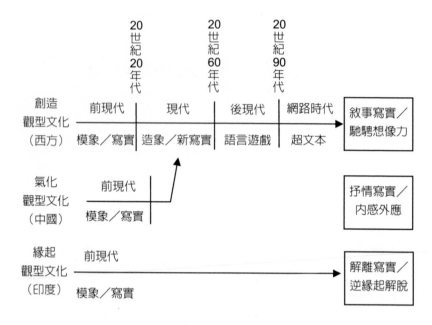

圖 7-1-1　敘述書形態的差別

（資料來源：周慶華，2004c：143）

　　敘述書型態的整體特色可歸類為三系，依據這個系統就可以分辨一本書是屬於哪一系。

　　西方創造觀型文化系的敘述書的形態就是邏輯關係很清楚，是敘事寫實。前現代模象寫實的比如《悲慘世界》，故事的背景是 18 世紀法國大革命，當時政治非常腐敗，對於不合理的社會制度。百姓毫無還擊之力。主角冉阿讓在少年時因為偷麵包被判刑 19 年，逃獄被抓回又加重刑期，到出獄時已經中年。出獄後，冉阿讓偷了主教的銀餐具被逮捕，主教沒有揭露他的罪行，反而把純銀燭臺送給他，主教對他說：「冉阿讓，我的兄弟，您現在已經不是惡一方面的人了，您是在善的一面了。我贖的是您的靈魂，我把它從黑暗的思想和自暴自棄的精

神裡救出來，交還給上帝。」（Victor Hugo 著、李玉民譯，1999：168）當他少年時因為貧窮饑餓偷了麵包就被判了 19 年的苦牢，對他而言主教的仁慈讓他震撼，也喚醒了他的純良本性。他改名換姓，當上市長，開始扮演救贖者的角色。他救了一位可憐的母親，她由女工淪落為妓女只因為寄養家庭無度的詐財及非婚生女兒這些表面道德而被判罪監禁。他在那女人死前，告訴她是上帝所造的美麗女人，她的女兒雖沒有父親，但是上帝是她的父親，在她死前還給她最尊貴的身分。他也因為對這苦命女人的承諾而不顧一切危險的保護小女孩，撫養她長大成人和自己心愛的人結婚。在書中，最具衝突性的是冉阿讓救贖了一直想要逮捕他入罪的警官沙威。沙威認為公共秩序是他的信條，警務是他的宗教，當他因為冉阿讓不報復他，反而在市民革命的暴動中救他免於被殺，「出現了一個憨直的良心所能有的極大的震動」（同上，1705），而感受到上帝的存在。最後沙威投入賽納河自盡，以表達一生錯待好人的悔意。

　　西方現代主義文學是造象式的新寫實，除了線性觀念是基本的以外，創新的觀念是比照造物主，跟造物主競爭，還會不斷的創新。西方的現代主義文學就有象徵主義文學、表現主義文學、未來主義文學、意識流小說、意象主義文學和超現實主義文學等流派。《小王子》雖然是本小書，卻有豐富的意象。帽子的畫描繪的是大蟒蛇正在消化著大象，代表不能以成人眼光看待小孩，應該回到小孩的立場來了解小孩的立場。角色上，小王子代表的是不想長大、排斥大人功利的角色；飛行員是有赤子之心的大人；國王是掌控權勢者；虛榮者代表自誇的吹噓者；酒鬼代表自甘墮落的人；商人代表有強烈佔有慾的人；點燈人是盡忠職守的人；地理學家是古板的學究；扳道員認為「沒有人滿意自己住的地方」象徵西方社會無止境的追求；賣止渴特效藥丸的商人代表的是對資本主義大量追求商品的諷刺。動植物方面，綿羊是上帝正義的化身；玫瑰花除了代表愛情也代表救贖者的終身關懷；蘑菇是對自以為重要的人的嘲諷；猴麵包樹代表惡劣的環境；蛇的形象和

聖經類似，代表親密而邪惡的朋友。這本書的文字雖然很簡單，但可以從小王子的好惡看出作者反對成人的價值觀、反對權威、自負和拜金。從創造觀型文化的角度來看，小王子離開他的玫瑰花像是背負著十字架下凡，象徵天使的飛鳥帶他下來；小王子到地球一遇到作者就要作者畫小綿羊的畫像，像是上帝尋找迷途的羔羊；最後小王子被黃蛇咬死卻不見屍體，彷彿耶穌基督死而復生。（聖修伯理著、莫渝譯，2000）

　　《哈利波特》屬於現代派文學中的魔幻小說，作者構設了一個神秘的國度，裡面有許多巫師，貓頭鷹充當信差，飛天掃帚是交通工具，還有會自己思考的西洋棋子和會轉頭會說話的畫像。十一歲的哈利波特從小被阿姨一家當成怪胎，直到如雪片般寄來的神秘信件引導他進入充滿神奇魔法的巫師世界。這一系列書採用全知敘述觀點，主要是在描寫主角哈利波特在霍格華茲魔法學院學習和生活的冒險故事。以魔幻世界的架構來說，霍格華茲城堡是正義一方的精神堡壘：預言說出救世主的出身，且光明和黑暗兩方，最終將有一方被完全消滅。扮演救世主的是哈利波特；扮演智者的是霍格華茲的校長鄧不利多。最後光明擊退了黑暗，證明邪惡終究無法戰勝正義，這也是魔幻小說不變的道理。

　　後現代主義文學的特色在於解構和拼貼，《幽冥的火》的作者是Vladimir Nabokov。我們習慣把文學分成「小說」、「散文」、「詩」三大類，作者似乎有意打破這個框架。這件作品是由序言、一首長達 999 行的長詩、評注及最後的索引所組成。這四個部分像是四個元素交互作用，內容在現實與想像、意義與瘋狂、碎片和整體間不斷衝撞。這本書的內容是在虛構的美國大學城阿帕拉契亞的紐懷，有一位名叫謝德的文學院教授在臨死前以「預知死亡記事」心境寫下四個章節的長詩。他的鄰居金波特也是一位文學院教授，在徵得遺孀同意後，替謝德的長詩寫序言、評注和索引以便問世出版。也就是說，這是一本描述詩人死後出版遺作的小說，是一本以「四個篇章的長詩加注解」詩

集形式出版的小說。這本書把詩（長詩／短詩）、小說、評論／注解、戲劇（當中有幾段是用劇本形式寫成的）和索引全部放進一本小說；探討的主題更是包羅萬象，涵蓋了人生、孤獨、性、死亡、愛情、友誼、權力、政治、語言、宗教、道德、罪惡、心理分析、文學評論、翻譯、學術研究、藝術創作。這本小說綜合了所有的文體和主題，完全體現了後現代主義文學的拼貼和解構，成為二十世紀小說史的一個奇觀。（Vladimir Nabokov 著、廖月娟譯，2006：7-11，356-360）

　　氣化觀型文化系是內感外應式的寫實，是抒情寫實。中國文化的基調是關心人生、反映人生的，歷代著述大多圍繞著治亂興廢與世道人心這個主題。前現代模象寫實的比如《水滸傳》是一群草莽英雄的故事，全書以「官逼民反」為主軸，反映北宋末年的政治及社會亂相。這本書並不是一時一地一人的創作，故事中的主要人物如宋江等 36 人的事蹟在宋史就有記載，是北宋末年的大盜，宋江等人確有可以流傳民間的事蹟與威名，在民間被當成英雄來崇拜。當時南宋偏安且政治腐敗，北方在異族統治下受苦更深，養成痛恨惡政惡吏的心理，而生出崇拜草澤英雄的心態。這本書主題圍繞在「義」字，所描述的「義」有三種：忠義、聚義和俠義。忠義和聚義是屬於政治層面，俠義則屬於為人處世的層面。俠義主要是指人與人之間互相幫助的關係，或是私人間的情誼。于學彬將俠義的行為分為：豪俠誠信之義、理智通達之義、血氣剛猛之義、失美失智之義、失德褊狹之義五種。（于學彬，2003：42；孫述宇，1983；傅錫壬編撰，1998）雖說俠義有真假不同，也有善惡區別，但書中人物動作性格刻畫生動活潑，人物的言行與身分地位緊密配合，在文學史上列為明朝四大奇書之一。

　　到了現代主義文學，由於到了 20 世紀初，氣化觀型文化系遭遇到創造觀型文化的衝擊就棄守而轉向追隨別人，原來的傳統已丟棄。但由於文化的內質難變，也沒有辦法學好別人的，因此不論現代主義文學或後現代文學作品都是零星的小規模作品，也寫不出比較具規模的代表作品。

　　緣起觀型文化式的寫實，是逆緣起的「解離寫實」。像《紅樓夢》是氣化觀型文化系和緣起觀型文化系的結合，人物很多，主角配角位置不斷的更換。我們都以為賈寶玉、林黛玉和薛寶釵三人是主角，其實並不盡然，賈母身分更重要，其他的配角戲分也很重，這就是無從分「主從」的如氣的觀念。《紅樓夢》在整體上又展現出逆緣起的結構，因為賈寶玉最後出家去了，看破紅塵，這不是氣化觀型文化的，是緣起觀型文化中的，是把這兩系觀念加以結合而成。

　　敘述書的形態就是分為這三系，也有不同的表現。前現代的模象寫實和現代文學的造象式新寫實對兒童來說容易理解，在教學上比較適合；至於後現代主義文學解構和拼貼雖然是敘述書形態的一種，但是不要說兒童不容易懂，很多成人都看不懂，因此並不適合於寫作教學。

第二節　創意敘述書的收攝情況

　　敘述書的收攝情況會把敘述句、敘述段和敘述篇收攝在一起。收攝的情形有兩種：一種是收攝這本書是分章節而成，每一章就是一篇，每一篇會收敘述句和敘述段；或者每一章有好幾篇，每一章會收敘述句、敘述段和敘述篇。另一種情形就是收攝成一本書的時候不分章節，就是不分篇，整本書就是一大篇。

　　西方小說大多有英雄旅程，那是他們的寫作模式；我們傳統的就是章回小說，一回就是一個獨立的個體，那是內感外應式的創意。中國的傳統章回小說是分章節而成，每一篇都有章標。像是《水滸傳》用第幾回來標示章標，每一回就是一個敘述篇。第一回王教頭私走延安府九紋龍大鬧史家村，第二回史大郎夜走華陰縣魯提轄拳打鎮關西，第三回趙員外重修文殊院魯智深大鬧五臺山（施耐庵，1984），每一章的篇名就是內容的簡介。

西方的現代文學名著《小王子》的書目沒有分章標或節標，只在故事開頭寫上第 1 章、第 2 章的章節標。這本書採順敘方式，一開始作者寫幼時沒人看懂他的畫，接著他遇到小王子，第 3 章之後就是作者和小王子相處時慢慢了解小王子的情形，一直到第 26 章小王子死去，第 27 章作者回憶小王子。（聖修伯理著、莫渝譯，2000）《小王子》收攝成書時整本書就是一大篇，如果把第 1 章、第 2 章這些節標拿走，對這本書並沒有影響。

　　《春去春又來》是韓國導演金基德的電影改寫而成的小說。這本書的章標比較特別，分為「春」、「夏」、「秋」、「冬」和「春又來」五章。「春」的副標題是「童僧的故事」，底下分為划槳、因緣之環、得罪、贖罪和夢五篇；「夏」的副標題是「少年僧的故事」，底下分為與少女邂逅、陌生感、愛情、離開四篇；「秋」的副標題是「修道僧的故事」，底下分為返寺、收心、般若心經和進入涅槃四篇；「冬」的副標題是「壯年僧的故事」，底下分為再度返寺、新因緣和懺悔三篇；「春又來」的副標題是「另一童僧的故事」，分為另一個夢、因緣之環、再度划槳、再度得罪和春去春又來五篇。（金基德劇本原著、金汶映改寫、金炫辰譯，2004）這個故事訴說的是緣起觀型文化的起心動念，主題是欲望、輪迴、救贖和人生與命運的思考。以四季象徵人生的階段，最後加入了另一段的「春又來」，孕育了下一個重生，隱喻了人生中的光明與希望。

　　魯迅寫的《阿 Q 正傳》，屬於氣化觀型文化系前現代模象的寫實作品，總共分為九章也就是九篇，第一章是序，第二章是優勝記略，第三章是續優勝記略，第四章是戀愛的悲劇，第五章是生計問題，第六章是從中興到末路，第七章是革命，第八章是不准革命，第九章是大團圓（魯迅，2003），整個故事順序連接有前後因果關係，不能前後倒置。這些章節標也有意義，代表本章的中心意旨，不能省略。以第一章來說，第一章序寫到作者想給阿 Q 作正傳有困難點。這困難主要有四項，分別是文章的名目、立傳的適例也就是他的姓氏、阿 Q 的名

字、阿 Q 的籍貫。每一段又收攝敘述句,第一段說到「我要給阿 Q 作正傳,已經不只一兩年了。但一面要做,一面又往回想,這足見我不是一個『立言』的人,因為從來不朽之筆,須傳不朽之人,於是人以文傳,文以人傳──究竟誰靠誰傳,漸漸的不甚了然起來,而終於歸結到傳阿 Q,彷彿思想裡有鬼似的」(同上,6)阿 Q 是小說裡的主角,一窮二白,但很有自尊心,遇到不公平或是被欺壓,就用精神勝利法找些可笑的理由來安慰自己。文章雖然是寫阿 Q,其實就是在影射中國農民單純的本質。阿 Q 的一些缺點也是氣化觀型文化下講求諧和自然、一團和氣的特質,是我們傳統文化所帶來的印記。魯迅所寫的阿 Q 雖然用滑稽諷刺的筆法寫,但並不是希望人們以憐憫的心情來哀憐他。這本書的創作時間在清末民初,正是中國人飽受西洋人壓迫一切求現代化的年代,魯迅寫阿 Q 或許正是想喚醒中國人,看清自己,成為一個不畏不懼的現代中國人。魯迅希望讀過此書的人可以反方向思考,更自立自強。在寫法上,我認為是用逆向思考的方式來寫,是一本有創意的前現代氣化觀型文化系的敘述書。

《流浪者之歌》是諾貝爾文學獎得主 Hesse Hermann 所寫。故事主角悉達多,是西元前五百年出身於印度的婆羅門(印度貴族階層)之子。「悉達多」是佛陀釋迦牟尼出家前的名字,但在小說裡的悉達多只是同名,並不是指佛陀本人。作者使用這個名字有引伸主角效法佛陀求道的意思,藉由主角求道的過程,反映出隱藏在世人內心種種的不安、迷惑及引誘,並發現自己內在的渴求,忽略他人的眼光,最後真正的自我悟道。這本書分為 12 章,分別為婆羅門的兒子、沙門生活、迦陀瑪、覺醒、凱瑪娜、入世、生剎那、河邊、擺渡人、悉達多的兒子、奧姆和伽文達。印度的種姓制度階級嚴密,悉達多是貴族之子,卻認為自己對神的認識不足而當個苦行沙門。他雖然學得靜坐、省息和觀想的方法,但心中依舊飢渴,於是離開沙門向佛陀迦陀瑪學習。悉達多認為:「佛陀掠奪了我,但也給了我─悉達多,我自己。」(Hesse Hermann 著、陳明誠譯,1990:40)他覺醒後,開始體會到大自然的

美好並進入入世的生活。在奢華生活與豪賭後，感受到生命的枯萎與
死亡，於是回到河邊，感覺到一個新生的悉達多。他向擺渡人學習，
從河流中學習到時間的意義，了解「現實的實在」，聽到「生命」、「存
在」和「變動不居」的聲音。悉達多兒子的出現與失蹤打擊了他，擺
渡人的關懷使他改變，並領悟到自己已尋求到解脫。最後他接替了擺
渡人的位置，他那追尋了一輩子的僧侶朋友伽文達仍陷於不斷追求的
痛苦中。這本書的作者是德國人，他身處於創造觀型文化的西方世界
寫印度緣起觀型文化的作品，是創造觀型文化前現代寫實性的寫法，
馳騁想像力。也就是說，緣起觀型文化是介於中間，可以有創造觀型
文化的馳騁想像力式，也可以有氣化觀的內感外應式，可說是以更有
創意的方式融合東西方思想的創意敘述書。

　　《牧羊少年奇幻之旅》是西方現代的奇幻小說。分成第一部、第
二部和終場，但是除此之外沒有其他標題。由於敘述方式採用順敘方
式，是按照時間發生的前後順序依序寫出，沒有時間跳接的問題，有
沒有標明第一部、第二部和終場都沒有差別，整本書就是一大篇。這
個故事在講一個西班牙安達魯西亞的牧羊男孩追尋夢想的歷程。這個
故事有一個重要的概念，當一個人領悟到自己的天命，整個宇宙都會
聯合起來幫助你完成。故事中的男孩為了追求夢想，放棄了當神父的
機會，他認為認識世界比了解上帝和人類的原罪更重要。他遇到很多
困難與挫折，花了很多時間去尋找寶藏，當他幾乎要放棄的時候，就
會想起老人所說：「當你真心渴望某樣東西時，整個宇宙都會聯合起來
幫助你完成。」而勇往直前，結果寶藏就在臨走前的地方，但他如果
沒有跨出第一步，就永遠不會知道寶藏就在身邊。這本書很明顯是創
造觀型文化下的作品，人是按照造物主的形象所造，也比照造物主的
創新欲求，所以不斷的想創新，當西方人發現自己的能耐可以和上帝
相比時，也會質疑上帝。書中說到：寶藏要靠流水的力量才能沖刷出
來，但也正是同一個力量把寶藏深埋在底下。（Coelho Paulo 著、周惠
玲譯，1997：27）你必須遵從預兆，才能發現寶藏。神已經為每個人

鋪好了路，你只需要去解讀祂留給你的預兆。（同上，32）我們總是害怕失去，不管是我們的生命、財富，或我們所擁有的一切，可是當我們明瞭我們的一生和人類歷史都是由同一隻手註寫時，恐懼就會消失。（同上，81）記住，你的心在哪裡，你的寶藏就藏在那裡。你必須去找到寶藏，那麼你這一路上學會的事情才有意義。（同上，122）傾聽你的心。它了解所有的事，因為它源自於天地之心，而且它總有一天將會回歸天地之心。（同上，135）男孩接觸到了天地之心，發現那就是神之心。他也看見了神之心就是他自己的心靈。而他雖然只是個男孩，也能夠展示神蹟。（同上，163）男孩最後找到了寶藏，就在他的身邊，書中的寶藏是金幣和寶石；但在過程中，從一開始的放棄當神父的機會到後來勇於實現天命，其實神一直在他的心裡，也正是他最終的追尋。這本書文字簡單但內容曲折奇幻，用意象引起讀者的深思與自省，尤其能鼓勵崇尚新奇的青少年不畏於追求生命中發生的事物，就像書中所說：當一個人作了決定，就像跳進一股強勁的水流中，水流將會帶他到作決定的最初也夢想不到的地方去。（同上，73）是一本有創意又能激勵人心的敘述書。

後現代主義文學的特色是解構與拼貼，在形式上比較多元，以各種文類雜匯成為一個新文體的作品不少。《哈札爾辭典》是以字典辭條注釋形式寫成的小說；《時間之箭》的故事從生命的結束為開端，敘述形式是以錄影帶倒帶逆轉形式從棺木寫到子宮的小說，藉由超寫實的寫法嘲諷納粹的瘋狂行徑；《第一號創作》則是以一百五十張撲克牌構成隨機取樣不裝訂的小說。Italo Calvino 所寫的《如果在冬夜，一個旅人》不僅是一本小說，更嚴格的說是一本具有後現代主義文學特徵的後設作品。有一個人買了一本新小說《如果在冬夜，一個旅人》，正看到入迷處卻因書頁裝釘錯誤而被迫中斷閱讀。當讀者迫不及待尋找下文，卻拿回另一部小說，讀到精采處又停住了。陰錯陽差一再發生，讀者努力的追索下文，一本接一本找來讀，總共讀了十本不同小說的開頭，這些「嵌入的小說」標題正好串成一個句子：（一）如果在冬

夜，一個旅人；（二）在馬爾泊克鎮外；（三）從陡坡斜倚下來；（四）不怕風吹或暈眩；（五）在逐漸累聚的陰影中往下望；（六）在一片纏繞交錯的線路網中；（七）在一片穿織交錯的線路網中；（八）月光映照的銀杏葉地毯；（九）環繞一空墓；（十）什麼故事在那頭等待結束？這十篇嵌入式小說全是緊張刺激的驚慄故事，有偵探、間諜、科幻、成長故事、日記體小說、新恐怖小說、感覺派小說和西部故事；敘述方式包含現代主義、意識流、魔幻寫實、政治小說、心理分析等。（Italo Calvino 著、吳潛誠譯，1993：9）內容上也很特別，像是把閱讀寫作和性愛畫上等號，有時又從心理分析的角度加以詮釋，從這些特點來看就可以發現這是一本後現代的作品。

　　創造觀型文化、氣化觀型文化和緣起觀型文化都有前現代的模象寫實作品，獨獨創造觀型文化發展出現代主義文學和後現代文學。此外，還有網路時代和超鏈結的作品，但還不成氣候，暫且不論。創意敘述書的收攝情況就是這樣。

第三節　創意敘述書的指標與突破途徑

　　書，是敘述性文體的最終成就。我們在敘述句、敘述段和敘述篇也可進行突破，但是敘述句、敘述段和敘述篇都是奠基過程，所以先處理好，到敘述書才有大彈性可調整，以致可以開始確立指標與突破途徑。

　　整個創意敘述書的指標，可以分成異文化系統的考量和同文化系統的推進。

　　世界現存有創造觀型文化系、氣化觀型文化系和緣起觀型文化系。如果要繼續維持各文化系統中的記敘文寫作的特色就要各自發展，不能像是氣化觀型文化在 20 世紀初追隨創造觀型文化，就放棄自

己原有的文化特性，這樣特色就消失了。也就是說，各系統要有各自的特色，這是一個考量。

另外一種就是同文化系統的推進。三大文化系統中，只有創造觀型文化有推進，另外兩系沒有繼續前進。氣化觀型文化追隨西方的創造觀型文化系統後，因為自己沒有辦法開展新頁，追隨別系後，原來的傳統又丟棄；但又由於文化的內質難變，沒有辦法學好別系的精髓，因此追隨別人不能算是推進。

同文化系統的推進只能說創造觀型文化這一系，因為這一系並沒有受到別系的干擾，一直比照造物主的創新欲求，不斷的想創新；已從前現代的模象寫實、現代的造象新寫實、後現代的解構拼貼發展到網路時代的超鏈結。

以氣化觀型文化系來說，這同一系統發展到《紅樓夢》已經到了極致。《紅樓夢》雖然是以章回小說的形式出現，但內容不限於敘事性文體，詩詞、歌賦、雜文、應用文都融入其中，等於是把《紅樓夢》寫作的那個時代中國有史以來可以看到的文體都融入，所以要再超越《紅樓夢》很困難，如果按照這個方式來寫也只是流於仿造《紅樓夢》。這是同一個文化系統內的推進，到了《紅樓夢》可說是發展到了極致，後出的傳統小說或是傳統敘事性文體也就是前現代模象寫實的作品已經無法超越《紅樓夢》。而且在《紅樓夢》後，很多傳統文體已沒有人創作，現在沒辦法看到像《紅樓夢》時代作者看到的那麼多傳統文體。

如果說這一個世紀以來，從西方傳進來的各種類型的敘事性文體我們也可以吸收，比照《紅樓夢》的作法，同一個系統內部也可以向前推進，但這種推進已經是跨系統了，因為已經融匯了外來的文體。氣化觀型文化系要再向前推進就要把中國自古以來存在過的文體和西方自古以來存在的文體雜揉在一起，這是異文化的考量。我們要進行創意敘述書的突破，就必須雜匯古今中外文化的文體，包括抒情性的、敘事性的和說理性的，擷取「所需」匯製成殊異的文本，展現出一個新體。因此，這就有兩種指標：

圖 7-3-1　創意敘述書的指標

　　至於創意敘述書如果要突破的話，可以分紙面和網路。紙面就是把古今中外的文體雜揉在一起。雜揉不是像氣化觀型文化放棄自己原來的文化本質；追隨別人不能算是雜揉，而是失去自己的主體性。這裡說的雜揉是維持自己的主體性，而把古今中外的文體吸收過來。在創造觀型文化系統已經在紙面上做到這一點。Vladimir Nabokov 所寫的《幽冥的火》是一本以長詩與註解形式發表的小說，內容是說：在虛構的美國大學城阿帕拉契亞的紐懷，有一位名叫謝德的文學院院長，他在臨死前以「預知死亡記事」心境寫下四個章節的長詩。他的鄰居金波特也是文學院的教授，在徵得遺孀同意後，替謝德的長詩寫序言、評注和索引以便問世出版，也就是說這是一本描述詩人死後出版遺作的小說。（Vladimir Nabokov 著、廖月娟譯：2006 導讀 8）書中把很多西方的文體放在一起，是後現代解構單一文體的方式，是一種創新。

　　網路的特色不只是把文章寫好貼上網頁，而是利用網路的特性創作。網路的特性有兩個：一個是多向文本；一個是互動。多向文本運用在多向小說書寫上，因為具有高度的媒體融合性，可以串接不同的文本、圖畫、影片與多媒體結構，融合了許多異質符號系統，形成強烈的跨媒體互文現象……更進一步形成一種跨媒體互文的新美學型態。（須文蔚，2003：79-80）多向文本真正實現了作品不再是單向封閉系統的說法。它可以做成道道地地貨真價實的寫式文本。多向文本要求一個主動積極的讀者，多向文本泯滅了作者和讀者之間的區別。多向文本是流動的、多樣的、變化的，它既不固定又不單一。多向文本無始無終、無中心、無邊緣、無內外。它又是多中心、無限中心、無限大。多

向文本是網狀式的文本，無垠、無涯，是合作式的文本，是沒有那大寫作者的文本，是人人都是作者的文本。（鄭明萱，1997：59）也就是說，文本一直在建構中，突破就是多向和互動，應該是無止境的。

　　但現在網路上只有網路戲劇、網路小說和網路詩。網路小說是有人做一些，網路戲劇則沒什麼可看。現存的網路小說有兩種型態：一種是讀者互動，讀者互動現在做的最多就是小說接龍，是局部的互動；另一種是超鏈結，是局部的多向。小說接龍也可以在紙面上做，小說家開個頭讓讀者去接，超鏈結就是在網路上以文字、聲音、動畫、影像作連結，目前沒有辦法做到無限。無限的話文體會很龐大無止無境，必須隨時都可以超連結隨時都可以互動，但目前作家沒辦法做到這一點。

　　網路時代現在只能做到有限多向文本的構設和有限跟讀者互動。如果網路繼續存在，要在同文化系統繼續推進的話，在網路上存在的敘述性文體就要是無止盡的多向文本的構設、無止盡的互動。創意敘述書的指標是定在多向和互動，指標定後可以進行突破：

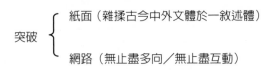

突破 ｛ 紙面（雜揉古今中外文體於一敘述體）

　　　 網路（無止盡多向／無止盡互動）

圖 7-3-2　創意敘述書的突破

　　在紙面上可以進行異系統的突破和同文化系統的突破，而在網路上則只能進行同一個文化系統突破，因為這是創造觀型文化發明的。須文蔚指出：臺灣的數位多向小說表現有氣無力，第一個問題是理論介紹者把心思放在「數位形式」的突破與獨特，把多向文本視為「了不起」的形式突破，或是把泥巴（MUD，多人連線角色扮演遊戲）當作一個互動的高階典範。卻忽略引介「典範級」的數位多向小說如何透過媒體互文，融合不同符號系統的敘事特質。第二個問題就是在成熟的創作尚未出現時，就把網路小說接龍視為一個重要的「文學現象」

與「文學活動」，致使大眾無從領略數位多向小說的深度，只換得了膚淺與單薄的印象。第三個問題是作者缺乏對後現代小說的敘事的理解，讀者也缺乏識讀能力，因此在跨媒體打造新文類的過程中，類似平路或林燿德的前衛手法沒有納入敘事的結構中，並無從模仿出西方的多向小說樣式。（須文蔚，2003：96-97）也因為網路小說不是氣化觀型文化或緣起觀型文化所發展出來的，所以如果要進行突破，就只能在同一個系統。如果哪一天網路不存在，可能還要再尋找新的突破途徑。但新的敘述性文體是什麼型態目前還不知道，以網路現在的狀況看，應該還可以繼續推進，做到無止盡的超鏈結、無止盡的互動。茲將相關的指標和突破的取向，圖示如下：

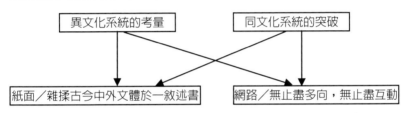

圖 7-3-3　創意敘述書的指標與突破關係

我們氣化觀型文化之下要進行突破，如果只是發展到網路文學，可能還不夠，還要做到「資訊文學化」。資訊化社會所重視的資訊被框限為具有下列幾項特徵：（一）資訊是知識；（二）語言、符號是資訊存在的形式；（三）資訊是動態性的，知識並不等於資訊，知識要成為資訊必須經過傳遞過程；（四）資訊是具有利用價值的知識；（五）資訊的反饋性質，也就是資訊是為未來服務的。（王志河主編，2004：673）資訊的「精確性」和「易懂性」跟文學的「模糊性」和「難解性」的性質不同，文學如要跟資訊結合，勢必會造成文學中的意象和想像空間的喪失。也就是說「文學資訊化」後，文學就變得淺易而缺乏創造力了。反過來，「資訊文學化」則是先守住文學的優質審美性，再結合興起於西方的人文學科／社會學科／自然學科等各領域的資訊來豐富

文學的形式和意義。（周慶華，2007b：293-295）也就是再突破，提住中國傳統，再融合西方文化。現在我們遭遇到外來的各種文體，如果懸為指標，就可以做一個跨系統的融匯，把古今中外可以看到的文體融匯在一個敘述性的文體，這就是異文化的考量，是一個雜揉性的。所以我們氣化觀型文化如果要推進，就一定要吸收外來，因為傳統已經沒有辦法超越《紅樓夢》的成就，在紙面上可以雜揉，在網路上是同一系統的向前推進。

　　創意敘述書的突破途徑除了在紙面上雜揉古今中外文體於一敘述書，網路上無止盡多向、無止盡互動之外，還有另一個考量，也就是只保留我們自己的文化，而不依賴電腦。那就是一個立場的宣示，考量的就是減少資源的消耗，最主要是因應目前生態的危機：資源浩劫、環境汙染、生態失衡、臭氧層破洞和溫室效應等。如果我們走回傳統的路，所考量的並不是一個文學的，而是關心人類的前途。走回傳統就是一個立場的宣示，看是站在哪一個立場講話。為了人類的前途，有助於我們現在的處境。如果純粹是為文學發展的話，那一定是向前不斷的尋求推進；但如果是為了人類前途，當然不能順著創造西方觀型文化這一系一直勇猛前進，因為那樣會耗費大量的資源，對整個人類未來的處境很不利。如果二者都列入考慮，那麼針對文學發展來說，前進的步伐就得再作調整。

第四節　創意敘述書的教學策略與教學活動設計

　　前面談了創意與敘述句、敘述段和敘述篇的結合方式，這些都是奠基過程。書是敘述性文體的最終成就，在創意敘述篇的教學策略，第一要教敘述書的型態；第二要教創意敘述書的收攝情況；第三要教創意敘述書的指標和突破途徑。

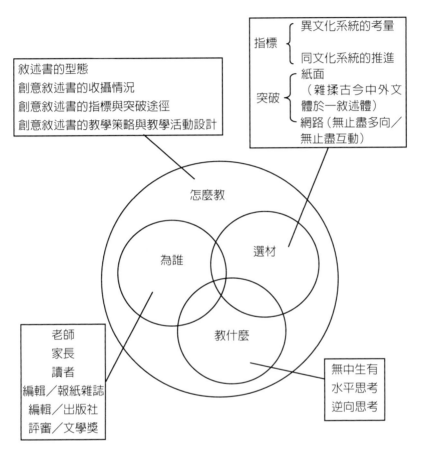

圖 7-4-1　創意敘述書的教學策略

（改自周慶華，2011：67）

　　敘述書的型態可分為三系：創造觀型文化系的敘述書；氣化觀型文化系的敘述書；緣起觀型文化系的敘述書。這三系都有前現代模象寫實的作品。20 世紀 20 年代後，氣化觀型文化系轉向學習西方的創造觀型文化，放棄自己原有的文化特性，喪失了自我的文化特色。緣

起觀型文化則不受他系影響而停滯不前。只有創造觀型文化繼續創新，由前現代、現代、後現代進展到現在的網路時代。

敘述書的收攝情況有兩種：一種收攝時是分章節而成，每一章就是一篇，每一篇會收敘述句和敘述段；第二種是收攝成一本書的時候不分章節，就是不分篇，整本書就是一大篇。

創意敘述書的指標有二個：同系統文化的推進和異文化系統的考量。同系統文化的推進特別是指創造觀型文化系的不斷創新；異文化系統的考量則是期待氣化觀型文化系能夠將中國自古以來存在過的文體跟西方各種文體雜揉匯集成一敘述書以為創新。創意敘述書的突破途徑在紙面上可以進行異系統的突破和同文化系統的突破，雜匯古今中外文體於一敘述書；而在網路上則可繼續推進，做到無止盡的超鏈結，也就是無止盡多向和無止盡互動。

創意的部分，要用逆向思考來製造差異。以童話為例：七個小矮人在白雪公主回去後做什麼？很無聊，所以他們要去尋找另一個白雪公主。這個白雪公主會和前一個白雪公主一樣嗎？當然不一樣，創意就是要在這裡展現，這是前現代的製造差異。（Letiziz Cella 著、楊子葆譯，1999）百變小紅帽跨到現代和後現代，解構了小紅帽清純的形象，出現在成人都會區的小紅帽穿得很辣，勾引男性，有敘述文可徵引，也是逆向思考的創意。（Catherine Orenstein 著、楊淑智譯，2003）後現代文學對一般人而言讀起來都有困難，更不用說創作。但後現代除了以解構為創新的語言遊戲外，還有文學大眾化的特色，可以把電視節目、廣告甚至商品和文學結合。此外，還可以往學生感興趣的魔幻及科幻的方向構思。

依圖 7-4-1 所示，確定了創意敘述書的教學策略後，接著就是教學活動的安排。以我自己曾經實施的為例：

表 7-4-1　創意的敘述書教學活動設計

單元設計	創意的敘述書教學	教學對象	五年級普通班
設計者	瞿吟禎	學生人數	31 人
教學時間	120 分鐘	場地	教室
教學目標			

一、能了解敘述書的型態。
二、能了解創意敘述書的收攝情況。
三、能了解創意敘述書的指標和突破途徑。
四、能結合創意思考，以西方 12 段英雄旅程，完成創意敘述書。

教學資源

《水滸傳》，《牧羊少年奇幻之旅》，《綠野仙蹤》，《11 個小紅帽》第四個故事的 PPT，電腦，單槍投影機，作文簿。

教學活動流程			
教學活動內容	教學時間	教學目標	教學評量
一、準備活動 （一）教師準備 　　　　準備《水滸傳》、《牧羊少年奇幻之旅》及《綠野仙蹤》故事書，《11 個小紅帽》第四個故事的 PPT，電腦，單槍投影機。 （二）學生準備 　　1. 學生分成六組。 　　2. 課前讀完《水滸傳》、《牧羊少年奇幻之旅》及《綠野仙蹤》。 二、發展活動 （一）活動一： 　　　　透過《水滸傳》和《牧羊少年奇幻之旅》了解敘述書的型態： 　　1.《牧羊少年奇幻之旅》部分的教師提問： 　　（1）大家讀完《牧羊少年奇幻之旅》覺得這是一個怎麼樣的故事？	10分	能了解敘述書的型態。	能回答老師的問題。

※男孩找寶藏的故事。 ※男孩旅行的故事。 （2）這個男孩在找寶藏的路上遇到什麼事？ ※一直有人騙他。 ※他一直遇到很多困難和挫折。 （3）哪些人騙他？ ※算命的吉普賽女人騙他。 ※叫做麥基洗德自稱國王的老人騙他。 ※有部族戰士要殺他，而且首領拿了他的錢。 ※有一群壞人在沙丘上打他而且搶走他的金子。 ※在酒吧的年輕人騙了他的錢。 （4）他在旅途中是誰幫助他？ ※賣水晶的商人給他工作。 ※駱駝夫常常告訴男孩一些事情。 ※煉金術士有告訴他天地之心和宇宙之語。 ※沙漠、風和太陽幫助他免於被殺。 （5）你覺得這本書裡最特別或是最吸引你的是什麼？ ※那堆寶藏最吸引我。 ※我也希望沙漠、風和太陽跟我說話。 ※我想知道什麼是天地之心。 （6）書中說：男孩接觸了天地之心，發現那就是神之心。他也看見了神之心就是他自己的心靈。（Coelho Paulo 著、周惠玲譯，1997：163）書裡為什麼這麼說？ ※他覺得自己就是神。 ※天地中有一個神在幫助他。 ※大概是他心裡有神。			

（7）這個故事的主角是誰？有幾個人？ 　　※只有小男孩一個人。 （8）教師總結：這本書是西方人寫的書， 　　西方人幾乎都信上帝。因為他相信上 　　帝，所以上帝住在他的心裡。西方人 　　認為信上帝得永生，會一直追尋上 　　帝；而且西方的小說主角很明顯，通 　　常只有一個人。 2.《水滸傳》部分的教師提問： （1）大家讀完《水滸傳》覺得這是一個怎 　　麼樣的故事？ 　　※妖魔到人間的故事。 　　※英雄好漢互相幫助的故事。 　　※強盜改邪歸正變成英雄好漢的故 　　　事。 （2）這本書有哪些主角？ 　　※及時雨宋江。 　　※豹子頭林沖。 　　※智多星吳用。 　　※很多人都是主角。 （3）教師總結：中國人很重視家族，重視 　　諧和自然、一團和氣，就算在小說裡 　　也是一樣的狀況，沒有明顯的主角配 　　角，角色會在故事裡輪流出現。		
（二）活動二： 　　　　透過《水滸傳》和《牧羊少年奇幻之旅》 　　了解敘述書的收攝情況： 　　1.教師提問： 　　（1）我們一起看看《水滸傳》的章節怎麼 　　　分？ 　　　　※有很多小故事，一個小故事就分成 　　　　　一個章節。 　　　　※一個主題就分成一個章節。 　　（2）再看看《牧羊少年奇幻之旅》的章節	5分	能了解創 意敘述書 的收攝情 況。	能回答老 師的問題 。

怎麼分？ ※只分成三部分。 ※故事都連在一起，也沒有明顯的主 　題。 2.教師總結： 　　《水滸傳》的形式是中國傳統的章回 　小說，每一篇都有章標。《牧羊少年奇幻 　之旅》分成第一部、第二部和終場，但是 　除此之外沒有其他標題。敘述書有兩種： 　一種是分章節而成，每一章就是一篇，或 　者每一章有好幾篇。另一種是不分章節也 　不分篇，整本書就是一大篇。			
（三）活動三： 　　透過《11 個小紅帽》第四個故事說明 故事解構和拼貼的效果，引導出創意敘述書 的指標和突破途徑。 　1.教師提問： 　（1）看完故事後，想想看這個故事裡是哪 　　　些故事的結合？ 　　　※有白雪公主和七個小矮人的故事。 　　　※有青蛙王子的故事。 　　　※但是因為小紅帽不是公主，所以青 　　　　蛙變成獵人。 　　　※有龜兔賽跑的故事。 　　　※有醜小鴨的故事。 　　　※有傑克與豌豆的故事。 　　　※有石中劍的故事。 　　　※有三隻小豬的故事。 　　　※有螳螂捕蟬、黃雀在後的故事。 　（2）這個故事結合了其他童話故事後，發 　　　生了麼事？ 　　　※三隻小豬裡的大野狼吞了老奶奶。 　　　※小紅帽把白雪公主的毒蘋果給大野 　　　　狼吃，毒死了大野狼。	15分	能了解創 意敘述書 的指標和 突破途徑 。	能回答老 師的問題 。

（3）這樣的結合有什麼效果？
　　※故事互相結合比較有趣。
　　※感覺比較有創意。
　　※讓我更期待下一個故事。
（4）除了童話故事，還可以結合什麼類型
　　的故事？
　　※我對星球有興趣，可以讓外星人進
　　　入故事。
　　※我喜歡卡通，可以讓卡通人物進到
　　　故事。
　　※我喜歡怪物，可以讓怪物進到故事。
　　※我想把外國的名人放到中國的故
　　　事。
　　※我想讓歷史人物到現代的故事。
2.教師總結：
　　　　把原本的故事打散就是解構，就好像
　　把一張完整的紙剪開；把其他故事結合進
　　來就是拼貼，就好像把各種材質不同的布
　　料、紙類貨物體拼湊起來。解構和拼貼可
　　以發揮創意，讓故事更有趣。
3.教師提問：
（1）有同學說到把外國人放進中國故事，
　　如果把外國的寫作文體放到中國的作
　　品會有什麼效果？
　　※會變得很奇怪。
　　※應該會像是把白雪公主放在小紅帽
　　　故事裡一樣有趣。
4.教師總結：
　　　　中國的《紅樓夢》已經把中國出現過
　　的敘述性文體結合寫進書中，如果我們
　　要再創新再突破，就必須結合外國的文
　　體。
5.教師提問：
（1）老師在班網上發布訊息，有同學會

回應，也有其他同學和老師或同學對話。如果今天老師出一個題目在班網上，用作文接寫的方式或大家用網路提出意見和想法，結果會如何？ ※大家有各種不同的想法，串在一起會很有趣。 ※如果有人寫得太爛，就會害後面的人接不下去。 ※如果大家有用心思考，會變成有創意的文章。 6.教師總結： 　　現在網路很發達，如果以網路來創作，就能無止盡的互動。			
（四）活動四： 　　討論《綠野仙蹤》的西方 12 段英雄旅程。 1.分組討論。 2.討論結果： （1）平凡世界：小女孩桃樂絲在突然闖入歐茲國之前，是個坎薩斯州的平凡女孩，過著單調的無聊日子。 （2）歷程的召喚：一天發生了龍捲風，她和小狗托托一起來到歐茲國，是接到歷險的召喚，她無法再留在平凡世界。 （3）拒絕召喚：東方魔女死了後，北方魔女要求桃樂絲住在歐茲國，桃樂絲拒絕召喚。 （4）師傅（智叟）：但因為桃樂絲無法離開莫奇根國，必須去翡翠城找歐茲幫忙，智叟（仙女）出現。 （5）跨越第一道門檻：桃樂絲朝著翡翠城出發，跨越第一道門檻，決定踏上冒	20分	能確實分辨西方12段英雄旅程。	能動腦回答老師的問題。

險之旅。			
（6）試煉、盟友與敵人：稻草人、錫鐵人、獅子陸續出現，是盟友，但桃樂絲也與魔法果樹園裡會說話的大樹為敵。一路上，她救了田裡的稻草人，為錫鐵人上潤滑油，幫膽小獅子解決恐懼，通過許多試煉。			
（7）進逼洞穴最深處：爾後桃樂絲被擄到壞女巫的邪惡城堡，朋友們來救她，是進逼洞穴最深處。			
（8）苦難折磨：桃樂絲和夥伴們被壞女巫絆住，無路可逃，受盡苦難折磨。			
（9）獎賞（取得寶劍）：桃樂絲拿到魔法鞋和魔法帽，得到獎賞。			
（10）回歸之路：桃樂絲想踏上回歸之路。但熱汽球飛走了，前方仍有險阻和試煉。歷經失敗後，南方魔女告訴桃樂絲腳上的魔法鞋就可以帶她回家，這個階段通常是第二個生死交關的時刻。			
（11）復甦：在復甦這個階段，桃樂絲幫助稻草人、錫鐵人和獅子得到了腦袋、心臟和勇氣。			
（12）帶著仙丹妙藥歸返：最後桃樂絲利用腳上的魔法鞋踏上返歸之路，回到了堪薩斯。			
（五）活動五： 　1.實作：全班分成六組，一組負責兩段，創作敘述書。全班利用佛斯特的「國王死了，王后也死了」為架構，填補情節，共同討論故事大綱，分組創作，再結合成一本敘述書。 　2.討論結果： 　（1）主角姓名：史瑞克。	20分	能結合創意思考，以西方12段英雄旅程，完成創意敘述書。	同學合作，完成討論。

（2）情節：			
① 平凡世界：爸爸是小氣國王的王子。			
② 歷程的召喚：國王死了，王子流落在外，掉進洞裡。			
③ 拒絕召喚：想回家，但被岩石人關進牢裡。			
④ 師傅（智叟）：仙女費歐娜來救他。			
⑤ 跨越第一道門檻：預言史瑞克能拯救裂縫國，到神聖之地，要先經過火焰之路。			
⑥ 試煉、盟友與敵人：先經過一條火焰之路，遭遇番茄村的義大利魔術師。驢子出現。			
⑦ 進逼洞穴最深處：蛇妖阻礙他。得到寶物水晶球。			
⑧ 苦難折磨：樹妖阻礙他，火天使莫利和雪天使米拉幫助他。			
⑨ 獎賞（取得寶劍）：拿到盾牌和寶劍。			
⑩ 回歸之路：岩石人阻礙，打敗魔獸。要從火山裂縫回去。			
⑪ 復甦：壞大臣阻礙。			
⑫ 帶著仙丹妙藥歸返：當上國王。			
3. 寫作			
三、成效檢討 （一）寫完之後，再作修改及上下文連接的工作。 （二）分享。	30分 20分	能結合創意思考，以西方12段英雄旅程，完成創意敘述書。	能把想法以文字表達。 能和同學討論協調後，完成修改。

以下是全班學生接寫的作品：

　　很久很久以前，有一個遙遠的國家，那是一個風景非常優美的國家，到處都是濃密的森林和蜿蜒的河流，但是那裡的人民卻不快樂。為什麼？原來這個國家有一個吝嗇的國王，他非常的愛錢，對人民特別的小氣。這個國王不但沒有愛護老百姓，每天還想出各種名目向人民收稅，如果繳不出錢來，就要到王宮做拿不到錢的勞力工作；慢慢的，這個國家的人民越來越討厭他了。

　　有一天，這個國王剛好舊病復發，一命嗚呼，國王身邊最寵信的大臣趁著這個大好機會，就把王位奪走，自己當上了國王。國王死後，留下了可憐又無辜的王后和小王子史瑞克，後來就可想而知啦，王后和史瑞克王子都被逐出了王宮。

　　王后和史瑞克王子平日過慣了茶來伸手、飯來張口的舒服日子，忽然被趕出王宮，心裡害怕極了。更糟的是，王后和史瑞克王子在一個擁擠的市集上走散了。史瑞克王子又累又餓，走著走著，一不注意，「啊！」的一聲，居然掉入一個又黑又深的洞穴。他眼前一黑，竟昏死了過去。

　　不知道過了多久，史瑞克醒了過來，揉了揉雙眼，一時不知道自己在什麼地方。「哇！好刺眼的陽光啊！」突然他心裡一驚，映入眼簾的是一大片的沙漠，沙漠上還布滿了土黃色的岩石。「咦！這是哪裡？」這時一個巨大無比的怪物從一旁的石頭後面跳了出來，他的身高大概有三公尺，全身都是土黃色的石塊組合起來的，移動的時候還會發出「喀啦！喀啦！」的聲音。史瑞克一看到他就往後倒退三步，但是那個怪物實在太大了，史瑞克站在他的面前簡直就像是一個可憐的小動物。史瑞克身上沒有任何的武器，面對這麼巨大的怪物，只能轉身逃

跑。可是跟那怪物相比，史瑞克的腿實在短得可憐，才跑了兩三步，就被這怪物從領口像抓小雞一樣的被拎到空中。

史瑞克大喊著：「救命啊！救命啊！」可是四周沒有半個人影，只有一大片的沙漠。一陣黃沙吹過，忽然眼前出現一座異常高大的宮殿，宮殿也是土黃色的岩石建築而成的，當那土黃色的怪物站在土黃色的宮殿前，簡直看不到怪物的存在。

史瑞克被那怪物抓進了宮殿裡的大牢，大牢也是土黃色的大石塊組合而成的，大牢附近有好幾個大怪物在走動，看來史瑞克是被當成犯人抓起來了。史瑞克一直大喊：「喂！你們是什麼人？為什麼要把我關在這裡？」但他們聽到叫聲不但沒有回頭，反而一個個的溜走了。

史瑞克呆呆的望著他們的背影，過了一會兒才回過神來。他嘆了一口氣後，便坐在椅子上思考著。「這裡怎麼會有宮殿？看這裡的景色，不像是我的國家，我不是掉到洞裡嗎？難道洞裡還有另一個國家？」史瑞克胡思亂想了一會兒後，便又生起了逃走的念頭。「不管這裡是什麼地方，我一定要逃出去！」他開始檢查大牢的結構。這座大牢是用巨大的石頭搭建起來的，石頭很堅硬，組合得很緊密，想要把石頭移動是不可能的事。這座監牢有一個高高的通風口，是除了門以外唯一對外的出口，那個通風口滿大的，或許可以逃得出去。史瑞克滿心喜悅，趁著守衛們不注意的時候，開始往上爬。史瑞克攀著岩石的細縫一寸一寸的往上爬。他很小心的不發出聲音，就在他快要爬出通風口的時候，一塊碎石掉了下去，在空蕩蕩的監牢裡發出響亮的聲音。守衛們聽到了，馬上衝了進來，把正要爬上通風口的史瑞克抓了下來。

守衛們為了怕史瑞克再逃跑，把通風口給填掉，還仔細的檢查每一個角落，確認沒有任何漏洞之後，便把史瑞克又關進去。史瑞克抱著一絲絲的希望，希望能找到任何一點點的漏

洞，但通風口被守衛填滿，而地板都是用材質堅硬的石頭鋪成的，沒有任何工具，根本無法挖地道，史瑞克這次徹底的絕望了。

這天，史瑞克坐在椅子上，兩眼失神的望著窗外，卻赫然發現守衛們都睡著了。這件事很不尋常，自從他上次企圖逃走後，這些守衛都再也不敢偷懶了。史瑞克正在遲疑該不該逃走時，卻看到門口站了一個美麗的仙女。仙女說：「我叫費歐娜，我是來告訴你，你來到這邊是有你的使命。這個國家叫做裂縫國，原來是個非常快樂的國家。有一天，來了一隻魔獸，他有非常高強的法力，士兵們奮勇抵抗，但終究不敵，被魔獸變成了一個個的岩石人。這裡的國王被當作人質，魔獸要求他每個月交出一個青年當祭品，國王很憤怒，卻不能對魔獸怎麼樣。這個國家的人民怕自己變成魔獸的祭品，便到處躲藏，運氣不好的人一但被岩石人發現，就會被抓去給魔獸吃掉。從此，整個國家便充滿恐怖的氣氛。曾經有預言說到有一個叫史瑞克的人可以拯救這個國家，那個人就是你，你能拯救這個國家。」

「我？那怎麼可能？我沒有任何法力，而且現在我根本出不去。」史瑞克說。

「你有很強大的力量，只是你自己沒有發現。只要你到神聖之地取得寶劍和盾牌，就可以打敗魔獸了。本來，他們明天就要把你獻給魔獸當祭品了。來，我幫你開鎖，你快出去吧！」只見費歐娜把手輕輕一揮，門鎖就自動打開了。史瑞克轉頭看了看守衛，又看了看費歐娜。費歐娜笑著說：「他們已經被我催眠了，現在不會醒過來的，你快走吧！」史瑞克說了聲「謝謝！」，便安心的走了出來。

「要怎麼找到神聖之地？」史瑞克搔搔頭，疑惑的問。

「只要一直往南走，先經過一條火焰之路，便可以找到一座繞滿雲霧的高山，神聖之地就在那座山頂上。」費歐娜說完，便化作點點星光消失了。

史瑞克向著南方出發，走了沒多久，就在路上遇到了一隻會說話的驢子。

「你知道火焰之路在哪裡嗎？」史瑞克問他。

「我沒聽說過火焰之路，但是我是從番茄村逃出來的，番茄村到處種滿了火紅的番茄，我想那就是火焰之路吧！」驢子回答。

「逃出來？你為什麼要逃？」

原來有一個義大利的魔術師非常喜歡吃義大利麵，他來到番茄村以後，就要村長把所有的地方都種滿了番茄，這樣才有材料作番茄義大利麵。如果有誰敢不聽魔術師的話，種了別的植物，魔術師就會把他變成番茄樹。這隻驢子的工作就是負責把番茄踩成番茄醬，但是因為這隻會說話的驢子實在太愛抱怨了，魔術師一天到晚恐嚇他，要把他變成一顆番茄樹。驢子心裡很害怕，萬一哪天魔術師真的心情不好，把他變成了番茄樹，那就不好了。於是驢子就趁著工作的空檔偷偷逃了出來。

因為驢子不知道要去哪裡好，而且史瑞克說了要幫助番茄村的人，所以驢子就負責帶路，帶著史瑞克一起往番茄村去。

到了番茄村，番茄村的村長知道史瑞克是來幫忙的，就先提醒他：「這個義大利魔術師的脾氣不好，你可要小心一點。」史瑞克聽了，說：「沒問題，這件事包在我身上。」就動身去找義大利魔術師。

當史瑞克來到魔術師的房子時，只見屋子裡堆滿了火紅的番茄。魔術師穿一身綠色的衣服，披著一個紅色的披風，身材圓圓的，臉也圓圓的，看起來就像是一顆成熟的番茄，而且，他正開心的吃蕃茄義大利麵。

　　史瑞克一看到魔術師就說：「百萬小學堂，讓我來考考你。」

　　魔術師抹抹嘴，馬上說：「放馬過來。」

　　「請問義大利麵有哪些種類？」

　　「番茄義大利麵。」魔術師毫不猶豫的大聲說。

　　「只有番茄義大利麵嗎？那真是太可憐了，原來鼎鼎大名的義大利只有番茄義大利麵。」

　　「誰說我們義大利只有番茄義大利麵？我們還有海鮮義大利麵、火腿蛋奶油醬義大利麵、青醬義大利麵、白酒蛤蜊義大利麵，我們義大利麵的種類可是多得數不完呢！」

　　「那你為什麼只吃番茄義大利麵？你是義大利人，應該好好的把義大利美食告訴所有的人啊！」

　　魔術師想了一想，說：「也對！我每天吃番茄義大利麵，也有點膩了。嗯！換換口味也不錯。」魔術師想通了以後，決定不再逼迫村裡的人種番茄。為了把義大利美食介紹給大家，大家可以種別的植物，可以養魚養蝦，以後也不會把番茄村的人變成番茄了。

　　史瑞克解決了番茄村的問題，但番茄村的路只是種番茄的果園，並不是真正的火焰之路，是驢子弄錯了。驢子覺得史瑞克人不錯，很願意幫助別人，而且又很聰明，於是就和史瑞克一起去尋找火焰之路。

　　這天，史瑞克和驢子來到了一條溪流，因為河水湍急，他們無法過去。史瑞克東瞧西瞧，想找找有沒有可以渡河的船。突然，一陣尖銳的笑聲傳了過來，原來河中間的大石頭上坐著一個很瘦很瘦的女人，她的頭上纏繞著一大堆青蛇，手、腳和身體上也爬滿了一條一條的小蛇，她抖動著尖尖的下巴，不懷好意的看著史瑞克。

　　史瑞克小心翼翼的問：「請問這裡有沒有船可以渡河？」

　　「渡河？沒有人可以渡河，只要我在，就沒有人可以過河。」

　　「你這個滿頭青蛇的妖女，不但長得醜，怎麼心也那麼壞？你爸媽都沒有教過你助人為快樂之本嗎？你就是心太壞了，才會沒有朋友，只能坐在河中間，對嗎？」愛抱怨的驢子連珠砲似的說了一大堆，只見蛇女收起了不懷好意的笑，臉慢慢的轉成青色，大吼了一聲，頭上的青蛇也一條條的豎直了身體，張開大嘴，吐出又細又紅的舌頭，露出又尖又長的毒牙。

　　「糟糕！我又闖禍了。」驢子趕緊躲到史瑞克的後面。

　　蛇女把手一揮，把溪流變成一個大瀑布，嘩啦嘩啦的河水漲得好高，巨大的浪花直直的向史瑞克撲過來，史瑞克和驢子趕緊往後跑。蛇女看到他們慌張的樣子，就大笑起來，並從石頭上站了起來，又大吼了一聲，只見一條一條的小蛇向著史瑞克和驢子飛過來。史瑞克一邊閃躲一邊把飛到身上的蛇撥掉，驢子則是歇斯底里的一邊尖叫一邊狂踩著四隻腳。沒想到驢子因為常常踏蕃茄，所以練成了好腳力，飛到他腳下的蛇都被踩得稀爛，而且這些蛇是魔法變成的，所以當蛇死後，牠們的屍體變成一個很大的甜甜圈，史瑞克和驢子開心極了，於是一起把甜甜圈吃光了。蛇女看到了有一點不高興，但是因為史瑞克他們已經跑遠了，就暫時放過他們。

　　第二天，不知死活的驢子一早就跑到河邊，大聲的喊著：「你這個醜八怪，趕快起床了！太陽都已經曬到屁股了，還不出來讓我們過河！」只見蛇女慢慢的從水中間浮出來，手一揮，又是一堆蛇飛出來。而且不巧的是跟在驢子後面過來的史瑞克來不及閃避，竟然被蛇咬到了。因為蛇有毒，史瑞克就這樣倒了下來。驢子又緊張又害怕，於是以快速的動作把所有的蛇踩死了。蛇一死，只見蛇的屍體慢慢的化成一縷白煙，地上出現了一小罐藥水。驢子想也沒想，就把整瓶藥水倒進史瑞克的嘴裡。還好那瓶藥水就是解藥，史瑞克慢慢的清醒了過來。驢子高興的抱著史瑞克，史瑞克也很感謝驢子。

　　蛇女看到他們相親相愛的樣子，真是氣炸了，拼命的大叫，瘋狂的把她身上、頭上的蛇射出來。可是蛇女忘記一件事，她頭上的蛇是和她的頭頂連接在一起的，當她頭上的蛇全部離開她的頭頂時，蛇女就會變成一個大光頭，而且只要太陽光一照到她的頭，她就會現出原形而死亡。原來蛇女是一顆有神力的水珠，因為愛上了一條青蛇，蛇卻不愛她，她就把蛇包在水珠裡，只要蛇離開她，她就會死亡。在太陽光下，蛇女慢慢的變小，慢慢的被蒸發，她的心臟化成了一顆水晶球，滾落在岩石上。洶湧的波濤停下來了，河流慢慢的平靜了，史瑞克爬上石頭，撿起了水晶球，便渡過河流，向前走去。

　　史瑞克王子打敗了蛇女，蛇女的心臟化成了一顆水晶球。當史瑞克看著水晶球時，水晶球裡出現了可怕的景象：從前國王身邊最寵信的大臣居然是個大壞蛋，當上了國王還不滿足，只要看到喜歡的東西，他就一定要佔為己有。如果讓他不高興了，他就隨便亂殺人，大家都害怕得不得了，就怕惹國王不高興。而國王的心情陰晴不定，隨時都可能惹禍上身，人民一天比一天痛苦，都失去了笑臉。史瑞克看了心裡非常難過，不禁滴下了眼淚。這滴眼淚剛好掉在水晶球上。水晶球突然發出聲音：「你要找到真正的火焰之路才能回去，火焰之路的路程非常危險，你要小心。」史瑞克這才知道原來這是一個會說話的水晶球，於是他就帶著水晶球，和驢子一起尋找火焰之路。

　　隔天一早天剛亮，他們就出發了。在經過一座森林時，隱隱約約聽到小小的呼救聲。他們東找西找，找了好久好久，才發現在一棵大樹的濃密處有一隻小小的雪天使米拉，她被蜘蛛網黏住飛不起來。史瑞克小心的把米拉的翅膀跟蜘蛛網分開，史瑞克問她：「要成為我的夥伴嗎？」米拉想也不想的就說好。

　　史瑞克繼續往火焰之路走。因為肚子很餓，史瑞克就在路邊摘些野果吃。沒想到就在這時候，一隻妖怪剛好到河邊喝

水。這妖怪臉綠綠的，長得又高又壯，手裡拿著一隻寶劍和一個盾牌。他的嘴巴很寬，一張開嘴就看到他又尖又亂的牙齒。不知死活的驢子又開始亂說話了：「這位先生，你的牙齒好醜，要不要去做牙齒整型？我可以介紹蕃茄村的牙醫給你認識喔！」

這妖怪最討厭別人說他的牙齒了，就拿著寶劍要刺驢子。驢子溜得很快，把史瑞克丟在後面。妖怪就從身體射出藤蔓，把史瑞克綁在身上。到了晚上，這個妖怪站得直直的，閉起眼睛開始休息。原來這妖怪是一棵樹變成的，晚上的時候不能行光合作用，沒有能量了，就必須變回樹的模樣呼吸氧氣。驢子看到妖怪沒有動靜，就偷偷的回來把史瑞克放了，又順手把寶劍和盾牌拿走，趁著黑夜，趕緊離開這個地方。

因為晚上實在太黑了，他們在這森林裡走來走去一直找不到出去的路，只好躲到一個大樹洞裡休息。隔天早上，史瑞克叫醒了米拉：「我們趕緊繼續走吧！」米拉慢慢的起來，突然看到樹枝間有一團小小的亮光。原來那是雪天使米拉的好朋友火天使莫利，莫利因為擔心米拉，在這森林裡到處尋找。現在好朋友相遇了，特別高興，就和史瑞克一起走。誰知道才走一會兒，又遇到一隻全身是刺的綠色妖怪跑了過來。他說：「你們就是那些沒禮貌的傢伙嗎？居然敢笑我朋友的牙齒難看！這裡是我的地盤，你們要先打敗我，才能離開。」史瑞克把劍拿起，往妖怪身上刺一刀，誰知道這妖怪身上出現一個洞，劍一拔出，洞又馬上合起來，看來這把劍是沒有辦法對付這個妖怪了。

妖怪開始發射身上的刺，史瑞克和驢子拼命的躲，還是被刺中。被刺到的地方馬上出現紅腫，而且奇癢無比。史瑞克想盡辦法要通過樹妖，但是實在太癢了，忙著抓癢都來不及。這時，火天使莫莉突然唸出一句咒語，熊熊的火球從天空往樹妖

發射，樹妖身上的毒刺被燒掉，變得光溜溜的，解除了危機。米拉和莫利是這個森林的守護天使，必須留在森林裡，他們說好了，如果史瑞克發生危險，就呼叫他們的名字三次，他們就會出現。於是史瑞克再度踏上尋找火焰之路的旅途。

　　史瑞克往前走，發現溫度越來越高，連土地都開始發燙。驢子和史瑞克一邊走一邊跳，簡直熱得受不了。更糟的是一團一團的火焰人就站在他們的前面，腳上踩著「sorry，sorry」的舞步，手裡還抓著一個一個的火球做拋接。史瑞克想從旁邊繞過去，但是火焰人一邊拋著火球，一邊還變換著隊形，史瑞克根本沒有機會過去。史瑞克心裡想：「要是雪天使米拉在這裡就好了。」

　　「米拉！米拉！米拉」史瑞克剛喊完，雪天使就出現了。

　　「米拉，你能夠幫我走過火焰之路嗎？」

　　「當然沒問題。」

　　只見雪天使輕輕的往前一指，他所指到的地方馬上凍結成冰。不一會兒工夫，路上所有的火焰人都結凍成一個一個的冰塊。

　　「史瑞克，趕快過去，結凍的效力只能維持五分鐘。」

　　史瑞克一邊衝，一邊大聲喊著：「謝謝！」

　　就在他們走完火焰之路的那一秒鐘，所有的火焰人又變回原來的樣子，一邊冒著火焰，一邊跳「Sorry Sorry」。

　　「好險！我差點就變成烤全驢了。」驢子高興的大叫。

　　眼前是一座很高很高的山，四周圍繞著層層的雲霧，史瑞克想：「應該就是這座山了。」史瑞克和驢子開始努力的往上爬。

　　這是一座很奇怪的山，一走到山路上就聞到一股清香的氣味。路邊的小花小草看起來特別乾淨，好像一點灰塵也沒有。史瑞克走了很久，也不覺得累。但是山路越往上走就越陡，史瑞克幾乎要站不住了。不知道什麼時候開始，四周飄滿了雲

霧。雲霧越來越濃，簡直看不清楚前方的路。還好驢子很會爬山，史瑞克扶著驢子，一步一步的往上走。

走到山頂上的時候，史瑞克在雲霧中隱隱約約看到一個圓形的祭壇。他想，這裡應該有費歐娜所說的盾牌和寶劍，便四處尋找。可是找了好久，並沒找到任何武器。

驢子說：「你該不會被費歐娜騙了吧！如果不是費歐娜騙你，就是我們又找錯了地方。」

「不可能的，費歐娜如果要騙我，就不必特別到大牢裡救我了。大概是弄錯地方了，我們休息一下就離開吧！」

史瑞克說完，就把腰上的劍和背上的盾牌放在祭壇上。沒想到，奇蹟發生了，從天上直直射下一道金色的光芒，不偏不倚的剛好射在寶劍和盾牌上。光芒消失後，寶劍和盾牌竟然變成了金黃色。史瑞克這才發現祭壇的中間有兩個凹槽剛好是寶劍和盾牌的形狀，只是剛才雲霧太濃，他們都沒發現。

「難道我一直帶在身上的寶劍和盾牌就是費歐娜所說的寶劍和盾牌？」史瑞克懷疑的問。

「早知道這個就是殺魔獸的寶劍，就不用跑那麼遠，又那麼辛苦。喔！真是把我累死了。」驢子又開始抱怨了。

「既然費歐娜要我們來神聖之地，一定有她的道理。現在寶劍和盾牌已經變成金黃色，一定跟以前不一樣。我們現在去裂縫國找魔獸吧！」

於是他們下山，往裂縫國前進。

他們回到裂縫國後，才剛站在宮殿前，一大群岩石人馬上把他們包圍得密不通風。史瑞克雖然拿著寶劍和盾牌，但是面對密密麻麻的岩石人好像也沒什麼辦法。

這時驢子說話了：「你們這些土裡土氣的岩石人，我教你們玩一個遊戲，好嗎？你們有沒有聽過一二三石頭人？」岩石人互相看看，都搖搖頭。

　　「喔！我就知道。我說一二三石頭人，你們就不能動，好嗎？只要動的人被我看到就輸了喔！」岩石人點點頭，準備開始玩遊戲。

　　這時，驢子小聲的跟史瑞克說：「等到岩石人移動出一條縫，你就要趕快衝出去。」史瑞克點點頭。

　　「一！二！三！石頭人！」幾個岩石人有點搖晃，但很快又站穩了腳步。

　　「一！二！三！石頭人！」

　　「一！二！三！石頭人！」

　　慢慢的，岩石人越走越散，史瑞克趕緊往宮殿裡跑。進到宮殿裡，半個人影都沒有，原來所有的岩石人都去玩遊戲了。史瑞克到處找，終於在最裡面的房間找到魔獸。魔獸的皮膚也是岩石的顏色，他的身材非常臃腫，皮膚上還布滿了一顆一顆的腫包。他的眼皮下垂，但裡面的眼睛很突出，鮮紅色的眼睛好像要衝出眼眶。雖然魔獸的頭上戴了皇冠，身上穿了亮晶晶的袍子，但是看起來還是很噁心。

　　他發現有人進來，就用沙啞的聲音吼著：「你是要來讓我吃掉的祭品嗎？我今天要吃油炸的。」

　　「我不是你的食物，我是史瑞克王子，我是來拯救這個國家的。」史瑞克說完，就拿著寶劍和盾牌，準備和魔獸決一死戰。

　　「你不怕我把你變成岩石人嗎？」魔獸一邊說，一邊拿起權杖。只見一道光射出來，地上馬上裂了一大塊。

　　魔獸的力量很強大，只要他指到哪裡，地板馬上就裂開。史瑞克在房間裡跳來跳去，忙著用盾牌抵擋光束，躲都來不及，根本不能接近魔獸的身體。眼看整個房間的地板都裂得亂七八糟，史瑞克連站的地方都沒有，還說什麼消滅魔獸？就在這時候，魔獸又射出一道光，史瑞克居然好死不死的跌倒了。

史瑞克大喊一聲：「哎呀！」魔獸也大喊一聲：「哎呀！」，然後就不見了。

到底發生了什麼事？原來史瑞克在跌倒的時候，把寶劍舉得很高，剛剛好把魔獸射過來的光反射到魔獸自己身上。魔獸迅速的變小，從那美麗的袍子裡跳出了一隻土黃色的癩蛤蟆。原來外星人來裂縫國探險的時候，不小心遺留了一根能源棒。癩蛤蟆先被能源棒的光束照到而變大，後來他又撿起能源棒把這國家的人變成岩石人，現在魔獸變回癩蛤蟆，所有的岩石人也變回人類，史瑞克拯救了裂縫國。

史瑞克茫然的說：「我救了裂縫國，可是我想要回我自己的國家，我該怎麼辦？」

這時費歐娜出現了，她對史瑞克輕輕的說：「拿出你的水晶球。」史瑞克馬上把水晶球拿出來，上面出現了王后的影像，他的媽媽躺在一張破舊的床上，正在喊著史瑞克的名字。

「你趕快從火山的隙縫回去吧！」

史瑞克急著回到自己的國家，他快馬加鞭的趕到了火山旁邊，卻找不到火山的隙縫。他拿出水晶球想問答案，但是水晶球只能顯示影像，不能回答問題。

史瑞克和驢子在火山旁邊繞了好久，想不出辦法。史瑞克說：「要是費歐娜在這裡就好了。」他剛說完，費歐娜就出現了。

費歐娜一邊打著哈欠，一邊說：「你要我來做什麼？」

「我來到火山的旁邊，卻找不到火山的隙縫。可以請你告訴我火山的隙縫在哪裡嗎？」

「你用身上的寶劍往火山砍一下，火山的隙縫就會出現了。你所需要的所有幫助都在你身邊，你自己要想一想。現在是我一年一度睡美容覺的時候，你不要再吵醒我了。」費歐娜說完就不見了。

　　史瑞克拿起寶劍對著火山砍下去，只見地上一條長長的裂痕向火山蔓延，慢慢的火山裂出一條縫，向裡面看可以看到滾滾的岩漿在流動，而且岩漿的熱氣向外發散，史瑞克的頭髮差點就變捲了。

　　現在火山的裂縫找到了，但是溫度那麼高，岩漿又一直不停的在裂縫裡流動，史瑞克根本沒變法靠近那條裂縫。

　　「我所需要的所有幫助都在我身邊，我身邊只有這隻驢子、一把寶劍、一個盾牌、一個水晶球和一根能源棒，到底要怎麼進去？」史瑞克想了半天也想不出辦法。

　　「驢子，你能幫我進去火山的隙縫嗎？」史瑞克問。

　　「想要我進去火山裡面，那是不可能的。你都已經變成捲毛了，難道要我變成烤全驢？我很怕熱，你應該找不怕熱的進去。」驢子大聲說。

　　「不怕熱？誰最不怕熱？」「雪天使！」他倆異口同聲的說。

　　「米拉！米拉！米拉！」雪天使馬上就出現了。

　　當米拉知道史瑞克想要進去火山的隙縫，就說：「我只能幫你做一個保護層，這個冰雪的保護層能夠保護你不被高熱燙傷，但是你沒有動力往上衝也是沒有用的。」

　　「費歐娜說我所需要的所有幫助都在我身邊，我有驢子、寶劍、盾牌、水晶球和能源棒。」

　　「對了！就是能源棒。但是你還需要朋友。」雪天使馬上把火天使莫利叫了來。

　　莫利用神力把能源棒點燃，能源棒的尾端馬上噴出熊熊火焰。米拉也噴出冰雪把史瑞克的身體整個包了起來。能源棒只能載一個人，也就是說，史瑞克必須和驢子分開了。

　　「驢子，謝謝你陪我那麼久。但是我沒有辦法帶你走。」史瑞克說。

「不用擔心我，我早就想回番茄村吃義大利麵了。」驢子開心的說。

「我所需要的所有幫助都在我身邊，最重要的就是朋友。米拉，莫利，謝謝你們。」史瑞克說。

「我們也很高興認識你。不過你最好快點出發，保護層不能維持太久。」

他們互道再見，史瑞克腳一踩，能源棒就飛快的往上衝。雖然火山的隙縫有流動的岩漿，但因為有冰雪保護層，史瑞克一點都不覺得熱。火山的隙縫除了有流動的岩漿，還有許多巨大的花崗岩，有些地方還有亮晶晶的鑽石呢！飛了一段時間，史瑞克衝出地面，降落在城外的森林。

他一踏上陸地，馬上拿出水晶球尋找王后。按著水晶球出現的景象，他終於在一個破舊的農家找到了王后。王后被逐出王宮後在市集和王子走散，又急又累，嬌弱的王后就生病了。還好王后遇到好心的農夫願意收留她，但是王后也發現農夫是多麼貧窮，日子是多麼難過，這都是死去的國王所造成的。王后躺在床上奄奄一息，用盡最後一點力氣跟史瑞克說：「你一定要當一個好國王。」王后說完就死了。

史瑞克雖然心裡很難過，仍然打起精神往王宮走去。他走到王宮前面，發現到處都是黑色的烏鴉。烏鴉擋住王宮的大門，不讓他進入宮殿。

史瑞克問：「你們是誰？」

烏鴉們回答：「我們是國王派來的，國王下令絕對不能讓你進宮殿。」說完就飛向史瑞克，想要把史瑞克的眼睛啄瞎。史瑞克知道講道理絕對無法將他們打敗，於是他拿起寶劍往烏鴉刺去。但是烏鴉實在太多了，怎麼刺也刺不完，他決定使出必殺武器。史瑞克拿出能源棒向烏鴉射去，轉瞬間全部的烏鴉從空中掉下來，而且還發出陣陣烤小鳥的香味。

　　史瑞克趁這個時候進入宮殿，沒想到他居然看到一個不可思議的畫面：驢子四隻腳被緊緊綁著，高高的掛在宮殿的正中央，而且還大喊著：「史瑞克，救命啊！」

　　壞大臣拿著刀指向驢子說：「如果你想得到王位，這隻驢子的性命就不保了。」史瑞克擔心驢子受傷，一時也不知該怎麼辦。史瑞克看著驢子，忽然想到朋友的重要。「米拉！米拉！米拉！」「莫利！莫利！莫利！」雪天使和火天使一起出現了。

　　「米拉，請你用冰雪把大臣包起來。」

　　「莫利，請你用小小的火把綁住驢子的繩子燒斷。」

　　只見米拉繞著壞大臣轉，大臣馬上就變成一大塊冰塊。同時，驢子也掉了下來。

　　知道史瑞克把大臣抓起來，老百姓好開心，一致推選史瑞克當國王。而史瑞克也開心的說：「我願意。」從此以後，老百姓不必再受苦，因為他們有一位最好的國王——史瑞克。

　　在教學活動的成效檢討時，各組的創意已經構設完成，所要作的工作就是教師把寫好的初稿唸出來，由前組和後組的同學協調連接。過程中，學生非常專注，聽到別組有好的創意也投以羨慕和欽佩的目光。故事完成後，請同學寫出寫作過程和自己最喜歡的部分，並辨別是何種創意。如下：

S2 ：我覺得百萬小學堂好好玩，百萬小學堂的方式有點偏向無中生有，我喜歡。

S12：剛開始的確大家都有想很多創意的點子，我想到的是史瑞克被關在監牢裡和天使費歐娜的出現。而我覺得最好笑的是第 9.10 段的火焰人，當老師描述火焰人拿著火球跳著 Sorry Sorry 的舞步時，真是太滑稽了。還有第 5.6 段的番茄村和史瑞克的「百萬小學堂」也很有趣。

S13：一開始的怪獸長相是我和 S9 還有 S7 想的，我想把怪獸變得醜陋恐怖一點。當我們把故事寫好的時候，我覺得最棒的是王子的名字，因為那是我最愛看的卡通男主角。

S16：一開始我們想了許多意見，而且每個人的創意都不一樣。我們想到超多的創意，然後把他串連起來，就變成了豐富的故事，很好玩。

S18：我想的是驢子被抓走的那一段，因為為了配合劇情的高潮，我才會有了這個想法。我最喜歡的是第 7.8 段，很爆笑。

S21：我們這一組是一起想的，我有寫一小段故事，但是不適合，所以我的小點子沒有被加進去。我覺得別組的百萬小學堂和跳 Sorry Sorry 舞很好笑。我以前沒有玩過這種大家可以一起思考的遊戲，希望老師以後可以讓我們再寫一些好笑的故事。

S23：裡面的內容我覺得都很有趣，尤其是蛇女，這個蠻爆笑的。沒想到蛇女是一顆水晶球，蛇女頭上的小蛇可以變成甜甜圈和藥水。聽完故事，我覺得每組很有創意，如果要挑最好的，當然是我們這組，人難免有私心。

S27：我們是用創意思考讓故事變得更好玩。把大家的創意放在一起，變得很好笑。我最喜歡的是同組 S19 想的蛇女，我把她原來美麗的臉變很醜，我覺得很酷也很好笑。

　　這個故事裡的男主角叫史瑞克，仙子叫費歐娜，恰好是電影《史瑞克》中男女主角的姓名。火焰人跳的「Sorry Sorry」舞是現在最受歡迎的韓國男子團體「Super Junior」的舞曲，在校園中大為流行。岩石人玩的「一二三石頭人」則是由孩子愛玩的遊戲「一二三木頭人」

改變而來。故事裡出現了岩石人、仙子、嘴碎的驢子、只吃蕃茄義大利麵的義大利魔術師、變成水晶球的蛇女、雪天使、火天使、樹妖、火焰人、魔獸還有外星人遺留下來的能源棒，創意可說是包羅萬象，也可以發現學生受到媒體及日常生活事物影響的痕跡。

　　通常一本書至少有四萬字以上，由於這是用以印證教學策略，即使接寫也無法在短時間完成。又考慮到程度較不好的同學，所以接寫是以組為單位，是一本簡略版的敘述書。這本約一萬字的敘述書完成後，可以感受到學生以自己的創作自豪，對創意的發想更為豐富熟悉。也足以證明當敘述句加上情節就能寫成有創意的敘述段，進而寫出創意敘述篇，創意敘述書，而體現編織式的創意記敘文寫作教學的成果。

第八章　結論

第一節　要點的回顧

　　語文是一切學科學習的基礎，作文是語文教學領域中較高層次的語文能力表現。實施九年一貫課程後，國小的國語文節數減少，嚴重影響學習品質，教育政策卻以國中基本學力測驗「考作文」作為藥方，突顯了課程、教學和師資配套措施的嚴重不足。現代學子的國語文程度低落，網路科技顛覆了年輕世代的閱讀、寫作和談話的溝通方式，教育方式的淺薄化、活動化，強勢語言的全球化，使語文教育面對更多的衝擊和挑戰。一個人國語文能力的高低是決定於閱讀及作文能力的優劣，而記敘文是應用最廣的一種文體，想要提升學生的寫作能力，就要從學習記敘文開始。身為教師的我希望能透過一種從句到段到篇到書的編織式創意記敘文寫作的教學理論的建構，來作為指導學童寫作的參考資源。希望可以自我回饋提升記敘文寫作教學的成效，提供其他教學者改善記敘文寫作教學的方法，並作為寫作教學政策擬訂的參考。本研究是採用現象主義方法處理第二章文獻探討的文獻取樣的問題，敘事學方法處理跟記敘文寫作有關的各種問題，文化學方法」評估中西文化下文學發展的差異，基進教學理論作為改善教學的策略所形成的理論。本研究探討的範圍有編織式、創意記敘文及創意記敘文寫作教學三部分。現在理論已經建構完成，謹將成果要點敘述如下：

　　在研究目的、方法、範圍建立後，接著我在第二章的文獻探討以各學者針對寫作教學、記敘文寫作教學和創意記敘文寫作教學為主題的相關教學研究成果加以擷取檢視，發現以適當的策略引導寫作教學，容易

引起學生的寫作動機與興趣，提升寫作能力；藉由歷程的探討及修正以提升學生的寫作能力，可作為教學者實施寫作教學努力的方向。只是寫作教學體系龐大，不同文體或不同文類的寫作教學應該有所不同。探討寫作教學時會有一些共通的原則，但沒有落實到特定的文體或文類，只有寫作步驟就容易流於泛談；一定得針對文體的特性來調整寫作的步驟，才能真正的落實寫作教學。在本研究中界定的創意有兩點：一是無中生有；二是製造差異，也就是運用水平思考或逆向思考模式經由創造思考的方法激發學生的想像力，並且結合日常生活中最常用到的記敘文文體，由句的練習，到段落的練習，到篇章的訓練，最後到書的寫作的理論建構。

　　第三章討論到編織式創意記敘文寫作教學的向度。本研究對於編織式的界定是：以故事為經線，情節為緯線。經線為主，緯線為輔，像編織一樣的寫作教學方式，從敘述句到敘述段到敘述篇到敘述書。表現則以無中生有、水平思考和逆向思考三種樣態呈現。開展方向是以四個面向「分層而整合」進行：（一）為誰而寫？（二）為誰選材？（三）教什麼？（四）怎麼教？最後型塑成為教學策略來作教學活動設計。

　　第四章是在探討創意敘述句寫作教學的模式。本研究的敘述句界定為故事式的敘述句和情節式的敘述句。在作文教學上，我們不以語法的句型句式為重點，而以有無因果關係的事件作標準，無因果關係的是故事式的敘述句，有因果關係的情節是情節式的敘述句。敘述句和敘述性文體結合後，有多少類文體，就有加兩倍的敘述句類型。創意有三種形式：無中生有、水平思考和逆向思考。創意結合文體再結合故事式敘述句和情節式敘述句，創意敘述句的樣態就有許多種。創意敘述句的開展方向上，由於逆向思考的創意性夠，操作比較容易，從反方向思考再加上有建設性就完成，所以會朝逆向思考的製造差異式的創意為整體開展方向。在進行創意記敘文寫作教學時，除了敘事散文跟兒童生活故事可以有某一程度的創新，較適合的就是小說、戲

劇和網路小說、少年小說、兒童戲劇、童話六類。由於教學的對象是兒童，因此選擇的文類以兒童為主。其中最積極要教的是逆向思考的少年小說的故事式的敘述句、逆向思考的少年小說的情節式的敘述句、逆向思考的兒童戲劇的故事式的敘述句、逆向思考的兒童戲劇的情節式的敘述句、逆向思考的童話的故事式的敘述句及逆向思考的童話的情節式的敘述句。

第五章是創意敘述段寫作教學的模式。本研究的編織式創意記敘文寫作教學的重點是創意，形式是由句而段而篇而書，以故事為經線，情節為緯線的編織形式，因此這裡所謂的「段」，是有因果關係的敘述段。創意敘述段的一段一段有因果關聯，有推動情節的作用，是實質上的效果。創意敘述段在形式上累積，最後把段和段會合成一篇，實質上的累積就是會把這些文類的情節向前推動。創意記敘段寫作教學時，要教敘述段的構成依據，也就是段落之間要有因果關係；還要教敘述段的累積效果。文類方面，最積極要教的是逆向思考的兒童生活故事的情節式的敘述段、逆向思考的少年小說的情節式的敘述段、逆向思考的兒童戲劇的情節式的敘述段、逆向思考的童話的情節式的敘述段。

第六章說的是創意敘述篇寫作教學的模式。這裡是以故事敘述學的觀點來探討敘述觀點、敘述方式和敘述結構，並論及中西方文學進展的差異。以現在的文學發展狀況來說，西方的寫作觀念已從前現代、現代、後現代進展到網路時代，世界其他文化系統不是停滯不前就是追隨西方潮流而棄守傳統。進行創意敘述篇寫作教學時，除了建立敘述篇的結構觀念外，對於現今文學隨著時代前進的趨時展演也要有一定的認識。

第七章是創意敘述書寫作教學的模式。敘述書的型態上，西方文學有很明顯的線性觀念，是以馳騁想像力為特色；中國文學的基調則是關心人生、反映人生的，歷代著述大多圍繞著治亂興廢與世道人心這個主題。創意敘述書的收攝情況有兩種：一種是分章節而成，每一

章就是一篇或每一章有好幾篇；另一種就是收攝成一本書的時候不分章節不分篇，整本書就是一大篇。中國的傳統章回小說是分章節而成，每一篇都有章標。西方小說則大多有英雄旅程，不一定分章標節標，有時整本書就是一大篇。創意敘述書的指標分為兩部分：由於西方文學一直維持自己的風格，不斷創新，只要繼續向前推進即可，這是同系統文化的推進；中國因追隨西方的文學腳步，喪失了傳統的自我風格，要再進行突破，則必須重拾中國傳統的文體和西方文體雜揉，這是異系統文化的考量。創意敘述書的指標也分為兩部分：西方已發展到網路時代，要突破就要在網路上追求無止盡的多向文本的構設和無止盡的互動。紙面上的突破在於維持自己的主體性，而把古今中外的文體吸收雜揉。

茲將本研究成果圖示如下：

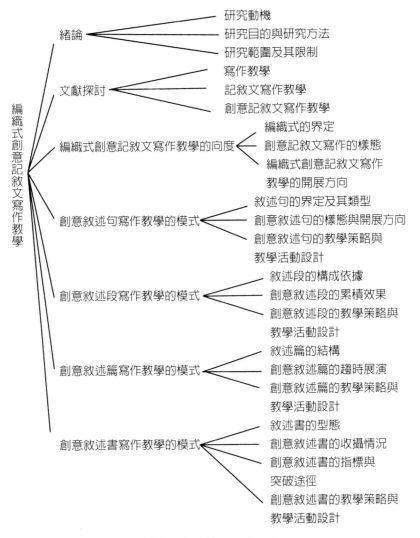

編織式創意記敘文寫作教學

緒論 ── 研究動機
　　　 研究目的與研究方法
　　　 研究範圍及其限制

文獻探討 ── 寫作教學
　　　　　 記敘文寫作教學
　　　　　 創意記敘文寫作教學

編織式創意記敘文寫作教學的向度 ── 編織式的界定
　　　　　　　　　　　　　　　　 創意記敘文寫作的樣態
　　　　　　　　　　　　　　　　 編織式創意記敘文寫作教學的開展方向

創意敘述句寫作教學的模式 ── 敘述句的界定及其類型
　　　　　　　　　　　　　 創意敘述句的樣態與開展方向
　　　　　　　　　　　　　 創意敘述句的教學策略與教學活動設計

創意敘述段寫作教學的模式 ── 敘述段的構成依據
　　　　　　　　　　　　　 創意敘述段的累積效果
　　　　　　　　　　　　　 創意敘述段的教學策略與教學活動設計

創意敘述篇寫作教學的模式 ── 敘述篇的結構
　　　　　　　　　　　　　 創意敘述篇的趨時展演
　　　　　　　　　　　　　 創意敘述篇的教學策略與教學活動設計

創意敘述書寫作教學的模式 ── 敘述書的型態
　　　　　　　　　　　　　 創意敘述書的收攝情況
　　　　　　　　　　　　　 創意敘述書的指標與突破途徑
　　　　　　　　　　　　　 創意敘述書的教學策略與教學活動設計

圖 8-1-1　本研究成果圖

在我進行本研究的理論建構時，為了隨機印證，進行了四次教學活動。以下是教學活動結束後學生對的感想。

S1 ：我覺得這個作文活動很好玩，就連我的創意也進步了。希望老師下次再玩一次，我覺得老師能想出這點子實在太好了。

S2 ：我喜歡小說，也喜歡作文，突然發現作文好好玩。

S7 ：我喜歡吃東西，可以增加我們的想像力。其實我們那一組的〈小紅帽〉後面都是我想的，呵！呵！呵！

S12：我以前都認為創意就是創意，沒什麼不同。但我現在才知道原來有這麼多種不同的創意，真是讓我大開眼界。

S14：四個活動中，我最喜歡〈小紅帽〉，而且我覺得我的作文變好了。

S16：老師讓我們玩了作文遊戲，我們不但可以吃到食物，還體驗了作文的樂趣。

S20：我覺得我們寫的故事都很精采。我講同學寫的〈小紅帽〉給家人聽，奶奶聽完一直笑，我也一直笑，全家人都一直笑，彷彿我們寫的故事都可以帶給讀者無比的歡樂。

S22：我喜歡老師跟我們玩敘述句，因為老師會給我們吃東西。我也改變了很多，我會水平思考和逆向思考了。

S23：我在寫作文的時候覺得很有趣，尤其是跟組員一起寫的時候，S19 和 S26 的創意豐富，我們都一邊寫一邊笑。經過這幾次作文，我突然覺得我的創意好像增加了一些，我希望六年級還能像這樣寫作文。

S24：我覺得我寫了這些作文後學會了逆向思考。

S28：這學期，老師讓我們寫了很多篇自由創作的作文。其中，我最喜歡的是寫艾瑞克王子的小說。因為很神秘，又可以自己創造，很像自己真的在探險。

　　從以上的想法可以得知：學生們對於編織式創意記敘文寫作教學活動反應是正向的，普遍認為自己學會了水平思考和逆向思考的創意操作方式，而且作文變好了，不但不再以作文為苦，還能體會到作文的樂趣。這也正是開始本研究的初衷。誠如先前所說的，作文能力絕不是一蹴可及的，當學生對作文產生興趣，覺得「作文好好玩」的時候，正是作文種子萌芽的開始。對我而言，本研究能夠達到自我回饋提升記敘文寫作教學的成效，也希望能夠提供給其他教學者，作為改善記敘文寫作教學的方法及寫作教學政策擬訂的參考。

第二節　未來研究的展望

　　有關「編織式創意記敘文寫作教學」，就是結合無中生有、水平思考和逆向思考的創意思考，以故事為經線，情節為緯線，像編織一樣從敘述句到敘述段到敘述篇到敘述書的創意記敘文寫作教學。本研究是以記敘文為研究範圍，著重在創意記敘文的寫作教學理論建構。文體的系統龐大，無法顧及所有的文體，所以無法處理其他文類或創意記敘文以外的問題。再者本研究的教學活動採隨機印證，不是一個長時間的有計畫性的教學課程設計。根據四次的教學活動結果得知，這套理論可以作為教學的指引，實施後也有一定的成效；但本研究的重點不在於課程的設計，因為理論須先建構才能知道怎麼作有效的記敘

文寫作教學，以致有關有計畫性的長時間的實務印證可以容後再做，或者有興趣的人可以根據這套理論去做。

　　在教學過程中，異系統的差異和學派的差異是範圍很大、牽涉很廣的課題，由於學生年紀還小，背景知識不夠，所做的理論建構沒辦法談得深入，只是大略論及，還可以再做比較深入的探討，舉更多的實例來印證，做為未來繼續發展的課題。

　　一般而言，理論到實際會面臨困難。像是文學的推進方面，前現代的模象寫實是學生能夠了解的，也比較適合接觸寫作不久的小學生。到了現代文學的造象新寫實有些學生就無法理解，到後現代的拼貼和解構都只存在成人的文學世界，甚至很多大人都不懂，如果要教小學生，事實上理解上就有困難，更不要講創作。但這套理論事實上可以適用於不同階段的記敘文寫作教學，如果要落實在小學，跨系統或跨學派的困難要怎麼作改善，也可以作為未來繼續研究展望的部分。

　　上述這些，受到時間及我個人能力不足的限制，因此在教學細節部分也有待教學者再自行修正運用及未來持續的關注討論。許多我能力所不及處理以及無法納入研究的部分，同樣可以一併另行展望。

　　寫作是綜合語文能力的展現，也是語文教學領域中較高層次的語文能力表現。讓孩子能夠展現創意，歡喜寫作，是為人師長、為人父母者最樂於見到的。「編織式創意記敘文寫作教學」的理論建構粗略完成，期待有興趣的人根據這套理論作更深入的研究，一起投入寫作教學這個領域，為提升孩子寫作能力疊一塊磚，盡一份心力！

參考文獻

于學彬（2003），《水滸傳講義》，臺北：實學社。

中華民國課程與教學學會主編（2000），《課程統整與教學》，臺北：揚智。

仇小屏等（2003），《小學「限制式寫作」之設計與實作》，臺北：萬卷樓。

方俊欽（2006），《組合表徵教學策略應用於寫作教學之研究》，國立臺南大學科技發展與傳播研究所碩士論文，未出版，臺南。

方家瑜（1994），《作文的鳳頭與豹尾——記敘文》，臺北：國語日報。

方祖燊（2002），《田園詩人陶淵明》，臺北：國家。

天舒、張濱（2007），《大師級的幽默》，臺北：創意時代。

毛綺芬（2006），《創思寫作教學對國小四年級學童創造力及寫作態度影響之研究》，國立臺南大學教育學系課程與教學碩士論文，未出版，臺南。

王衍等（2008），《國語文教學理論與應用》，臺北：洪葉。

王弼（1978），《老子道德經注》，新編諸子集成本，臺北：世界。

王志河主編（2004），《後現代主義辭典》，北京：中央編譯。

王雨錚（2006），《一位國小教師實施創造思考寫作教學之行動研究——以國小五級學生為例》，國立臺南大學教育學系課程與教學碩士班碩士論文，未出版，臺南。

王春苹（2007），《心智繪圖在國小六年級學生寫作教學之行動研究》，國立屏東教育大學教育科技研究所碩士論文，未出版，屏東。

王翌蘋（2009），《自我調整策略發展寫作教學與概念圖寫作教學對提升國小六年級學生之寫作自我調整、寫作表現與寫作動機之比較》，國立屏東教育大學教育心理與輔導學系碩士論文，未出版，屏東。

王萬清（1997），《國語科教學理論與實際》，臺北：師大書苑。

王禎和（1993），《嫁粧一牛車》，臺北：洪範。

王夢鷗（1976），《文藝美學》，臺北：遠景。

白先勇（1983），《臺北人》，臺北：爾雅。

布裕民、陳漢森（1993），《文體寫作指導》，臺北：書林。

向天屏（2005），《國小五年級兒童自我調整寫作歷程的教與學》，國立臺灣師
　　範大學教育學系博士論文，未出版，臺北。

池田大作著、正因文化編輯部譯（2005），《來登那座山》，臺北：正因。

朱自清（1977），《朱自清選集》，臺北：黎明。

朱自清（2002），《朱自清全集》，臺南：世一。

朱自清（2005），《背影》，臺北：格林。

朱成器編著（2002），《現代漢語語法教程》，北京：對外經濟貿易大學。

朱作仁、祝新華編著（2001），《小學語文教學心理學導論》，上海：上海教育。

朱傳譽改寫（2003），《封神傳》，臺北：東方。

朱榮智（2004），《文學的第一堂課》，臺北：書泉。

江惜美（2003），《學好語文 100 招》，臺北：臺視。

何三本（2002），《九年一貫語文教育理論與實務》，臺北：五南。

何欣（1996），《現代歐美文學概述》，臺北：書林。

何婉寧（2007），《讀者劇場融入國小高年級國語文寫作教學之行動研究》，國
　　立臺南大學戲劇創作與應用學系碩士論文，未出版，臺南。

何琦瑜、吳毓珍主編（2007），《教出寫作力：寫作該學什麼？如何學？》，臺
　　北：天下雜誌。

余秋雪（2008），《松林國小三年七班遊戲作文之寫作教學行動研究》，國立新
　　竹教育大學人資處語文教學碩士班碩士論文，未出版，新竹。

佐藤秀德著、楊崇森譯（1988），《新腦力激盪法／如何引發您的 idea》，臺北：
　　創意力。

吳子雲的橙色九月（2011），〈六弄咖啡館〉，網址：http://hiyawu.pixnet.net/blog/
　　post/8223599，點閱日期：2011.5.14。

吳招美（2010），《調整國小六年級學生寫作觀點之寫作教學的行動研究》，國
　　立臺北教育大學特殊教育學系碩士論文，未出版，臺北。

吳宜錚（2007），《電子繪本融入記敘文寫作教學歷程之研究》，國立臺北教育大學語文與創作學系碩士論文，未出版，臺北。

吳貞慧（2009），《創造思考運用在國小中年級寫作教學之研究》，高雄師範大學國文教育學系碩士論文，未出版，高雄。

吳清山（2002），〈創意教學的重要理念與實施策略〉，《臺灣教育》，614，4，臺北。

吳惠花（2007），《資訊科技融入作文教學模式之探究——以某國小五年級為例》，國立臺北教育大學語文與創作學系語文教學碩士論文，未出版，臺北。

吳蓉燕（2003），《文學創造力的條件與創作的歷程》，國立政治大學教育學系碩士論文，未出版，臺北。

吳錦釵（1990），〈寫作歷程探討與其在教學上的意義〉，七十八年度臺灣省教育學術論文發表會。

吳鐵雄、簡真真編著（1987），《創造思考與情意的教學》，高雄：復文。

呂秀瑛（2009），《心智繪圖應用於文章構思的研究——以國小六年級學童為例》，國立臺東大學語文教育學系碩士論文，未出版，臺東。

呂宜幸（2008），《限制式寫作教學方案增進國小學童寫作能力之行動研究》，國立海洋大學教育研究所碩士論文，未出版，基隆。

呂菁馨（2007），《後設認知策略在國小高年級寫作教學之研究》，臺北市立教育大學中國語文學系碩士論文，未出版，臺北。

李宏哲（2008），《資訊融入語文領域「記敘文」之團班教學與個別指導教學成效比較》，私立亞洲大學資訊工程學系碩士班碩士論文，未出版，臺中。

李昌斌、馬兆銘編著（1997），《小學作文四步訓練》，臺北：建宏。

李娟娟（2008），《國小實施限制式寫作教學之行動研究》，國立中正大學教育研究所碩士論文，未出版，嘉義。

李得雄編著（1996），《怎樣提升作文的能力》，臺南：西北。

李淑芬（2008），《創意畫圖引導提早寫作教學成效之研究》，國立屏東教育大學中國語文學系碩士論文，未出版，屏東。

李雅靖（2007），《修辭格寫作教學之研究——以國小四年級學生為例》，國立屏東教育大學教育行政研究所碩士論文，未出版，屏東。

李琬蓉（2009），《結合思辯練習的寫作教學研究——以六年級議論文體為例》，國立臺中教育大學語文教育學系碩士論文，未出版，臺中。

李瑞騰（1991），《臺灣文學風貌》，臺北：三民。

李歐梵（1996），《現代性的追求》，臺北：麥田。

李潼（2000），《少年噶瑪蘭》，臺北：天衛。

李曉琪（2008），《繪本運用在國小作文教學之研究》，國立屏東教育大學幼兒教育學系碩士論文，未出版，屏東。

李錫津（1987），《創造思考教學研究》，臺北：臺灣書店。

李觀發、紀展雄（2002），《早上講的小故事》，臺北：麥田。

村上春樹著、賴明珠譯（1997），《挪威的森林》，臺北：時報。

杜淑貞（1997），《小學生寫作知識的理論與實踐》，高雄：復文。

杜淑貞（1999），《小學生文學原理與技巧》，高雄：復文。

杜淑貞（2001），《小學作文教學探究》，臺北：文津。

沈石溪（1994），《狼王夢》，臺北：民生報。

沈秀珍（2008），《體驗活動融入寫作教學之行動研究》，國立臺北教育大學課程與教學研究所碩士論文，未出版，臺北。

沈清松（1986），《解除世界魔咒——科技對文化的衝擊與展望》，臺北：時報。

周琇媚（2010），《PBL 在國小五年級寫作教學之應用》，國立臺中教育大學與文教育學系研究所碩士論文，未出版，臺中。

周慶華（2002），《故事學》，臺北：五南。

周慶華（2004a），《語文研究法》，臺北：洪葉。

周慶華（2004b），《創造性寫作教學》，臺北：萬卷樓。

周慶華（2004c），《文學理論》，臺北：五南。

周慶華（2007a），《語文教學方法》，臺北：里仁。

周慶華（2007b），《紅樓搖夢》，臺北：里仁。

周慶華（2010），《反全球化的新語境》，臺北：秀威。

周慶華（2011），《華語文教學方法論》，臺北：新學林。

林燕（2006），《繪本閱讀融入低年級寫作教學之研究——以概念構圖、低成就學生為研究核心及對象》，國立花蓮教育大學語文科教學碩士班碩士論文，未出版，花蓮。

林世仁（1998），《11個小紅帽》，臺北：民生報。

林亨泰、彭震球（1978），《創造性教學法》，臺北：臺北市政府教育局。

林秀娥（2007），《心智繪圖在國小五年級記敘文寫作教學之研究》，國立臺北教育大學語文與創作學系語文教學碩士班碩士論文，未出版，臺北。

林宜利（2003），《「整合繪本與概念構圖之寫作教學方案」對國小三年級學童記敘文寫作表現之影響》，國立臺灣師範大學教育心理與輔導研究所碩士論文，未出版，臺北。

林宜龍（2003），《國小語文領域創造思考寫作教學之研究——一個教學視導人員行動研究》，國立嘉義大學國民教育研究所碩士論文，未出版，嘉義。

林欣慧（2006），《學習風格融入心智圖在國小社會領域報告寫作教學之行動研究》，國立臺北教育大學國民教育學系碩士論文，未出版，臺北。

林亭君（2007），《國小學童記敘文中的連接成分使用情況分析——以臺東大學附小為例》，國立臺東大學語文教育學系碩士班論文，未出版，臺東。

林俊銘（2004），《國小高年級觀察活動教學與記敘文寫作之研究》，國立花蓮師範學院語文科教學碩士班碩士論文，未出版，花蓮。

林冠宏（2008），《以創造思考寫作教學提升國小五年級學生創造力成效之研究》，國立嘉義大學特殊教育學系碩士論文，未出版，嘉義。

林建平（1989），《創意的寫作教室》，臺北：心理。

林建平（1996），《創思作文》，臺北：國語日報。

林彥佑（2009），《圖像與修辭技巧結合之寫作教學——以國小四年級為例》，國立臺東大學語文教育學系碩士論文，未出版，臺東。

林美慧（2007），《一位國小專家教師的國語文寫作教學研究》，臺北市立教育大學國民教育研究所碩士論文，未出版，臺北。

林郁展（2003），《概念構圖在國小「過程導向」寫作教學的應用研究》，國立嘉義大學教育科技研究所碩士論文，未出版，嘉義。

林哲永（2009），《看圖作文教學對國小五年級書寫語文學習障礙學生記敘文寫作表現之研究》，國立臺中教育大學特殊教育學系碩士論文，未出版，臺中。

林海音等著、吳榮斌主編（1986），《800字小語第六集》，臺北：文經社。

林清輝（2006），《國小記敘文擴寫寫作教學行動研究》，國立新竹教育大學進修部語文教學碩士班論文，未出版，新竹。

林進材（1995），《教育理論與實務——課程與教學》，臺北：商鼎。

林進材（2004），《教學原理》，臺北：五南。

林滿秋（2004），《作文怪獸我最愛》，臺北：小魯。

林綺雲、張盈堃、徐明瀚（2004），《生死學——基進與批判的取向》，臺北：洪葉。

林鳳儀（2006），《全語理念在國小一年級寫作教學應用之行動研究》，國立嘉義大學國民教育研究所碩士論文，未出版，嘉義。

林鍾隆（2001），《愉快的作文課》，臺北：螢火蟲。

林璧玉（2009），《創造性的場域寫作教學》，臺北：秀威。

林麗芳（2009），《科學寫作在國小五年級自然與生活科技課程之應用研究——將語文寫作技巧應用於科學寫作教學》，國立花蓮教育大學國民教育研究所碩士論文，未出版，花蓮。

林寶山（1990），《教學論——理論與方法》，臺北：五南。

邱宜瑛（2006），《國小學童記敘文寫作過程之研究》，國立高雄師範大學教育學系碩士論文，未出版，高雄。

邱於芳（2007），《擴詞活動及其結合基礎寫作之教學研究——以花蓮縣白兔國小二年級為例》論文，國立花蓮教育大學國民教育研究所碩士論文，未出版，花蓮。

邱國禎（2009），《苗栗縣國小六年級語文科「意象、技法、實踐」模組化寫作教學設計對學生寫作能力提升之研究》，國立臺中教育大學數位內容科技學系碩士論文，未出版，臺中。

邱景玲（2006），《鷹架式寫作教學對國小學童寫作成效影響之研究》，臺北市立教育大學課程與教學研究所論文，未出版，臺北。

金基德劇本原著、金汶映改寫、金炫辰譯（2004），《春去春又來》，臺北：木馬。

姜淑玲（1996），《「對話式寫作教學法」對國小學童寫作策略運用與寫作表現之影響》，國立花蓮師範學院國民教育研究所碩士論文，未出版，花蓮。

姚一葦（1985），《欣賞與批評》，臺北：聯經。

施耐庵（1984），《水滸傳》，臺北：三民。

施耐庵（2001），《水滸傳》，臺北：小知堂。

柯慶明（2006），《臺灣現代文學的視野》，臺北：麥田。

洪汛濤（1989），《童話學》，臺北：富春。

洪詩韻（2008），《限制式寫作教學對國小六年級學童寫作成效之研究》，國立屏東教育大學中國語文學系碩士論文，未出版，屏東。

胡文素（2008），《兒童繪本主題融入提早寫作教學之研究——以苗栗縣建國國小二年二班為例》，國立新竹教育大學人資處語文教學碩士班碩士論文，未出版，新竹。

後藤國彥著、張仲良譯（2002），《創意激發手冊》，臺中：日之昇。

夏之光（2003），《很熱的旅行》，臺北：聯合文學。

夏元瑜（2005），《以蟑螂為師》，臺北：九歌。

夏明華、楊金昌（1997），《如何寫好記敘文》，臺北：育昇。

桂文亞主編（2007），《基測作文優必勝》，臺北：聯合報。

孫秀鵑（2008），《國小學童日記寫作教學研究》，國立花蓮教育大學國民教育研究所碩士論文，未出版，花蓮。

孫宜旺（2008），《部落格融入寫作教學對國小高年級學童寫作學習成效與寫作態度影響之研究》，國立臺東大學教育學系碩士論文，未出版，臺東。

孫述宇（1983），《水滸傳的來歷・心態與藝術》，臺北：時報。

徐靜儀（2006），《童話電子書創作教學研究——以某國小五年某班為例》，國立臺北教育大學語文教育學系碩士論文，未出版，臺北。

徐麗玲（2007），《國小二年級感官作文教學研究》，國立臺北教育大學語文與創作學系語文教學碩士班碩士論文，未出版，臺北。

格林兄弟著、許嘉祥、劉子倩譯（2005），《初版格林童話集1》，臺北：旗品。

海倫・凱勒著、曾小瑩改寫（1993），《海倫凱勒傳》，臺北：東方。

祖國頌（2003），《敘事的詩學》，合肥：安徽大學。

高敬堯（（2006），《國小學童記敘文的擴寫研究》，國立臺東大學語文教育學系碩士論文，未出版，臺東。

高碧智（2006），《寫作情境教學對國小二年級學生寫作能力之影響研究》，國立臺南大學國語文學系碩士論文，未出版，臺南。

涂亞鳳（2005），《心智繪圖寫作教學法對國中生語文創造力及寫作表現影響之研究》，私立慈濟大學教育研究所碩士論，未出版，花蓮。

國立臺灣師範大學學術研究委員會編（1994），《教學法研究》，臺北：五南。

張湛（1978），《列子注》，新編諸子集成本，臺北：世界。

張大春（1995），《四喜憂國》，臺北：遠流。

張子樟主編（1998），《俄羅斯鼠尾草：名家的少年小說》，臺北：幼獅。

張子樟等（1996），《認識少年小說》，臺北：天衛。

張友漁（1998），《我的爸爸是流氓》，臺北：小兵。

張月美（2006），《繪本融入限制式寫作教學之行動研究》，國立花蓮教育大學語文科教學碩士班碩士論文，未出版，花蓮。

張世忠（2000），《建構教學／理論與應用》，臺北：五南。

張妙君（2004），《以圖畫故事書進行國小一年級提早寫作教學歷程之研究》，國立新竹教育大學臺灣語言與語文教育研究所碩士論文，未出版，新竹。

張金葉（2008），《擴寫教學對國小二年級學童記敘文寫作之影響》，國立臺東大學語文教育學系碩士論文，未出版，臺東。

張春榮（2003），《創意造句的火花》，臺北：螢火蟲。

張玲霞編著（2006），《國語文別瞎搞》，臺北：新手父母。

張益芳（2008），《國小教師寫作教學方法與國小六年級學生寫作態度關係之研究——以澎湖縣、臺南市為例》，國立臺南大學教育學系課程與教學澎湖碩士班碩士論文，未出版，臺南。

張曼娟（1994），《風月書》，臺北：皇冠。

張愛玲（1991），《傾城之戀——張愛玲短篇小說集之一》，臺北：皇冠。

張愛玲（1995），《流言》，臺北：皇冠。

張新仁（1992），《寫作教學研究——認知心理學取向》，高雄：復文。

張繼安（2008），《限制式寫作運用於提昇國小二年級寫作能力之研究》，國立花蓮教育大學國民教育研究所碩士論文，未出版，花蓮。

教育部（1993），《國民小學課程標準》，臺北：教育部。

教育部（2002），《國民中小學九年一貫課程綱要》，臺北：教育部。

曹宇君（2006），《「WebQuest 主題探索」寫作教學活動對國小四年級學童寫作學習成效與學習動機之影響》，私立佛光大學教育資訊學系碩士論文，未出版，宜蘭。

曹雪芹（1985），《紅樓夢》，臺北：三民。

梁桂珍（1993），《國語文教學的多元探索》，臺北：文史哲。

梁實秋（1986），《雅舍小品》，臺北：正中。

淡江大學中國文學研究所（1990），《文學與美學》，臺北：文史哲

淡江大學中國文學研究所（1995），《文學與美學第四集》，臺北：文史哲

畢桂發主編（1996），《文學原理教程》，北京：中國。

莎士比亞著、梁實秋譯（1999），《莎士比亞叢書之四大喜劇》，臺北：遠東。

莊惠秀（2007），《提升國小五年級學生寫作能力之行動研究》，臺北市立教育大學課程與教學研究所碩士論文，未出版，臺北。

莊景益（2007），《心智繪圖結合摘要教學法與寫作教學法對國小四年級學生閱讀理解與寫作能力之行動研究》，國立屏東教育大學教育科技研究所碩士論文，未出版，屏東。

許文章（2001），《故事圖教學對國小六年級學生記敘文寫作表現與組織能力之研究》，國立花蓮師範學院國民教育研究所碩士論文，未出版，花蓮。

許宏銘（2006），《引導式寫作童詩教學歷程之行動研究》，臺北市立教育大學課程與教學研究所碩士論文，未出版，臺北。

許家菱（2005），《電子郵件運用在國小三年級寫作教學之行動研究》，國立高雄師範大學回流中文碩士班碩士論文，未出版，高雄。

許瑞娥（2008），《國小體驗式作文教學研究——以花蓮縣北林國小四年級為例》，國立花蓮教育大學國民教育研究所碩士論文，未出版，花蓮。

連淑玲（2003），《電腦看圖故事寫作對國小二年級學童寫作成效及寫作態度影響之研究》，臺北市立師範學院國民教育研究所碩士論文，未出版，臺北。

郭一帆編著（2007），《成功者的 8 大素養──演出精彩的競爭人生，邁向成功的巔峰！》，臺北：大利。

陳月珍（2006），《國小限制式讀後感寫作教學研究──以寓言材料為例》，國立嘉義大學國民教育研究所碩士論文，未出版，嘉義。

陳弘昌（1990），《國小語文科教學研究》，臺北：五南。

陳如松編著（2001），《幽默藝術欣賞／100 則幽默大師的幽默語錄》，臺中：晨星。

陳宜貞（2003），《「創造思考教學法」應用於國小六年級作文課程的教學研究》，國立臺中師範學院語文教育學系碩士論文，未出版，臺中。

陳秉章（2006），《兒童看圖寫作能力診斷測驗之編製及其相關研究》，國立高雄師範大學特殊教育學系碩士論文，未出版，高雄。

陳秋妤（2007），《概念構圖寫作教學對國小四年級寫作困難學生寫作學習效果之研究》，國立臺中教育大學特殊教育學系碩士論文，未出版，臺中。

陳美娟（2007），《應用繪本於國小學童寫作教學之研究》，國立屏東科技大學幼兒保育系所碩士論文，未出版，屏東 。

陳淑霞（2006），《數位化繪本融入國小寫作教學之研究》，臺北市立教育大學數學資訊教育學系碩士論文，未出版，臺北。

陳智康（2007），《故事情境融入數學寫作教學之研究》，國立新竹教育大學人資處語文教學碩士班碩士論文，未出版，新竹。

陳詠滐（2007），《多媒體限制式寫作對學童寫作成效之分析》，國立臺北教育大學教育傳播與科技研究所碩士論文，未出版，臺北。

陳雅菁（2009），《笑話在寫作教學應用之研究──以國小四年級為例》，國立臺北教育大學語文與創作學系碩士論文，未出版，臺北。

陳瑜蓁（2005），《曼陀羅創造性寫作教學方案對國小學生寫作表現、寫作態度、創造力的影響》，臺北市立教育大學創造思考暨資賦優異教育研究所碩士論文，未出版，臺北。

陳漢強、毛連塭總審訂（1988），《臺北市創造思考教學研究專輯》，臺北：臺北市政府。

陳瑤成（2007），《線上過程導向寫作環境對國小高年級學童寫作修改影響之研究》，國立臺南大學數位學習科技學系教學碩士班碩士論文，未出版，臺南。

陳鳳如（1998），《閱讀與寫作整合的寫作歷程模式驗證及其教學效果之研究》，國立臺灣師範大學教育心理與輔導研究所博士論文，未出版，臺北。

陳龍安（1991），《創造思考教學的理論與實際》，臺北：心理。

陳龍安（1998），《創造思考教學》，臺北：師大書苑。

陳鴻基（2007），《「合作式電腦心智繪圖寫作教學」對國小四年級學生寫作成效與寫作態度之影響》，國立臺南大學教育學系科技發展與傳播碩士班碩士論文，未出版，臺南。

粘佩雯（2006），《創造性童詩寫作教學融入國小五年級國語教學之研究》，國立臺中教育大學語文教育學系碩士論文，未出版，臺中。

傅大為（1994），《基進筆記》，臺北：桂冠。

傅錫壬編撰（1998），《梁山英雄榜：水滸傳》：臺北：時報。

單文經主編（2004），《課程與教學新論》，臺北：心理。

彭玉丹（2008），《想像作文之教學行動研究——以光明國小四年孝班為例》，國立新竹教育大學人資處語文教學碩士班碩士論文，未出版，新竹。

彭震球（1991），《創造性教學之實踐》，臺北：五南。

曾佩綺（2007），《量表診斷寫作教學法對國小四年級學生寫作態度與能力之研究》，國立花蓮教育大學語文科教學碩士學位班碩士論文，未出版，花蓮。

曾淑珍（2008），《遊戲策略應用於創造思考寫作教學之研究》，國立花蓮教育大學國民教育研究所碩士論文，未出版，花蓮。

曾琦雅（2008），《國小四年級應用文寫作教學研究——以臺中市某國小為例》，國立臺北教育大學語文與創作學系碩士論文，未出版，臺北。

曾瑞雲（2003），《國小三年級實施看圖作文教學之行動研究》，國立嘉義大學國民教育研究所碩士論文，未出版，嘉義。

琦君（1980），《煙愁》，臺北：爾雅。

琦君著、鮑端磊等譯（2007），《琦君散文選中英對照》，臺北：九歌。

程祥徽、田小琳（1992），《現代漢語》，臺北：書林。

程嬪玲（2008），《思考地圖運用於生活故事寫作之研究》，國立新竹教育大學人資處語文教學碩士論文，未出版，新竹。

須文蔚（2003），《臺灣數位文學論》，臺北：二魚。

馮旭文編（2002），《閒閒猛看，笑話不斷／氣質版》，臺北：水瓶。

黃凡（1992），《黃凡集》，臺北：前衛。

黃文枝（2007），《繪本閱讀結合寫作教學之研究——以潮州國小一年級學童為例》，國立花蓮教育大學中國語文學系碩士論文，未出版，花蓮。

黃玉萱（2004），《「整合電腦與心智繪圖之寫作教學方案」對國小中年級學生寫作成效之影響》，國立臺南大學教育學系課程與教學碩士班碩士論文，未出版，臺南。

黃志光（2005），《西洋文學的第一堂課》，臺北：書泉。

黃秀金（2007），《國小看圖作文教學研究》，國立屏東教育大學中國語文學系碩士論文，未出版，屏東。

黃秀莉（2004），《國民小學限制式寫作之行動研究》，國立花蓮師範學院語文科教學碩士班碩士論文，未出版，花蓮。

黃怡綺（2009），《綜合寫作教學法影響國小二年級學童寫作能力與態度之研究》，國立屏東教育大學教育學系碩士論文，未出版，屏東。

黃春明（2000），《兒子的大玩偶》，臺北：皇冠。

黃秋芳（2005），《親愛的，作文把我們變快樂了》，臺北：富春。

黃郁文（2007），《運用行動學習載具於國小學童網路互評寫作教學之研究》，國立臺南大學數位學習科技學系教學碩士班碩士論文，未出版，臺南。

黃郁婷（2003），《國小六年級學生運用網路寫作系統之個案分析》，國立嘉義大學國民教育研究所碩士論文，未出版，嘉義。

黃香梅（2009），《國小六年級學生以電腦寫作的修改策略之研究》，國立臺東大學語文教育學系碩士論文，未出版，臺東。

黃基博（1995），《圖解作文教學法》，臺北：國語日報。

黃嘉雄（2000），《轉化社會結構的課程理論——課程社會學的觀點》，臺北：師大書苑。

黃慧文（2009），《精進國小高年級學生敘寫能力之教學方案設計研究——以次文類為討論基準》，國立臺中教育大學語文教育學系碩士論文，未出版，臺中。

瘂弦主編（1987），《如何測量水溝的寬度》，臺北：聯合文學。

楊素花（2004），《國小六年級寫作教學運用創造思考教學策略之行動研究》，國立臺南大學教育學系課程與教學碩士班碩士論文，未出版，臺南。

楊淑芃、陳一松（2009），〈離譜！國三作文基測，有人畫圖，有人爆粗口〉，東森新聞，網址：http://www.nownews.com/2009/03/16/327-2422752.htm，點閱日期：2010.05.13。

楊雅方（2009），《敘說我和小五學童探索寫作的故事》，國立新竹教育大學人資處語文教學碩士論文，未出版，新竹。

楊雅婷（2008），《國小一年級提早寫作教學行動研究》，國立中正大學教學專業發展數位學習碩士論文，未出版，嘉義。

楊義（1998），《中國敘事學》，嘉義：南華管理學院。

葉日松主編（1987），《如何寫好作文》，臺北：欣大。

葉玉珠（2006），《創造力教學／過去，現在與未來》，臺北：心理。

葉家妤（2009），《國小三年級記敘文寫作之教學實踐》，國立臺北教育大學語文與創作學系碩士論文，未出版，臺北。

葉素吟（2007），《國小五年級成語寫作教學研究》，國立臺北教育大學語文與創作學系碩士論文，未出版，臺北。

葉慧美（2007），《國小低年級寫作教學策略之研究》，國立高雄師範大學國文教學碩士班碩士論文，未出版，高雄。

董郁芬（2007），《協作的概念構圖應用於國小學童寫作歷程之研究》，國立花蓮教育大學國民教育研究所碩士論文，未出版，花蓮。

董崇選（1990），《文學創作的理論與班課設計》，臺北：黎明。

詹秋雲（2006），《自然觀察融入童話寫作教學之研究：以中和國小五年級學童為例》，國立新竹教育大學語文學系碩士班碩士論文，未出版，新竹。

廖炳惠（1994），《回顧現代：後現代與後殖民論文集》，臺北：麥田。

廖素凰（2007），《部落格小組互評在五年級作文成效之研究》，國立嘉義大學教育科技研究所碩士論文，未出版，嘉義。

廖慧娟（2007），《兒童戲劇活動導入國小低年級寫作教學之研究》，國立新竹教育大學人資處語文教學碩士班碩士論文，未出版，新竹。

臧其祿主編（1982），《兒童寫作指南》，臺北：正生。

臺中縣大甲鎮華龍國小（2010），〈網路小品文〉，網址：

http://www.hlps.tcc.edu.tw/essay/detail.asp?id=30，點閱日期：2010.08.16。

臺北市政府教育局主編（1977），《國民小學輔導叢書》，臺北：臺北市政府教育局。

臺灣師大學術研委會編（1990），《教學法研究》，臺北：臺灣師大。

劉月華、潘文娛、故韡（2001），《實用現代漢語語法》，臺北：師大書苑。

劉玉琛（1996），《作文的方法》，臺北：學生。

劉佳玫（2006），《創造思考作文教學法對國小五年級學童在寫作動機及寫作表現上的影響》，國立屏東教育大學教育科技研究所碩士論文，未出版，臺東。

劉承翰（2009），《情境式遊戲教學策略輔助國小作文課程效益之探究》，國立臺中教育大學數位內容科技學系碩士論文，未出版，臺中。

劉素梅（2006），《國小三年級學童實施故事結構寫作教學之研究》，國立臺中教育大學語文教育學系碩士論文，未出版，臺中。

劉勰（1988），《文心雕龍》，增訂漢魏叢書本，臺北：大化。

劉錫珍（2006），《科學文章閱讀與寫作教學對國小高年級學童批判思考與科技創造力之影響》，國立新竹教育大學人資處應用科學系教學碩士班碩士論文，未出版，新竹。

劉燁（2006），《創意決定優勢》，臺北：大都會。

潘麗珠（2001），《國語文教學有創意》，臺北：幼獅。

蔣祖怡（1989），《記敘文一題數作法》，臺北：文史哲。

蔡佳陵（2007），《國小三年級形象思維寫作教學之行動研究》，國立臺北教育大學課程與教學研究所碩士論文，未出版，臺北。

蔡佩欣（2003），《創思寫作教學對國小低年級學童寫作能力影響之研究》，國立臺中師範學院語文教育學系碩士班碩士論文，未出版，臺中。

蔡宜蓉（1995），《晉晉的四年仁班》，臺北：建新。

蔡易璇（2008），《無字圖畫書融入國小二年級限制式寫作教學之研究》，國立花蓮教育大學國民教育研究所碩士論文，未出版，花蓮。

蔡清波（1985），《作文小博士》，高雄：愛智。

蔡淑菁（2005），《戲劇策略融入國小六年級寫作教學之行動研究》，國立臺南大學戲劇研究所碩士論文，未出版，臺南。

蔡詩韻（2006），《Blog 應用於國小寫作教學對六年級學生寫作能力與寫作態度影響之研究》，國立臺南大學科技發展與傳播研究所碩士論文，未出版，臺南。

蔡慧美（2008），《整合大量閱讀與寫作教學之行動研究》，國立嘉義大學國民教育研究所碩士論文，未出版，嘉義。

鄭明萱（1997），《多向文本》，臺北：揚智。

鄭博真（2003），《國語文教學創新》， 臺南：漢風。

鄭雅玲（2008），《閱讀心得寫作教學對國小低年級學童寫作成效提升之研究》，國立臺中教育大學語文教育學系碩士論文，未出版，臺中。

鄭樹森編（1984），《現象學與文學批評》，臺北：東大。

鄭麗玉（2000），《認知與教學》，臺北：五南。

魯迅（2003），《阿 Q 正傳》，臺北：檢書堂。

盧金漳（2002），《創造性童詩寫作教學之探究──以國小五年級一班為例》，國立臺北師範學院課程與教學研究所碩士論文，未出版，臺北。

賴蕙謙（2009），《電子化寫作教學對於學生在寫作態度與寫作表現之影響研究》，國立新竹教育大學課程與教學碩士班碩士論文，未出版，新竹。

賴靜美（2007），《國小六年級看圖寫作教學歷程之行動研究》，國立嘉義大學國民教育研究所碩士論文，未出版，嘉義。

賴聲川（2006），《賴聲川的創意學》，臺北：天下雜誌。

閻驊（2001），《High High 人生──閻驊的一千零一 YEAH》， 臺北：圓神。

戴昌龍（2007），《國小高年級記敘文「仿寫」教學研究》，國立臺北教育大學語文教育學系碩士論文，未出版，臺北。

薛荷玉（2010），〈可貴的合作經驗〉寫成團結算偏題〉，《聯合報》，網址：http://mag.udn.com/mag/campus/storypage.jsp?f_MAIN_ID=171&f_SUB_ID=123&f_ART_ID=251740，點閱日期：2010.06.28。

謝英玲（2008），《繪本引導式寫作教學之行動研究》，臺北市立教育大學課程與教學研究所碩士論文，未出版，臺北。

謝錫文（2007），《類比兒童詩寫作教學對不同類比能力六年級學生寫作的影響》，國立臺北教育大學教育傳播與科技研究所碩士論文，未出版，臺北。

鍾玄惠（2002），《國小教師實施創造性教學之研究》，國立嘉義大學國民教育研究所碩士論文，未出版，嘉義。

鍾政洋（2004），《以資訊科技融入概念構圖作文教學之行動研究》，國立臺北師範學院課程與教學研究所碩士論文，未出版，臺北。

簡紅珠（1992），《教學研究的主要派典及其啟示之探析》，高雄：復文。

藍怡君（2008），《心智繪圖策略結合線上寫作教學方案對國小五年級學童寫作能力提升之研究》，臺北市立教育大學心理與諮商教學碩士論文，未出版，臺北。

顏丹鳳（2005），《資訊科技融入寫作教學——以全語文的觀點為架構》，國立嘉義大學國民教育研究所碩士論文，未出版，嘉義。

魏靖峰（2000），《創意教學》，臺北：幼獅。

羅秋昭（1996），《國小語文科教材教法》，臺北：五南。

羅鋼（1994），《敘事學導論》，昆明：雲南人民。

譚達士（1975），《作文教學方法革新》，臺北：中國書局。

釋證嚴（1989），《證嚴法師靜思語》，臺北：九歌。

饒見維（2005），《創造思考訓練／創思的心理策略與技巧》，臺北：五南。

龔鵬程（1985），《文學散步》，臺北：漢光。

A. Schutz 著、盧嵐蘭譯（1991），《社會世界的現象學》，臺北：桂冠。

A. C. Doyle 著、張玲玲譯（2002），《福爾摩斯探案 ： 巴斯克魔犬》，臺北：臺灣麥克。

Alan Garner 著、蔡宜容譯（2002），《貓頭鷹恩仇錄》，臺北：小魯。

Alexandre Dumas 著、林文月改寫（1990），《基督山恩仇記》，臺北：東方。

Antoine Saint Exupery 著、莫渝譯（2000），《小王子》，臺北：桂冠。

Baum,L.Frank 著、咸允美、黃淳靖改寫（2006），《綠野仙蹤》，臺南：企鵝。

Catherine Orenstein 著、楊淑智譯（2003），《百變小紅帽》，臺北：張老師。

Christopher P Curtis 著、甄晏譯（2006），《我叫巴德，不叫巴弟》，臺北：維京。

Christopher Vogler 著、蔡鵑如譯（2009），《作家之路──從英雄的旅程學習說一個好故事》，臺北：開啟。

Cleary Reverly 著、柯倩華譯（2003），《親愛的漢修先生》，臺北：東方。

Coelho Paulo 著、周惠玲譯（1997），《牧羊少年奇幻之旅》，臺北：時報。

David Stewart、Algis Mickunas 著、范庭育譯（1988），《現象學入門》，臺北：康德人工智能。

Dictionary.com（2010），《漢語大詞典》，網址：

http://translate.google.com.tw/translate?hl=zh-TW&langpan=en%7Czh-TW&u=http://dictionary.reference.com/browse/weave，點閱日期：2010.8.15。

E. M. Forster 著、李文彬譯（1993），《小說面面觀》，臺北：志文。

Edgar Rai 著、張維娟譯（2006），《吟遊一遍荷馬》，臺北：商周。

Edward de Bono 著、唐潔之譯（1983），《思考探奇／心智的歷程》，臺北：桂冠。

Edward de Bono 著、蕭富元譯（1998），《創意有方／水平思考談管理》，臺北：天下遠見。

Edward de Bono 著、陳美芳等編譯（1992），《高明的思考法：de Bono 思考訓練法精粹》，臺北：心理。

Edward de Bono 著、余阿勳譯（1981），《水平思考法》，臺北：大林。

Emile Genest 著、趙震譯（1977），《希臘神話》，臺北：志文。

Forrest Carter 著、姚宏昌譯（1992），《少年小樹之歌》，臺北：小知堂。

Hesse Hermann 著、陳明誠譯（1990），《流浪者之歌》，臺北：金楓。

Homer 著、羅念生、王煥生譯（2000），《伊利亞特》，臺北：貓頭鷹。

Hugo Victor 著、羅永基譯（1990），《孤星淚》，臺北：東方。

Italo Calvino 著、吳潛誠譯（1993），《如果在冬夜，一個旅人》，臺北：時報。

J. K. Rowling 著、彭倩文譯（2000），《哈利波特：消失的密室》，臺北：皇冠。

J. K. Rowling 著、彭倩文譯（2000），《哈利波特：神秘的魔法石》，臺北：皇冠。

J. K. Rowling 著、彭倩文譯（2001），《哈利波特：火盃的考驗》，臺北：皇冠。

J. K. Rowling 著、彭倩文譯（2001），《哈利波特：阿茲卡班的逃犯》，臺北：皇冠。

J. K. Rowling 著、彭倩文譯（2003），《哈利波特：鳳凰會的密令》，臺北：皇冠。

J. K. Rowling 著、彭倩文譯（2005），《哈利波特：混血王子的背叛》，臺北：皇冠。

J. K. Rowling 著、彭倩文譯（2007），《哈利波特：死神的聖物》，臺北：皇冠。

J. D. Salinger 著、施咸榮譯（2007），《麥田捕手》，臺北：麥田。

John Adair 著、謝凱蒂譯（2008），《有準備，創意就來》，臺北：天下遠見。

John Christopher 著、王心瑩譯（2006），《白色山脈》，臺北：遠流。

John Langrehr 著、林佑齡譯（2006），《創意思考是教出來的──200 個益智問答，幫孩子掌握 29 個思考精要》，臺北：久周。

Jules Verne 著、辜小麗譯（2005），《十五少年漂流記》，臺北：棉花田。

Katherine Paterson 著、漢生雜誌社譯（1989），《通往泰瑞比西亞的橋》，臺北：漢聲。

Klaus Held 著、孫周興等譯（2004），《世界現象學》，臺北：左岸。

L. M. Montgomery 著、李常傳譯（1995），《清秀佳人》，臺北：國際村。

Letiziz Cella 著、楊子葆譯（1999），《七個小矮人》，臺北：小知堂。

Lionel Shriver 著、葛窈君譯（2006），《凱文怎麼了》，臺北：商務。

Mihaly Csiksentmihalyi 著、杜明城譯（1999），《創造力》，臺北：時報。

Paolini Christopher 著、張子樟譯（2006），《龍騎士》，臺北：聯經。

Richard Chase 等著、陳炳良等譯（1990），《神話即文學》，臺北：東大。

Richard E.Mayer 著、林清山譯（1990），《教育心理學：認知取向》，臺北：遠流。

Richard Peck 著、趙映雪譯（2003），《我那特異的奶奶》，臺北：東方。

Robert J. Sternberg & Todd I. Lubart 著、洪蘭譯（1999），《不同凡想——在一窩蜂文化中開拓創造力》，臺北：遠流。

Robert Sokolowski 著、李維倫譯（2004），《現象學十四講》，臺北：心靈工坊。

Steven Cohan、Linda M. Shires 著、張方譯（1997），《講故事——對敘事虛構作品的理論分析》，臺北：駱駝。

Victor Hugo 著、李玉民譯（1999），《悲慘世界》，臺北：貓頭鷹。

Virginia E.Woolf 著、瞿世鏡等譯（1993），《達洛衛夫人.燈塔行》，臺北：桂冠。

Vladimir Nabokov 著、廖月娟譯（2006），《幽冥的火》，臺北：大塊。

Wayne Lotherington 著、劉盈君譯（2008），《創意沒什麼大不了——16 種創意聯想法》，臺北：天下雜誌。

社會科學類　PF0087　東大學術 45

編織式創意記敘文寫作教學

作　　者 / 瞿吟禎
責任編輯 / 林泰宏
圖文排版 / 楊尚蓁
封面設計 / 陳佩蓉

發 行 人 / 宋政坤
法律顧問 / 毛國樑　律師
印製出版 / 秀威資訊科技股份有限公司
　　　　　114 台北市內湖區瑞光路 76 巷 65 號 1 樓
　　　　　電話：+886-2-2796-3638　傳真：+886-2-2796-1377
　　　　　http://www.showwe.com.tw
劃撥帳號 / 19563868　戶名：秀威資訊科技股份有限公司
　　　　　讀者服務信箱：service@showwe.com.tw
展售門市 / 國家書店（松江門市）
　　　　　104 台北市中山區松江路 209 號 1 樓
　　　　　電話：+886-2-2518-0207　傳真：+886-2-2518-0778
網路訂購 / 秀威網路書店：http://www.bodbooks.com.tw
　　　　　國家網路書店：http://www.govbooks.com.tw
圖書經銷 / 紅螞蟻圖書有限公司
　　　　　114 台北市內湖區舊宗路二段 121 巷 28、32 號 4 樓
　　　　　電話：+886-2-2795-3656　傳真：+886-2-2795-4100

2012 年 6 月 BOD 一版
定價：340 元
版權所有　翻印必究
本書如有缺頁、破損或裝訂錯誤，請寄回更換

國家圖書館出版品預行編目

編織式創意記敘文寫作教學 / 瞿吟禎著. -- 一版. -- 臺北
　市: 秀威資訊科技, 2012.06
　　　面 ；　　公分. -- (社會科學類 ; PF0087) (東大學術 ;
45)
　BOD 版
　ISBN 978-986-221-954-6(平裝)

　1. 漢語教學　2. 記事文　3. 寫作法　4. 九年一貫課程

523.313　　　　　　　　　　　　　　　　　101006572

讀者回函卡

感謝您購買本書,為提升服務品質,請填妥以下資料,將讀者回函卡直接寄回或傳真本公司,收到您的寶貴意見後,我們會收藏記錄及檢討,謝謝!如您需要了解本公司最新出版書目、購書優惠或企劃活動,歡迎您上網查詢或下載相關資料:http:// www.showwe.com.tw

您購買的書名: _____

出生日期: _____年_____月_____日

學歷:□高中 (含) 以下　　□大專　　□研究所 (含) 以上

職業:□製造業　□金融業　□資訊業　□軍警　□傳播業　□自由業
　　　□服務業　□公務員　□教職　　□學生　□家管　　□其它_____

購書地點:□網路書店　□實體書店　□書展　□郵購　□贈閱　□其他

您從何得知本書的消息?

　□網路書店　□實體書店　□網路搜尋　□電子報　□書訊　□雜誌

　□傳播媒體　□親友推薦　□網站推薦　□部落格　□其他_____

您對本書的評價:(請填代號　1.非常滿意　2.滿意　3.尚可　4.再改進)

　封面設計____　版面編排____　內容____　文╱譯筆____　價格____

讀完書後您覺得:

　□很有收穫　□有收穫　□收穫不多　□沒收穫

對我們的建議: _____

_____

_____

_____

11466
台北市內湖區瑞光路 76 巷 65 號 1 樓

秀威資訊科技股份有限公司 收

BOD 數位出版事業部

....

（請沿線對折寄回，謝謝！）

姓　　名：＿＿＿＿＿＿＿＿＿　　年齡：＿＿＿＿＿　　性別：□女　□男

郵遞區號：□□□□□

地　　址：＿＿＿＿＿＿＿＿＿＿＿＿＿＿＿＿＿＿＿＿＿＿＿＿＿

聯絡電話：(日)＿＿＿＿＿＿＿＿＿＿＿　(夜)＿＿＿＿＿＿＿＿＿＿＿

E-mail：＿＿＿＿＿＿＿＿＿＿＿＿＿＿＿＿＿＿＿＿＿＿＿＿＿